शिव शक्ति

सुमीति मित्तल

notionpress
.com

INDIA · SINGAPORE · MALAYSIA

आभार

मेरे माता पिता, जिन्होंने मुझे जन्म दिया

मेरा भाई समीर, जो हमेशा मेरी ताकत बना

मेरे पति पुनीत, जिन्होंने हमेशा मेरा साथ दिया

मेरी बेटियां पूर्वी और सुहानी, जिन्होंने मुझे धैर्य सिखाया

अध्याय क्रम

परिवर्तन

यकायक मुझ में शक्ति पीठ और ज्योतिर्लिंग के बारे में जानने और पढ़ने की उत्सुकता पैदा होने लगी। ऐसा लगने लगा जैसे दिल और दिमाग बहुत कुछ जानना और समझना चाहता है। मुझे इस विषय में समुद्र में पानी की एक बूँद के बराबर भी ज्ञान नहीं है। मुझे इस विषय को जानने की उत्सुकता बढ़ने लगी। ऐसा लगा जैसे मेरे अन्दर एक स्विच चालू हो गया, और मेरा मन सवालो के उत्तर ढूंढने में लग गया। अब तो ब्रह्मांड भी मुझे मेरी नई रुचि से जोड़ने में मदद करने लगा। मैंने महसूस किया मेरे चारो और इन पवित्र स्थलों के बारे में बातचीत होने लगी, और यहां तक की सोशल मीडिया भी इसकी ओर मुझे आकर्षित करने लगा। मैंने OTT प्लेटफ़ॉर्म पर एक वेब सीरीज़ का विज्ञापन देखा, जिसमें अठारह शक्ति पीठों के बारे में बताया गया, और मैं अपने आप को इसे देखने से रोक नहीं पाई। ऐसा महसूस होने लगा जैसे भगवान स्वयं संकेत भेज रहे हैं, और मुझे दिव्य गहराइयों की खोज के लिए प्रेरित कर रहे हैं। शिव और शक्ति में डूबने की मेरी जिज्ञासा दिन-प्रतिदिन प्रबल होने लगी। मैं इस चुम्बकीय आकर्षण से खींचती चली गयी; और नियति द्वारा चुने गए इस परिवर्तनात्मक पथ पर सब ईश्वर के ऊपर छोड़ चल पड़ी। जब ईश्वर हमसे कुछ करवाना चाहता है तो सारा ब्रह्मांड उसे पूरा करवाने में लग जाता है और ऐसा ही कुछ मेरे साथ हुआ।

ऐसा माना जाता है कि सनातन धर्म में इक्यावन शक्ति पीठ हैं, वहीं कुछ लोगो का मानना है की लगभग सौ शक्ति पीठ हैं जबकि कुछ दावा करते हैं कि यह बावन हैं। इनमें से अठारह शक्ति पीठ प्रमुख माने जाते है जिन्हें अष्ट-दशा शक्ति पीठ कहा जाता है। अष्टदशा

एक संस्कृत गणना का तरीका है जहां 'अष्ट' का अर्थ आठ है और 'दशा' का अर्थ दस है, इसे मिलाकर यह अठारह हो जाता है।

भारत में ज्योतिर्लिंग की संख्या बारह हैं जो बहुत महत्वपूर्ण हैं और जिनमे लोगों की आस्था और भक्ति बहुत ज्यादा हैं।

आदि शंकराचार्य ने एक स्तोत्र की रचना की थी जिसमें इन अठारह शक्ति पीठों का उल्लेख उनके स्थान के नाम के साथ हैं। इन पवित्र अठारह स्थानों में माँ शक्ति को विभिन्न रूपों में पूजा जाता है।

लंकायां शांकरीदेवी कामाक्षी कांचिकापुरे।

प्रद्युम्ने शृंखलादेवी चामुंडी क्रौंचपट्टणे ॥ 1 ॥

आलंपुरे जोगुलांबा श्रीशैले भ्रमरांबिका।

कोल्हापुरे महालक्ष्मी मुहुर्ये एकवीरा ॥ 2 ॥

उज्जयिन्यां महाकाली पीठिकायां पुरुहूतिका।

ओढ्यायां गिरिजादेवी माणिक्या दक्षवाटिके ॥ 3 ॥

हरिक्षेत्रे कामरूपी प्रयागे माधवेश्वरी।

ज्वालायां वैष्णवीदेवी गया मांगल्यगौरिका ॥ 4 ॥

वारणाश्यां विशालाक्षी काश्मीरेतु सरस्वती।

अष्टादश सुपीठानि योगिनामपि दुर्लभम् ॥ 5 ॥

सायंकाले पठेन्नित्यं सर्वशत्रुविनाशनम्।

सर्वरोगहरं दिव्यं सर्वसंपत्करं शुभम् ॥ 6 ॥

वर्तमान में कई बार हिंदू धर्म और सनातन धर्म, एक है या भिन्न इस पर भ्रमित हो जाते हैं। वास्तव में हिन्दू धर्म सनातन है जो सबसे प्राचीन धर्म है, और इसकी उत्पत्ति मानव इतिहास से परे है। सनातन का अर्थ शाश्वत होता हैं, जिसका तात्पर्य है वह जो समय से परे है, जो पूर्व में था, आज है, और हमेशा रहेगा। यही कारण है कि हिंदू धर्म को सनातन धर्म कहा जाता है क्योंकि यह शाश्वत हैं, वक्त जिसके अधीन नहीं। धर्म को परिभाषित करना कठिन कार्य है क्योंकि इसके अर्थ में बहुत गहराई है जिसे शब्दों में समझाना बहुत मुश्किल कार्य हैं। परन्तु अगर थोडा आसान करे तो हम इसे कर्तव्य या नियम कह सकते हैं। धर्म शब्द को अंग्रेजी शब्द religion या फिर उर्दू शब्द मजहब से तुलना करने की गलती नहीं करनी चाहिए। धर्म का कोई सटीक शब्द अंग्रेजी या उर्दू भाषा में नहीं है। सनातन धर्म यानी शाश्वत नियम / कर्तव्य; यह हमें बताता है कि कैसे एक योग्य जीवन जीना चाहिए। यह हमें सोचने समझने की आज़ादी देता है और साथ ही साथ हमें हमारे समाज, परिवार और प्रकृति के प्रति कर्तव्य को समझने की शिक्षा देता है। सनातन धर्म कट्टरता को ना मानते हुए किसी भी देवी-देवता का अनुष्ठान करने और धार्मिक गतिविधि को करने की स्वतंत्रता देता है। सनातन धर्म में कट्टरता का कोई स्थान नहीं, यह मानव जाति के लिए कुछ नियम कायदे या कह सकते हैं निर्देशों का खजाना है जो हमें मानवता, प्रकृति और अन्य जीवों के प्रति हमारे नैतिक कर्तव्यों का बोध कराता है। यह हमें हमारे दिन-प्रतिदिन के जीवन के लिए मार्गदर्शन करने वाला अनवरत सत्य सिखाता है। इस समृद्ध विश्वास प्रणाली के भीतर, "त्रिमूर्ति" की अवधारणा सम्माहित है - ब्रह्मा सृष्टि रचियता; विष्णु संरक्षक; और शिव नाशक। ये तीन ब्रह्मांडीय शक्तियाँ सृष्टि की उत्पत्ति, कार्यान्वयन और संहार के दिव्य चक्र का प्रतीक हैं। देवी नारी रूप में ऊर्जा का स्त्रोत हैं, जो इस ब्रह्मांड को स्व-संचालित बनाए रखती है।

शिव और शक्ति एक ही दिव्य ऊर्जा के दो अविभाज्य पहलू हैं। शक्ति, शिव से उत्पन्न होती है और शक्ति के बिना शिव अधूरे हैं। उन्हें एक ही सिक्के के दो पहलुओं की तरह माना जाता है, जो

शाश्वत एकता की स्थिति में विद्यमान हैं। शिव क्षमता को दर्शाते हैं और शक्ति दिव्य ऊर्जा के गतिज पहलू का प्रतिनिधित्व करती है। शिव और शक्ति एक दिव्य रूप बनाते हैं जिसे अर्धनारीश्वर के रूप में देखा जाता हैं, जहां ईश्वर पुरुष और प्रकृति स्त्री रूप में प्रकट होते हैं। शिव शुद्ध चेतना का प्रतिनिधित्व जबकि शक्ति गतिशील और रचनात्मक पहलू का प्रतिनिधित्व करती है। यह विचार जिसमें पुरुष और स्त्री मिल अर्धनारीश्वर रूप लेते हैं, दर्शाता हैं कि अंतिम वास्तविकता लिंग से परे हैं, पुरुष और स्त्री ऊर्जा सामंजस्यपूर्ण रूप से भीतर एकीकृत हैं।

मैंने अपना जुड़ाव शिव-शक्ति से होते पाया, दिमाग और आत्मा के बीच शिव और शक्ति के प्रति गहरे खिचाव को मैं अच्छे से महसूस कर पा रही हूँ। आध्यात्मिक तौर पर ज्योतिर्लिंगों और शक्ति पीठों के बीच दिव्य और अलौकिक संबंध को जानने की एक प्रबल अनुभूति मेरे अन्दर पैदा हो गयी।

अब तक मेरी समझ के अनुसार ज्योतिर्लिंग स्वयंभू होते हैं, संस्कृत में स्वयंभू का मतलब स्वयं उत्पन्न होना, या सरल भाषा में कहे तो स्वयं प्रकट होना और स्थापित होना। देश और विदेशो में अनेक शिव मंदिर हैं लेकिन इन शिव मंदिर और ज्योतिर्लिंग में बहुत बड़ा अंतर है। हमारे पुराणों के अनुसार ज्योतिर्लिंग वो स्थान हैं, जहां शिव ने स्वयं अपनी दिव्य उपस्थिती दी और स्थापित हुए। जबकि अन्य शिव मंदिरों में प्राण प्रतिष्ठा और मंत्रों के माध्यम से शिवलिंग में प्राण फूंके गये है।

वही शक्ति पीठ देवी के अद्भुत ऊर्जा केंद्र के रूप में माने जाते हैं। प्रत्येक पीठ में शक्ति का स्वरुप उनके शरीर के अलग-अलग भागो के रूप में पूजा जाता है, और यहां की ऊर्जा सभी के द्वारा उनके अपने-अपने तरीके से महसूस करते है।

इस पवित्र स्थलों की ऊर्जा और उसकी अनुभूति को गहराई से और स्पष्टता से समझने और महसूस करने के लिए, मैंने यात्रा करने का योजनाबद्ध और विचारशील निर्णय लिया। और हर पवित्र स्थान

कि दिव्यता और महिमा कि स्वयं साक्षी बनने का विचार बनाया। मैंने अपनी यात्रा के लिए दो-साल की अवधि तय की, लेकिन जैसे ही पवित्र स्थलों के दर्शन करना प्रारंभ किया, अगली यात्रा पर जाने की इच्छा और भी तीव्र हो जाती और फिर मैंने अपनी यात्राओं को गति देने का निर्णय किया। मैंने इस पवित्र यात्रा की शुरुआत जुलाई 2023 में की और जनवरी 2024 तक सफलतापूर्वक पूरा कर लिया।

हमारी सांस्कृतिक और आध्यात्मिक धरोहर की गहराई में जाने के लिए, मैंने गीता प्रेस द्वारा प्रकाशित शिव-पुराण की एक प्रति प्राप्त की। इस पवित्र ग्रन्थ को मैंने पढना प्रारंभ किया और जैसे जैसे मैं पढती गयी, मैंने यह महसूस किया कि मेरी जिज्ञासा और मेरी ललक उतनी ही बढती गयी और सनातन धर्म को लेकर काफी स्पष्टता आने लगी। अपने ज्ञान को और बढ़ाने के लिए, मैंने उन व्यक्तियों के साथ सक्रिय चर्चा में भाग लेना शुरू किया जो हमारी समृद्ध विरासत की गहरी समझ रखते थे, और अपने विचारों को साझा किया। इस सब ने मुझे अमूल्य अंतर्दृष्टि प्रदान की और मेरी आध्यात्मिक यात्रा पर अधिक स्पष्टता प्रदान की।

प्राचीन ग्रंथो के पाठों के अध्ययन के दौरान मैंने एक चुनौती का सामना किया कि वे मुख्य रूप से संस्कृत में लिखे गए थे। हालांकि मैंने उच्च विद्यालय तक संस्कृत पढ़ी थी परन्तु अब काफी सालो से इस भाषा का उपयोग नहीं करने से पढ़ने और समझने में बहुत कठिनाई हो रही थी। वैसे शिवपुराण का हिंदी अनुवाद भी उपलब्ध हैं किन्तु मेरी इच्छा हुई की मैं स्वयं संस्कृत को पढ़ और समझ सकू और तात्पर्य समझ पाने में समर्थ हो जाऊ। मेरे हिसाब से संस्कृत श्लोको को स्वयं पढ़ना और भावार्थ समझना अत्यंत लाभकारी होता हैं। परिणामस्वरूप मैंने एक ऑनलाइन संस्कृत कक्षा में अपना पंजीकरण करवा लिया, और संस्कृत भाषा का ज्ञान अर्जित करने लगी, जिससे मुझे हमारी प्राचीन धरोहर को समझने में सहायता मिलती गयी। इन कक्षाओ ने मुझे भाषा से जुड़ने और इन मंत्रो व श्लोको में छिपे ज्ञान को समझने में बहुत मदद की।

इस पुस्तक को संकलित करते समय, मैंने कई तस्वीरें भी शामिल की हैं, जिन्हें मैंने काफी सोच कर अपनी खींची तस्वीरो में से चुना ताकि प्रत्येक तस्वीर उस क्षेत्र की महत्वपूर्णता और महत्ता को साझा कर पाएं। मंदिरों के अन्दर सामान्यत: तस्वीर लेना और मोबाइल फोन के उपयोग पर प्रतिबंध होता है। हालांकि कुछ स्थानों पर जहाँ मुझे स्वीकृति मिल गयी वहां मैंने देवी-देवताओं के विग्रह की तस्वीर, मंदिर के अन्दर की तस्वीर खींच सकी, और जहाँ अन्दर से तस्वीर लेना मना था वहां मैंने बाह्य वास्तुकला के विविध विवरण को अपने कैमरे में कैद कर लिया। मेरा उद्देश्य यह था कि मैं पाठक को एक दृष्टांतिक यात्रा प्रदान कर सकूँ जो कहानी को और इन स्थानों को उनकी सौंदर्यता और आध्यात्मिकता के साथ समझ सके।

शिव, सर्वोच्च रूप में जाने जाते है। वह शांति, वैराग्य और अपरिवर्तनीय जागरूकता का प्रतीक है। शिव को अक्सर ध्यान मुद्रा में चित्रित किया जाता है, उनके माथे पर तीसरी आंख उच्च धारणा और आध्यात्मिक अंतर्दृष्टि का प्रतिनिधित्व करती है। शिव को विनाश से भी जोड़ा जाता है, लेकिन यह विनाश नकारात्मक नहीं, बल्कि अहंकार, अलगाव का विनाश और परिवर्तनशीलता से है।

शक्ति, माँ का स्वरुप है और जो एक दिव्य गतिशील ऊर्जा हैं। शक्ति अपने कार्य अनुसार विभिन्न रूपों में प्रकट होती रहती है। वह ब्रह्मांड का सक्रिय पहलू है जो सृजन, संरक्षण और परिवर्तन के लिए जिम्मेदार है। शक्ति प्रकृति की गतिशील शक्तियों, उर्वरता और इच्छाओं को प्रकट करने और साकार करने का प्रतिनिधित्व करती है। शक्ति कई रूप में अवरित हुई जिसमे एक रूप में कई भुजाओं वाली देवी के रूप में दर्शाया गया है, जो एक साथ कई कार्य करने और विभिन्न गतिविधियों में संलग्न होने की उनकी क्षमता का प्रतीक है।

त्रिमूर्ति

ईश्वर, परमात्मा, परब्रह्म निराकार हैं, जिनका कोई आकार नहीं या ऐसे समझे की हम मनुष्य के लिए संभव नहीं की हम परमात्मा को कोई आकार दे सके क्योंकि हम मनुष्य के ये सामर्थ्य से बाहर हैं। यह सोचना कि उनका रूप कैसा हो सकता है, उनके नयन नक्श उनका कद उनका तेज ये सब मानव मस्तिष्क की क्षमता से परे है। मानव मस्तिष्क की अपनी सीमा हैं, और वो परमात्मा के आगे एक सुई के नोक जितनी भी नहीं तो इस स्थिति में हम कैसे उनके निराकार स्वरुप को समझ पाएंगे यह सिर्फ नामुमकिन ही नहीं अपितु असंभव है। ना तो हमारा मस्तिष्क और ना ही कोई वैज्ञानिक गैजेट इसे समझ सकता है।

हालांकि, हमारी कल्पना को हमारी समझ को सुगम बनाने के लिए, हम मानते हैं कि भगवान विभिन्न रूपों में प्रकट होते हैं, जिससे हमें हमारी धारणा से जुड़े रहने में सहायता मिलती है। हमारे नगण्य से मस्तिष्क को समझाने के लिए ऐसा मानते हैं की ईश्वर दिव्य रूपों में प्रकट होते हैं और विभिन्न भूमिकाएँ निभाते हैं। हमारे ग्रंथो के अनुसार परमात्मा त्रिमूर्ति हैं, इसमें वह ब्रह्मा, विष्णु, और शिव के रूप में एक विशिष्ट उद्देश्य के लिए उपस्थित हैं। परमात्मा दिव्य रूप लेते हैं और अपनी भूमिकाओं और ब्रह्मांडिक कर्तव्यों के आधार पर विभिन्न रूपों में सम्म्माहित होते हैं।

ब्रह्मा, कमल पर बैठे चार चेहरे वाले बुजुर्ग पुरुष के रूप में नज़र आते हैं, हर वेद ब्रह्मा के एक मुँह से निकला यानि चार वेद चार मुख से निकले हैं। विष्णु, को हम नीले रंग के शरीर जिनकी चार भुजाएँ हैं और हमेशा दिव्य आभूषणों से सजे हुए देखा हैं। वह हमेशा मानवता के उद्धार को सुनिश्चित करने के लिए अवतारित होते

आयें हैं। क्षीर सागर जो की ब्रह्मांडीय स्थान हैं, वहां शेष नाग पर विश्राम करते हैं। शिव, को हम विनाशकारी और पुनस्थापक के रूप में जानते हैं, जिनका काम एक चक्र का अंत करना और नया चक्र प्रारंभ करना है। उनके तीन नेत्र और कंठ नीला हैं, जब वो अपना तीसरा नेत्र खोलते हैं तब वो विनाश का पर्याय होता हैं। शिव अपने गले में नर मुंड की माला और सर्प, और जटाओं में चंद्रमा को धारण करते है। शिव को हमेशा कैलाश पर्वत पर समाधि की अवस्था में देखा जाता हैं।

ब्रह्मा सृष्टिकर्ता है, परन्तु वह स्वयं को सृष्टि के दिन-प्रतिदिन की दिनचर्या से दूर रखते हैं। हमारे शास्त्रों के अनुसार, ब्रह्मा की आयु को 100 वर्ष कहा गया है, जो की ब्रह्मांड के जीवनकाल के समान है। वर्तमान में, ब्रह्मा ने अपने ब्रह्मांडिक आयु के 50 वर्ष पूर्ण कर लिए, और उन्होंने अपने 51वें वर्ष में प्रवेश किया है, और यही वर्तमान में ब्रह्मांड की आयु है। इसमें महत्वपूर्ण बात समझने की यह हैं, की ब्रह्मा की समय अवधि और हमारे समय अवधि में भिन्नता हैं। इसे समझने के लिए पहले हमे ब्रह्मा का एक वर्ष कितनी अवधि को होता हैं समझना पड़ेगा। ब्रह्मा के एक वर्ष में 360 कल्प होते हैं और हमारे एक वर्ष में 365 दिन होते हैं। जैसे हमारा एक दिन होता हैं, वैसे ही ब्रह्मा का एक दिन कल्प होता हैं। प्रत्येक कल्प में 14 मन्वन्तर होते हैं, जो समय की एक इकाई होती है। हमारा एक घंटा ब्रह्मा का एक मन्वन्तर होता हैं। प्रत्येक मन्वन्तर में 71 महायुग होते हैं। जैसे हमारे एक घंटे में 60 सेकंड होते हैं। हर महायुग में चार युग होते हैं: सत्युग, त्रेतायुग, द्वापरयुग, और कलियुग। इन चार युगों के पूर्ण होने से एक महायुग का समापन हो जाता है। इससे अंदाजा लगा सकते हैं, की ब्रह्मा के समय के अनुसार उनके एक सेकंड में हमारे कितने युग बीत जाते हैं। ब्रह्मा की पलक झपकेगी और पृथ्वी पर कई युग बदल जायेंगे।

ब्रह्मा की उम्र

100 वर्ष

जहां एक वर्ष में होते हैं

360 कल्प

जहां एक कल्प में होते हैं

14 मन्वन्तर

जहां एक मन्वन्तर में होते हैं

71 महायुग

जहां एक महायुग में होते हैं

4 युग

विष्णु इस ब्रह्मांड प्रणाली के भीतर अनेक बार विभिन्न अवतारों में प्रकट होते आयें, और होते रहेंगे ताकि कार्य सहज तरीके से जारी रहे सके। विष्णु कभी भी अधर्मी को आशीर्वाद नहीं देते। इसके विपरीत काफी बार दैत्य और दानव शिव के भोलेपन का फायदा उठाकर उनसे आशीर्वाद ले लेते और उत्पात मचाते फिर विष्णु को कई चुनौतियों का सामना करते हुए इस कठिन परिस्तिथि को सुलझाना पड़ता जिसमे उन्हें कई बार नियमों का उल्लंघन भी करना पड़ जाता है। जब जब दुनिया को शैतानी ताक़त, अराजकता और विनाशकारी बलों से खतरा होता आया, तब-तब विष्णु पृथ्वी पर अवतरण लेते ताकि ब्रहमांडिक आदेश को स्थापित किया जा सके और धर्म की रक्षा की जा सके।

शिव को समझने से पहले सदाशिव को समझना आवश्यक है। सदाशिव एक परम दिव्य शक्ति है, जो ब्रह्मांड से परे है और जो निराकार, निर्गुण और निर्विकल्प है। निराकार का अर्थ वह जिसको किसी रूप में बंधा ना जा सके या हम कह सकते हैं कि वह जो किसी भी रूप से परे है या किसी रूप में उसकी कल्पना नहीं की जा सकती है। निर्गुण का अर्थ जो सभी गुणों के परे या फिर कह सकते हैं, जिसके अधीन सारे गुण हैं। हमारे ग्रन्थो के अनुसार कोई भी जीवित या जीवरहित वस्तु में तीन गुणों का संयोजन होता हैं और वो तीन गुण - सत्व, रजस और तमस हैं। ये त्रिगुण ही किसी प्राणी के चरित्र को बनाते हैं। जिस प्राणी में जिस गुण की प्रभुता हो जाती हैं उसका चरित्र उसी प्रकार बन जाता हैं, जैसे सत्त्व गुण ज्ञान, शांति, और संतुलन के साथ जुड़ा होता है। वही रजस गुण उत्साह, क्रियाशीलता, और प्रगति के साथ जुड़ा होता है, और तमस गुण अज्ञान, असंगति, और अन्याय के साथ। उदहारण के तौर पर एक प्रसंग में जब सत्व गुण से परिपूर्ण प्रभु राम अंगद से कहते हैं कि रावण से कहना कि मेरा काम हो जाये और उसका भी हित हो यानी सत्व गुण वाला व्यक्ति अपना और दुसरे का हमेशा हित देखता हैं। रजस गुणी लक्षणों से युक्त व्यक्ति अपना काम बनाने के चक्कर में उसे फर्क नहीं पड़ता की दुसरे का अहित हो जाये वह सिर्फ अपना ही सोचता

है और तमस गुणी व्यक्ति दूसरे का अहित करने के लिए अपना भी अहित करने में संकोच नहीं करता। परन्तु शिव, जिसने तीनों गुणों पर विजय प्राप्त कर ली और वो इन सब से परे हैं। निर्विकल्प का अर्थ वह जो विचार से मुक्त है, जो मानसिक चेतना को नियंत्रित कर उच्च समाधि की स्थिति में पहुंच गया है, निश्चल, स्थिर। वेदांत के अनुसार वह अवस्था, जिसमें ज्ञाता और ज्ञेय में भेद नहीं रह जाता और दोनों मिलकर एक हो जाते हैं। हम सदाशिव के किसी रूप की कल्पना नहीं कर सकते जो कि परम अस्तित्व है। वह अजन्मा है, अर्थात वह शाश्वत है, वो भूतकाल में भी था, वर्तमान और भविष्य में भी रहेगा।

सदाशिव ने रुद्र, शिव, भैरव और भी कई अन्य रूपों में अवतरण किया। रुद्र उनका एक भयानक रूप है जो विनाशकारी है; शिव, सरल, कोमल, संयमित रूप है जिसे हम समझ सकते हैं और उससे जुड़ सकते हैं; और भैरव एक संरक्षक है जो लोगों को बुरी प्रवृति से बचाता है। सभी देवी मंदिर में भैरव या शिव जरूर स्थापित होते हैं जो उस क्षेत्र को सुरक्षित रखते हैं।

शिव एक तपस्वी, एक योगी का जीवन जीने में आनंद का अनुभव करते और अपने आप को ब्रह्माण्ड की दिनचर्या से दूर रखते हैं। परन्तु अगर भक्त को जरूरत पड़े तो वो सबसे पहले उसके पास पहुँच जाते हैं। जो उनको सच्चे मन से आवाज़ देगा वो उसकी जरूर सुनते हैं, यहां तक की अगर दानव या राक्षस भी उनको मदद के लिए पुकारेगा वो उसके पास भी आते है और मनचाहा वरदान भी दे देते हैं। शिव के अनेको नाम जैसे भोलेनाथ, क्योंकि वह निष्पक्ष और मासूम हैं; कोई भी उन्हें पुकारता चाहे उस व्यक्ति का उद्देश्य अच्छा हो या बुरा, वह अपनी कृपा देंगे। उनका एक नाम महाकाल भी हैं, संस्कृत भाषा में काल का अर्थ समय और मृत्यु दोनों से हैं। काल और मृत्यु दोनों को परास्त करने वाला महाकाल कहलाता है। समय और मृत्यु शिव के अधीन हैं, इसलिए उन्हें इस नाम से बुलाया जाता है।

वैज्ञानिक भाषा में अगर हम समझे तो समय को शिव द्वारा नियंत्रित किया जाता हैं, स्थान को विष्णु द्वारा नियंत्रित किया जाता है, और इन दोनों के बीच ऊर्जा है, जिसे शक्ति द्वारा प्रतिष्ठित किया जाता है, जो समय और स्थान के दोनों धुरियों को जोड़ती है। यह बहुत ही सुन्दर चित्रण हैं ब्रह्मांडीय संतुलन और ब्रह्मांड में दिव्य व्यवस्था को स्पष्ट रूप से दर्शाने का। ब्रह्मांड के सुचारु संचालन और नियमन में यह सभी अपने अपने कार्य से संलग्न होते हैं परन्तु वे एक दूसरे से अलग भी नहीं हैं।

युग

सनातन धर्म में समय ब्रह्मांडीय युगों के परे फैला हुआ है। समय शाश्वत और हमेशा गतिशील है। समय चार युगों में विभाजित है और यह चार युग एक साथ मिलकर एक महायुग बनाते हैं। पश्चिम में समय को रैखिक (linear) माना गया और सेकंड, मिनट, घंटा, दिन, हफ्ता, महीना, वर्ष, दशक, शतक में गिना जाता है। हालांकि अब मिली, माइक्रो या नैनो सेकंड तक समय का विभाजन हो चुका है, लेकिन अभी भी सेकंड को मूल इकाई माना गया है। सनातन में समय को चक्रीय (cyclic) माना गया जहां एक युग ख़त्म होता हैं और दूसरा शुरू हो जाता है और आखिर में जब चारो युग खत्म हो जाते हैं तो फिर से पहला युग शुरू हो जाता है।

प्राचीन ऋषियों ने हमारे ग्रंथो में समय के चक्रीय स्वभाव को समझाया और उसे एक अनंत लूप के रूप में दर्शाया। शिव जो महाकाल हैं और जिनका समय और मृत्यु पर नियंत्रण है, उनके हाथ में हमेशा एक डमरू को देखा। जब डमरू लगातार एक तरीके से बजाया जाता है, तो वह लूप बनाता है, जिसे अनंत लूप कहा जाता है, जिसमें समय और युग अनवरत चक्रीय रूप से प्रगति करते रहते हैं।

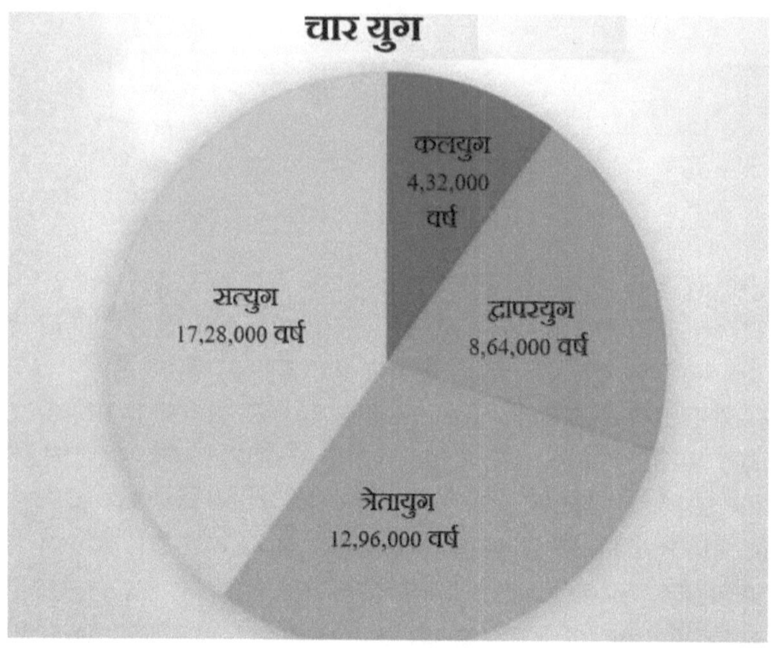

युग अनवरत चक्रीय रूप में प्रगतिशील रहते हैं, जैसे चंद्रमा के बढ़ने और घटने की तरह। चार युगों में प्रत्येक में विकास के चरण शामिल होते हैं। वैसे युगों की अवधि के बारे में विद्वानों के बीच तालमेल नहीं है, लेकिन माना जाता है कि सत्य युग से कलि युग तक सभी युगों की अवधि का अनुपात 4:3:2:1 है।

- • सत्य युग 1,728,000 (4800 दैवीक वर्ष)

- • त्रेता युग 1,296,000 (3600 दैवीक वर्ष)

- • द्वापर युग 864,000 (2400 दैवीक वर्ष)

- • कलि युग 432,000 (1200 दैवीक वर्ष)

सत्य युग (स्वर्णिम काल)

सत्य युग में लोग अपना ज्यादा समय ध्यान साधना में व्यतीत करते थे, जिससे उन्हें आध्यात्मिक बल मिलता और एक लंबी आयु को वो प्राप्त करते थे। माना जाता है कि इस युग में मानव की

लम्बाई बहुत अधिक लगभग 30 फुट की, और उनकी अधिकतम आयु 1,00,000 वर्ष होती थी। वैदिक ग्रंथों के अनुसार, सांस्कृतिक भिन्नताएँ अस्तित्व में नहीं थीं, एक ऐसा समाज जहां व्यक्ति सांसारिक सुखों का आनंद लेते हुए प्रकृति और ब्रहमांड के साथ पूर्ण सामंजस्य में ज़िन्दगी जीता था। मनुष्य धर्म परायण और उनके कर्म, धार्मिक क्रियाओं और उदारता से प्रेरित होते थे।

इस युग में, विष्णु ने चार विभिन्न अवतारों में पृथ्वी पर अवतरण किया: मत्स्य, कूर्म, वराह, और नरसिंह। सत्य युग का संघर्ष एक लोक का दुसरे लोक के साथ था, उस समय देवलोक और असुरलोक के बीच संघर्ष अनवरत जारी था और देवताओं और असुरो में टकराव होता रहता था। देवलोक को आकाश के ऊपर स्थित माना जाता है और असुरलोक को धरती के नीचे। अच्छे और बुरे दोनों एक दुसरे से बहुत दूर रहते थे और दोनों के बीच एक लोक का फासला था।

इस युग में मनुष्य को प्रकृति से बहुत लगाव था और वह प्राकृतिक देवताओं की पूजा करते और ये इनके लिए परम महत्व रखते थे। सूर्य, जल, वायु, अग्नि, मातृभूमि आदि की पूजा मंत्र और श्लोकों के उच्चारण के साथ की जाती थी।

त्रेता युग (रजत काल)

त्रेता युग में, विष्णु के तीन अवतारों ने पृथ्वी पर अवतरण किया: वामन, परशुराम, और राम। इस युग में समाज कर्तव्य, नैतिकता, और दया की भावना से ओत प्रोत था। मनुष्य की लम्बाई और आयु सत्य युग के मुकाबले थोड़ी कम हो लगभग 10,000 वर्ष की उम्र और लम्बाई 20 फीट के आस-पास की रहने लग गयी थी।

इस युग में सामाजिक विभाजन होना प्रारंभ हो गया, परन्तु लोग सामंजस्य और संतोष के साथ सहज रूप से ज़ीवन व्यतीत कर रहे थे। समाज चार वर्गों में विभाजित था ब्राह्मण, जो बुद्धिजीवी, वैदिक शिक्षा और शास्त्रों के ज्ञाता और पूजा पाठ के प्रकांड पंडित; क्षत्रिय, जो शासक और योद्धा के रूप में कार्य करते; वैश्य, जो व्यापार में

शामिल थे; और शूद्र, जो श्रमिक के रूप में योगदान करते थे। यह विभाजन कार्य के आधार पर होता था, जन्म से इसका कोई सरोकार नहीं था।

त्रेता युग में, अच्छाई और बुराई थोडा पास आ गयी अब दोनों तरह के लोग एक ही लोक में रहने लगे परन्तु उनके बीच एक देश का अंतर था। राम, अच्छाई का प्रतीक और रावण बुराई को दर्शाता हैं, के बीच महायुद्ध हुआ जो हमारे इतिहास रामायण में वर्णित हैं। दोनों ही पृथ्वी के निवासी, परन्तु दोनों के देश अलग अलग थे। त्रेता युग में अच्छाई और बुराई काफी पास आ गयी थी।

इस युग में पूजा और कर्म कांड करने के तरीके में थोडा बदलाव आ गया और इनमें भव्यता और विशाल आयोजन को समर्थन मिलने लगा। पूजा प्रथाओं में विस्तृत और भव्य यज्ञों को प्राथमिकता मिलने लगी, और इन यज्ञों से देवी देवताओ को अर्पण मिलने लगा। ऋषियों और मुनियों द्वारा इन यज्ञों को आयोजित किया जाने लगा और जजमान इनमें बढ़ चढ़ कर हिस्सा लेने लगे। उदाहरण स्वरुप राजसूर्य यज्ञ और अश्वमेध यज्ञ जैसे महायज्ञ भगवान राम के शासन काल में आयोजित किये गए।

द्वापर युग (काँस्य युग)

द्वापर युग विष्णु के आठवें अवतार कृष्ण के जीवन का महत्वपूर्ण हिस्सा हैं, इस युग में विष्णु ने दो अवतारों में अवतरण किया: कृष्ण और बलराम। द्वापर युग का समापन कृष्ण के उद्देश्य को पूरा करते हुए हुआ, और वापिस वह वैकुण्ठ उनके मूल आवास में लौटे गए।

इस युग के आते-आते मनुष्य की लम्बाई काफी छोटी हो लगभग 10 फीट के आस पास रहने लगी, और आयु भी घट कर 1000 रह गयी। मनुष्य धर्म के रास्ते पर भटक कर अधर्म के रास्ते पर आने लगे। लालच और स्वार्थ मनुष्य पर हावी होने लगा, सत्ता, दौलत और शोहरत इंसान को गलत रास्ते पर भटकाने लगी।

जैसे जैसे द्वापर युग का अंत नज़दीक आने लगा, भ्रष्ट शासको ने धर्म का रास्ता छोड़ अधर्म और कुशासन का तरीका अपना लिया। अब धर्म और अधर्म बहुत पास आ गए और एक ही परिवार में नज़र आने लगे। कुरु वंश के एक ही परिवार के भाइयों के बच्चे कौरव और पांडवो ने इतिहास की सबसे बड़ी और विनाशकारी लड़ाई लड़ी जहां पांडव धर्म के साथ और कौरव अधर्म की तरफ से लड़ रहे थे।

मनुष्य की ज़िन्दगी के चार महत्वपूर्ण पड़ाव, जिन्हें चार आश्रम में बांटा गया है। पैदा होने से लेकर शिक्षा की समाप्ति तक को ब्रह्मचर्य आश्रम कहते हैं। शादी होने के बाद और जीवनयापन के लिए जब मनुष्य अपने और अपने परिवार के लिए धन अर्जित करने लगता हैं तब यह गृहस्थ आश्रम कहलाता है। और समय के साथ परिवार बढ़ता है और बच्चे बड़े हो अपनी जिम्मेदारियां स्वयं उठाने लगते हैं तब परिवार का मुखिया वानप्रस्थ आश्रम में प्रवेश कर लेता हैं। और अंत में आता हैं संन्यास आश्रम जहां परिवार के बुजुर्ग परिवार की जिम्मेदारियां से पुर्णतः निवृत हो अपने आप को धर्म और भगवान में लगा देते हैं।

इस युग में मंदिर पूजा का प्रचलन शुरू हो गया, और महाभारत ग्रन्थ और उस समय की कहानियों में मंदिर पूजा का उल्लेख मिलता हैं इससे पता चलता है मंदिर पूजा और मंदिरो का निर्माण इस युग में शुरू हो गया था।

कलि युग (लोह युग)
महाभारत युद्ध के 35-36 वर्ष पश्चात भगवान कृष्ण ने देह छोड़ दी थी तभी से कलियुग की शुरुआत हुई थी। एक शिकारी जिसका नाम जरा था उसका तीर कृष्ण के पैरो में लग गया और तीर से घायल कृष्ण ने वहीं पर देह त्यागने का निर्णय लिया और वैकुण्ठ को प्रस्थान किया।

कलियुग में सदाचार, भलाई और धर्म का स्थान बहुत कमजोर पड़ गया। इस युग में धार्मिक और राजनैतिक नेतृत्व के पतन की

शुरुआत बड़ी तेजी से नज़र आने लगी। शासक व्यक्तिगत लाभ और आत्म-केंद्रित सोच के साथ शासन करने लगे जिससे अनैतिक और अपराधिक गतिविधियों को बढ़ावा मिला। भ्रष्टाचार अनियंत्रित हो गया और समाज के हर वर्ग में इसने अपनी जड़े गहरी कर ली। लोग अपने लाभ के लिए छल और कपट का सहारा लेने लगे। इस युग में अच्छाई और बुराई बहुत पास आ गयी और हर व्यक्ति के अन्दर ही अच्छाई और बुराई ने अपना स्थान बना लिया और वो अब आन्तरिक संघर्ष उसके दिल और दिमाग में शुरू हो गया।

कलियुग में आयु घट कर 100 साल के आस पास रह गयी और कद घट कर लगभग 6 फीट होने लगा। ऐसा माना जाता है की जब विष्णु के दसवे अवतार कल्कि इस पृथ्वी पर जन्म लेंगे तब इस युग का अंत हो जायेगा। श्रीमद भागवत पुराण और भविष्य पुराण के वर्णन के अनुसार भगवान कल्कि धर्म की स्थापना करेंगे, और पापियों का संहार कर फिर से सत्य युग की स्थापना करेंगे।

इस किताब को लिखते मैंने पाया की संख्या चार का भी बड़ा महत्व है हमारे सनातन धर्म में। हमारे युग, वेद, वर्ण, आश्रम और धाम सभी की संख्या चार हैं।

युग	वेद	वर्ण	आश्रम	धाम
सत्य युग	ऋगवेद	ब्राह्मण	ब्रह्मचर्य	बद्रीनाथ
त्रेता युग	यजुर्वेद	क्षत्रिय	गृहस्थ	रामेश्वरम
द्वापर युग	अथर्ववेद	वैश्य	वानप्रस्थ	द्वारिकाधीश
कलि युग	सामवेद	शुद्र	सन्यास	जगन्नाथ पूरी

सती

शिव पुराण के अनुसार, ब्रह्माण्ड के अस्तित्व में आने के पश्चात ब्रह्मा ने जीव रचना के विषय में सोचा और चार मानस पुत्र सनक, सनादन, सनातन, और सनत को जन्म दिया। ये मानस पुत्र उनके दिमाग से उत्पन हुए। अब एक मुश्किल आ गयी इन चारो में से किसी को भी पृथ्वी पर जीव के सृजन में रूचि नहीं थी और ये सब तपस्वी का जीवन व्यतीत करना चाहते थे। ब्रह्मा को कड़ी चुनौती का सामना करना पड़ा, फिर उन्होंने कई और मानस पुत्र को जन्म दिया, लेकिन सभी वैरागी जीवन और ईश्वर के ध्यान में अपना समय व्यतीत करना चाहते थे। सृजन का कार्य आगे नहीं बढ़ पा रहा था क्योकि ब्रह्मा सभी प्रजातियों के पुरुषों लिंग की रचना कर रहे थे। ब्रह्मा को समझ नहीं आया कि जो भी जीव जंतु वो बना रहे हैं उनकी आगे वृद्धि नहीं हो पा रही। वो इस कार्य को करते काफी थक गए और परेशान हो उन्होंने कुछ अलग बनाने का विचार किया।

ब्रह्मा ने अपनी सोच से नारद, दक्ष और कामदेव की रचना की और उनमे प्राण फूके। नारद को लोगो को धर्म की तरफ प्रेरित करने का कार्य दिया गया। दक्ष को इस सृजन को आगे बढ़ाने का कार्य सौपा गया और कामदेव को जीवो में आकर्षण पैदा करने का कार्य दिया। परन्तु अभी भी जैसा चाहा वैसा परिणाम नहीं मिल पाया, ब्रह्मा बहुत परेशान हो गए क्योकि हर एक जीव जंतु का निर्माण उन्हें ही करना पड रहा था। सृजन का कार्य अपने आप नहीं चल पा रहा था।

काफी परेशान होने के बाद उन्होंने परम दिव्य सदाशिव की कठोर तपस्या कर उन्हें प्रसन्न किया। ब्रह्मा के कठोर तप से सदाशिव प्रसन्न हुए। ब्रह्मा ने अनुरोध किया कि वह सहायता करें ताकि सृजन बढ़ सके और वृद्धि हो सके। परमेश्वर सदाशिव ने ब्रह्मा का अनुरोध

स्वीकार कर लिया और जब नील-लोहित नाम के पुत्र ने ब्रह्मा के अजना चक्र से जन्म लिया तो यह शिशु जन्म लेते ही युवा बन गया। ब्रह्मा ने देखा की युवा होते ही नील-लोहित ने अर्धनारीश्वर का रूप ले लिया जिसमे उनका आधा शरीर पुरुष (शिव) और आधा नारी (शिवा) का था। अर्धनारीश्वर का दाहिना भाग पुरुष और बायां भाग स्त्री का दिखा जिसमे ब्रह्मा ने पुरुष और स्त्री को एक साथ देखा और इस स्वरूप से शिव ने ब्रह्मा को प्रजननशील प्राणी के सृजन की प्रेरणा प्रदान की। इस सृष्टि के आधार और रचियता शिव और शक्ति ही है। इनके मिलन और सृजन से यह संसार संचालित और संतुलित है। सृष्टि को चलाने और आगे बढ़ाने के लिए स्त्री का सबसे महत्वपूर्ण योगदान है। नारी प्रकृति है और नर पुरुष। आधुनिक समय में जब हम स्त्री और पुरुष की बराबरी की बात करते हैं, तो उसे अर्धनारीश्वर से बखूबी समझा जा सकता है। शिव तभी तक समर्थ हैं जब तक शक्ति उनके साथ हैं। अब ब्रह्मा को पहले की तरह हर जीव और जंतु बारबार नहीं बनाना पड़ेगा क्योंकि अब स्त्री शक्ति से प्रकृति आत्मा निर्भर हो गयी। ब्रह्मा को समझ आया और उन्होंने पहले नर मनु और नारी शतरूपा को जन्म दिया।

मनु के रूप में पहले नर और शतरूपा पहली नारी ने इस पृथ्वी पर जन्म लिया। आगे चलकर मानव जाती में वृद्धि होती गयी और हम सभी मनु की संतान के रूप में मानव कहलाये गए।

आगे बढ़ने से पहले शक्ति के बारे में जानना जरुरी हैं। शक्ति को आदि शक्ति, जगदम्बा, उमा, भगवती के नाम से भी जाना जाता हैं और यह दिव्य स्वरुप शिव की अर्धांगिनी यानी अर्धनारीश्वर के रूप में नज़र आयी। शक्ति ब्रह्मांड में संपूर्ण अस्तित्व को व्याप्त करने वाली ऊर्जा है। शक्ति निराकार जिसका कोई आदि, मध्य या अंत नहीं है। वह सूक्ष्म रूप में शुद्ध ऊर्जा है और ब्रह्मांड के निर्माण, इसकी दृढ़ता और इसके विघटन के लिए जिम्मेदार है। वह अपनी स्वतंत्र इच्छा के अनुसार या अपने भक्तों के सच्चे मन से बुलाने पर समय-समय पर लीला (दिव्य कार्य) करने के लिए प्रकट होती हैं। शक्ति अलग अलग अवतार में प्रकट होती हैं और अपने निर्धारित

कार्यों को पूरा कर वापस ब्रहमांड की दिव्य ऊर्जा में विलीन हो जाती हैं। शक्ति ने ही सती और पार्वती का अवतार लिया और शिव की अर्धांगिनी बनी, वही लक्ष्मी का रूप ले विष्णु के साथ और सरस्वती के रूप में ब्रहमा के साथ उनका बंधन हुआ।

जगदम्बा जीवन का आधार हैं, एक ऊर्जा शक्ति हैं, जो इस ब्रहामंड को चलायमान रखे हैं। शिवा, पार्वती, उमा, लक्ष्मी, सती, दुर्गा ये सभी उस दिव्य शक्ति जगदम्बा के अलग अलग नाम हैं। ब्रहमा ने जगदम्बा से निराकार से आकार रूप में आने का और शिव की पत्नी बन इस सृष्टि के कार्यों को आगे बढ़ाने आग्रह किया। ब्रहमा को इसका ज्ञान हो गया था की शक्ति का अस्तित्व इस संसार को जीवन और अर्थ देने में महत्वपूर्ण हैं।

ब्रहमा ने शिव से आग्रह किया की वह दिव्य विवाह के लिए अपनी स्वीकृति दे परन्तु शिव एक घोर तपस्वी और सन्यासी है और एकाकी जीवन व्यतीत करना चाहते हैं। जब शिव ने ब्रहमा की बात नहीं मानी तो उन्होंने अपने मानस पुत्र कामदेव, जो की प्यार के देवता है, को मदद के लिए बुलाया और उनसे शिव के मन में प्यार और मोह पैदा करने की इच्छा जाहिर की ताकि शिव इस विवाह के लिए अपनी हामी भर दे। कामदेव के पास किसी के भी अन्दर प्रेम और आकर्षण पैदा करने की विद्या है। ब्रहमा के आज्ञा देने पर कामदेव ने बहुत कोशिश की परन्तु शिव के अन्दर प्यार की भावना नहीं जगा पाए।

ब्रहमा को अबतक समझ में आ गया की शिव को शिव की इच्छा के बिना कोई नहीं जीत सकता। शिव अजेय है और हर इच्छा हर कामना उनके अधीन है। ब्रहमा ने स्वयं जगदम्बा से मदद मांगने का विचार किया। उन्होंने माँ जगदम्बा के लिए कठोर तप किया।

दक्ष, ब्रहमा के मानस पुत्र जिनका विवाह वीरिणी से हुआ था। दक्ष और वीरिणी के साठ सुन्दर और सुशील कन्याएं थी। उन सभी का विवाह हो गया और सभी एक खुशहाल जीवन व्यतीत कर रही थी। दक्ष और वीरिणी की प्रबल इच्छा थी की माँ जगदम्बा उनकी पुत्री के रूप में जन्म ले। ब्रहमा भी यही चाहते थे की जगदम्बा, माँ शक्ति

जन्म ले और शिव की जीवन संगिनी बने। दक्ष ने कठोर तपस्या कर शक्ति को प्रसन्न किया। और शक्ति ने सती के रूप में दक्ष की पुत्री बन जन्म लिया। हालाँकि देवी ने दक्ष की कन्या के रूप में अवतार ग्रहण करने की स्वीकृति दे दी किन्तु वो तभी तक नश्वर शरीर में रहेंगी जब तक वो चाहेंगी और उनका आदर होगा।

सती एक सुंदर और धर्मप्रिया राजकुमारी के रूप में बड़ी होने लगी, उनके सौंदर्य और आकर्षण की किरणों से सभी प्रभावित हो जाते थे। समय धीरे धीरे बीतने लगा, एक दिन दिव्य ऋषि नारद मुनि सती से मिलने उनके महल पहुंचे। नारद मुनि ने उन्हें उनके पवित्र उद्देश्य की याद दिलाई। उन्होंने बताया की अब वो समय आ गया है जब उन्हें अपने आध्यात्मिक यात्रा पर निकलना हैं और कठोर तपस्या करनी है, और फलस्वरूप शिव को अपना पति बनाना है। उनके पिता दक्ष की भी उत्कृष्ट इच्छा थी की उनकी पुत्री का विवाह शिव से हो जायें।

सती अटूट निश्चय की धनी और बहुत ज्यादा आत्म बल लिए स्त्री थी। उन्होंने महल के आराम और वैभव को त्याग उबड़ खाबड़ अत्यंत विशाल पहाड़ो पर अपनी तपस्या प्रारंभ कर दी। शिव को मनाना और उनसे विवाह करना एक अति कठिन कार्य था। उनकी तपस्या और आत्मविश्वास उनका शिव के प्रति लगाव का साक्षी बना। समय व्यतीत होने लगा और सती अपनी तपस्या से शिव को प्रसन्न करके की कोशिश करती रही और उधर उनके माता पिता उनके लिए चिंतित रहने लगे। दक्ष और वीरिणी ने ब्रह्मा से मुलाकात की और अपनी पुत्री के प्रति चिंता बताई।

सती की कठोर तपस्या से सभी देवी देवता और यहां तक की ब्रह्मा विष्णु भी बहुत प्रसन्न हुए पर साथ ही साथ चिंतित भी हो गए क्योंकि अभी तक शिव ने दर्शन नहीं दिए। सभी ने शिव को मनाने का प्रयास करने हेतु कैलाश पर्वत की तरफ प्रस्थान किया। सभी ने शिव से प्रार्थना की और सती से विवाह के लिए अनुरोध किया और कहा सती और शिव का दिव्य बंधन, यौगिक मिलन ब्रह्मांड के लिए शुभ आशीर्वाद बनेगा।

शिव सती की तपस्या से बहुत प्रसन्न हुए और सबकी बात मानते हुए उनसे विवाह को तैयार हो गए। ब्रह्मा ने यह शुभ समाचार दक्ष और वीरिणी को सुनाया। सभी तरफ ख़ुशी और उत्सव का माहौल था और सभी इस ब्रहमांड की दिव्य विवाह के साक्षी बनने को उत्सुक थे। सती और शिव की कहानी एक बहुत प्यारी, निर्मल और अद्भुत प्रेम गाथा है। विवाह के उपरांत सती शिव के साथ कैलाश पर्वत पर रहने लगी।

एक बार पवित्र धरती प्रयाग में एक विशाल यज्ञ का आयोजन हुआ और सभी देवी, देवता, ऋषि, मुनि और साधू संतो को निमंत्रण भेजा गया। अब दक्ष को सम्पूर्ण ब्रह्माण्ड का अधिपति नियुक्त कर दिया गया था और प्रजापति की उपाधि दे दी गयी थी। दक्ष काफी ताकतवर स्थिति में थे और उन्हें कई शक्तियां प्राप्त हो गयी थी, इस सब ने उन्हें काफी अहंकारी और कठोर बना दिया। जजमान और मेहमानो ने यज्ञ में सम्मलित होना शुरू कर दिया, बहुत ही अद्भुत और पवित्र वातावरण बन गया था। ब्रह्मा, विष्णु और शिव ने भी यज्ञ में अपना स्थान ग्रहण कर लिया। दक्ष प्रजापति को यज्ञ में पहुचने में थोडा विलम्ब हो गया और जब पहुंचे सबने उनका आदर सत्कार किया और उन्हें प्रणाम किया। दक्ष ने महसूस किया की शिव ने उनकी तरफ बेरुखी दिखायी और उन्हें प्रणाम भी नहीं किया। इससे दक्ष काफी नाराज़ हो गए और उन्हें लगा शिव ने जानबुझ कर उनकी अवहेलना की जबकि वो शिव के ससुर भी है। दक्ष अपने अहम् और घमंड में भूल गए की शिव तो परमात्मा हैं और इस ब्रह्माण्ड के स्वामी हैं।

अहंकार से भरे दक्ष को लगा की शिव ने उनका घोर अपमान कर उसे गहरी चोट पहुचाई है, और वो अहंकार की अग्नि से जलने लगा। उसने शिव को काफी अपमानित शब्द बोले और यज्ञ बीच में ही छोड़ दिया।

दक्ष दिन रात शिव से बदला लेने का तरीका सोचता रहा और इस बदले की आग में झुलसता रहा। उसे बदला लेने का विचार आया और उसने एक बहुत बड़े और विशाल यज्ञ का आयोजन किया और

सभी सम्मानित लोगो को निमंत्रण भेजा। जानबुझकर उसने अपने जमाता शिव और अपनी बेटी सती को निमंत्रित लोगो की सूची से हटा दिया। यह यज्ञ कनखल जो की उत्तराखंड में स्थित है आयोजित किया गया, वर्तमान में यह स्थान हरिद्वार कहलाता है।

सती को अपने पिता द्वारा आयोजित इस भव्य यज्ञ का पता चल परन्तु वह जान नहीं पायी की उनके पिता ने शिव को अपमानित करने के लिए उन्हें न्योता नहीं भेजा हैं। सती ने शिव से यज्ञ में जाने की आज्ञा मांगी, शिव ने समझाया की बिना निमंत्रण के शादीशुदा स्त्री को अपने पिता के घर भी नहीं जाना चाहिए। सती नहीं मानी और जिद्द करने लगी की वह उनके पिता का घर हैं और वह जाना चाहती हैं। सती जो की शक्ति का अवतार हैं अपनी एक पहचान और सोच रखती हैं और नहीं चाहती की कोई उनको उनकी इच्छा के विरुद्ध जाने से रोके। और वह इसलिए भी जाना चाहती थी ताकि वह अपने पिता से पूछ सके की क्यों उनको और शिव को न्योता नहीं भेजा गया।

सती अपने पिता द्वारा अपने पति के तिरस्कार से बहुत ज्यादा आहत थी। और वह इसके पीछे का कारण जानना चाहती थी और अपने पिता द्वारा की गयी गलती को सुधारना चाहती थी।

शिव ने आखिरकार सती की बात मान ली और यज्ञ में जाने की आज्ञा दे दी परन्तु उन्होंने सती को इस समारोह में उपस्थित होने से संभावित परिणामों की स्थिति से भी अवगत करा दिया। शिव को आने वाली कठिन परिस्थिति का अनुमान था इसलिए उन्होंने नंदी बैल और अपने 60,000 गणों को माता सती के साथ जाने को कह दिया।

जैसे ही सती यज्ञ स्थल पर पहुंची, वह समारोह की भव्यता और दिव्यता से अवाक रह गयी। यज्ञ स्थल बहुत ही विशाल और सुन्दर रंग बिरंगे फूलो से सजा हुआ था। वातावरण फूल, कपूर, शुद्ध घी और हवन सामग्री की खुशबू से महक रहा था। ऋषि, मुनि साधू संत मंत्रोचार कर रहे थे। विशिष्ठ अतिथि अपने अपने स्थान पर आसीन

थे। सती ने अपने माता-पिता, ब्रह्मा, विष्णु, इन्द्र देव, अपनी सभी बहनों और उनके पति के साथ अपने स्थानों पर आसीन देखा।

सती ने महसूस किया की उनके पति शिव का स्थान नहीं रखा गया है। वह क्रोध से उत्तेजित हो गयी, नेत्र क्रोध से लाल हो गए, उनके भीतर अपमान की आग धधकने लगी। किसी भी वैवाहित स्त्री के पति का अपमान अगर उसके मायके में होता है तो कोई स्त्री इसको सह नहीं पाती। और फिर यहां इतने पवित्र आयोजन पर उनके पति का अपमान उनके माता पिता द्वारा होने से उनका मुखमंडल प्रलय के सूर्य की भांति जलने लगा। सती का मन और मस्तिष्क बहुत विचलित हो गया और इस गंभीर अन्याय और अपमान का जवाब मांगने का निश्चय किया।

सती ने अपमान की आगे में दहकते हुए ब्रह्मा, विष्णु और अन्य देवताओ से प्रश्न किया की बिना शिव के कोई भी यज्ञ या विधि विधान कैसे पूरा हो सकता है ? पिता दक्ष से अपने पति परमेश्वर को न बुलाने का कारण पूछा ? जवाब में दक्ष ने जो अभी भी अपने अपमानित घाव को लिए बैठा था, ने सती की तरफ उपेक्षा के भाव रखते हुए चुप रहने को कहा। दक्ष ने सती से पूछा "जब तुम्हे बुलावा नहीं भेजा तब भी तुम कैसे आ गयी, वह बोले माना यह तुम्हारे पिता का घर है पर तुम क्या नहीं जानती की शादीशुदा स्त्री बिना बुलावे अपने पिता के घर नहीं आ सकती"।

दक्ष ने बहुत कठोर और कटु वचन शिव के लिए बोले और उन्हें बहुत अपमानित किया। सती ने बड़ी दृढ़ता और निर्भीक होकर ब्रह्मा और विष्णु से सवाल किया, "कैसे आप भगवान शिव का अपमान होते देख कर भी चुप बैठे है ?" सती ने ब्रह्मा से कहा आपने दक्ष को प्रजापति बना उनमे अहंकार और स्वार्थ की भावना जगा दी और अब वो अपनी मर्यादा भूल गए और शिव का अपमान करने से भी पीछे नहीं रहे। सती के लिए अपनी पति के विषय में अपमानजनक बातें सुनना हृदय विदारक था और वह सब बर्दाश्त नहीं कर पाई।

इतने मार्मिक क्षण में, दुख, क्रोध और अपमान से अभिभूत, सती ने अपनी योगिक शक्तियों की मदद ली। सती ने अपनी कुण्डलिनी को जागरूक किया और अपने शरीर के सातो मुख्य चक्रों को उर्जित किया, और अपने सत - तप से अग्नि प्रज्वलित कर उसे ज्वालामुखी के रूप में प्रकट कर दिया। यह अग्नि प्रज्वलन अपने पति परमेश्वर शिव के प्रति अगाड़ प्रेम और भक्ति का प्रमाण था। सती ने अपनी आहुति इस पवित्र अग्नि में दे दी। यज्ञमंडप में खलबली पैदा हो गयी, हाहाकार मच गया। सब तरफ भगदड़ मच गयी।

शिव-गण यह हृदय विदारक दृश्य देख, दुःख और दर्द से कांप गए। वह सभी यज्ञ स्थल को तहस नहस करने लगे और जो भी प्राणी दक्ष के पक्ष में था उसको मौत के घाट उतारने लगे। दक्ष यह दृश्य देख अन्दर तक कांप गया।

ऋषि भृगु भी यज्ञ में उपस्तिथ थे और दक्ष के हितेषी और उसके पक्ष में खड़े थे। ऋषि भृगु ने अपने मंत्रो से दुर्जय योधा, दिल दहलाने देने वाले योधाओं को प्रकट किया। शिव-गणों और दुर्जय योधाओं के बीच एक अति भीषण युद्ध हुआ और दोनों तरफ के बहुत योधा वीरगति को प्राप्त हुए। शिव पुराण के अनुसार करीबन 20,000 शिव-गण भी मारे गए।

कुछ शिव-गण शीघ्रता से कैलाश पर्वत पहुँच गए और दुखद वृतांत भगवान शिव को बताया। शिव ने जब माता सती के बारे में सुना तो उनके भीतर क्रोध के ज्वारभाटा ने जन्म लिया और जिससे उनका रूप बहुत उग्र हो चला। सती से वियोग की पीड़ा ने शिव को व्याकुल कर दिया, उन शिव को जिन्होंने हर भावना पर विजय प्राप्त कर रखी है और जो एक क्षण में सम्पूर्ण ब्रह्माण्ड को समाप्त कर सकते हैं। शिव ने अपना रौद्र रूप दिखाया और अपनी जटा का एक बाल खींच कर तोड़ लिया और उसके दो टुकड़े कर जोर से ज़मीन पर पटक दिया। बाल के एक टुकड़े से भयानक, क्रुद्ध, उतेजित वीरभद्र का जन्म हुआ और दुसरे टुकड़े से तीव्र, भयंकर भद्रकाली ने जन्म लिया। शिव ने वीरभद्र और भद्रकाली को आदेश दिया की वह शिव गणों के साथ

अभी जाए और कनखल में प्रजापति दक्ष को और उनके यज्ञ को तीव्रता से समाप्त कर दे। वीरभद्र ने दक्ष और उसके सभी योधाओं को पराजित कर दक्ष का सिर धड से अलग कर दिया और सिर को उसी यज्ञ में फ़ेंक दिया। जब काल आपके विपरीत होता है तब कोई रक्षा नहीं कर सकता और फिर यहां तो काल स्वयं महाकाल हैं।

शिव ने सती का प्राण रहित शरीर अपने कंधे पर उठा लिया, वैसे तो वह स्वयं परमात्मा है, महाकाल हैं परन्तु इस समय अपनी मृत पत्नी का दुःख वो सहन नहीं कर पा रहे हैं। सती की मृत्यु एक असहनीय दुःख है और शिव को इस हृदय विदारक स्थिति से बाहर निकालना असंभव प्रतीत हो रहा है।

व्यथित और दुखी, शिव जो की रूद्र भी है, सती का जला शरीर अपने गठीले और मजबूत कंधो पर उठाये इस पृथ्वी की अनंत यात्रा पर निकल गए। सृष्टि व्याकुल हो उठी। उनका दुःख और तकलीफ दिन पर दिन बढ़ता जा रहा था। जब जब भगवान शिव गहरे दुःख, तकलीफ या फिर बहुत क्रोधित होते है तब वो अपनी भावनाओ को शक्तिशाली और विध्वंसकारी नृत्य के माध्यम से प्रकट करते है, जिसे रुद्र तांडव कहा जाता है। यह नृत्य उनके हृदय विदारक दुःख और ज्वलित क्रोध की अभिव्यक्ति है। तांडव, एक ज्वलंत और ऊर्जावान नृत्य हैं जिसे शिव अपने रौद्र रूप में करते हैं।

ताण्डव नृत्य शिव को अत्यन्त प्रिय है। शिव-गण तण्डु, ने इस नृत्य की रचना की थी। और कुछ ग्रंथो के अनुसार ताण्डव नामक ऋषि ने पहले पहल इसकी शिक्षा दी, इसी से इसका नाम ताण्डव हुआ। दो ख़ास तरह के तांडव होते हैं: रौद्र तांडव और आनंद तांडव। रौद्र तांडव, उग्र, दुःख और क्रोध की मनोदशा में किए जाने वाले नृत्य को कहते है। इस नृत्य में इतनी तीव्रता और उग्रता होती हैं की जो सम्पूर्ण ब्रह्माण्ड का विनाश करने के लिए काफी हैं। जब भगवान शिव बहुत दुखी या क्रोधित होते हैं वो इस नृत्य के द्वारा उसे उजागर करते हैं। दूसरी ओर, आनंद-तांडव, शिव के आनंदमय, हर्षोल्लास और उत्सवपूर्ण पहलू को प्रतिष्ठापित करता था। यह नृत्य आनन्द

के साथ किया जाता है और सृजन, संरक्षण और विघटन के चक्र का स्रोत है। नटराज के रूप में शिव (नृत्य के राजा) को नृत्य का सर्वोच्च स्वामी माना जाता है।

शिव को अनंत दुःख से बाहर निकालने के लिए, इस मानसिक पीडा को कम करने के लिए, और इस सृष्टि को उनके दुःख और गुस्से से बचाने के लिए आखिर विष्णु अपना सुदर्शन चक्र निकाल कर मृत सती के शरीर के टुकड़े कर देते है। सुदर्शन चक्र माता सती के मृत शरीर के 51 टुकड़े कर देता है जो की पृथ्वी पर जगह जगह स्थापित हो जाते है। यह स्थान जहां शरीर के पवित्र अंग गिरे शक्ति पीठ बन गए। और इसी तरह शक्ति पीठ की स्थापना हुई, यह वो पवित्र जगह है जहां माता शक्ति की असीमित ऊर्जा और दिव्यता महसूस की जा सकती हैं। मुझे इन पवित्र स्थानों की यात्रा के दौरान इस शक्तिशाली ऊर्जा का अनुभव करने का सौभाग्य मिला। प्रत्येक शक्ति पीठ एक असीमित और दिव्य ऊर्जा का स्त्रोत है, और हर व्यक्ति इस ऊर्जा को अपने तरीके से ग्रहण करता हैं। प्रत्येक स्थान की सकारात्मक और दिव्य ऊर्जा का कम्पन हर व्यक्ति अपने चेतन मन पर अनुभव कर सकता हैं, किसी को ज्यादा किसी को कम परन्तु प्रत्येक भक्त के लिए यह गहन और परिवर्तनात्मक अनुभव देती है।

एक विचारशील उद्येश्य को पूरा करने के लिए ही सती के शरीर को 51 टुकड़े में विभाजित कर पृथ्वी के अलग अलग कोने में स्थापित कर दिया गया। सभी शक्ति पीठ अध्यात्मिकता के केंद्र हैं, और यहाँ के दर्शन मात्र से देविये शक्ति का साक्षात्कार होता है। इन शक्ति पीठ का अस्तित्व, सती के त्याग और स्वाभिमान का प्रतीक है। यह पवित्र स्थल भक्तो के लिए माँ सती की दिव्य ऊर्जा और शक्ति ग्रहण करने का केंद्र है।

यज्ञ जब शुरू होता है तो विधिवत पूर्ण भी करना होता है और यही विधान है। जब शिव की वेदना और मानसिक व्यथा शांत हुई तब ब्रह्मा और सभी देवताओ ने कैलाश पर जाकर प्रार्थना कर दक्ष को माफ़ करके यज्ञ को सम्पूर्ण करने का आग्रह किया। शिव ने अपनों

गणों से एक सिर लाने को कहा, क्योंकि दक्ष का सिर तो हवन कुंड में भस्म हो गया था। गणों को एक बकरे का सिर मिल गया और उसे दक्ष के धड पर प्रत्यारोपित कर दिया गया। पूर्व में नंदी ने दक्ष को श्राप दिया था और उसी कारण दक्ष को बकरे का सिर मिला। दक्ष का घमंड, दुर्व्यवहार को खत्म भी करना जरुरी था। दक्ष ने सबसे क्षमा मांगी और शिव से क्षमा मांग उनको आदर सम्मान दिया और यज्ञ को सम्पूर्ण किया।

पार्वती

आगे की कहानी वही से शुरू करते हैं जब सती, ने आत्मदाह से पहले प्रण लिया की शिव से विवाह करने के लिए वह दुबारा जन्म लेगीं। शक्ति शिव की अभिभाज्य अंग हैं। वे एक दुसरे के पूरक हैं। शिव के बिना शक्ति और शक्ति के बिना शिव का कोई अस्तित्व ही नहीं है। शिव संकल्प हैं; शक्ति संकल्प सिद्धी। शिव सुसुप्तावस्था हैं; शक्ति जागृत अवस्था। शिव सागर के जल और शक्ति सागर की लहरें हैं। शक्ति के बिना शिव, शव समान है क्योंकि शक्ति ही शिव की मानसिक और शारीरक चेतना है। सती के आत्मदाह के उपरांत पृथ्वी शक्तिविहीन हो गयी। शक्ति ने राजा हिमवान और उनकी पत्नी रानी मैना को चुना अपने माता पिता के रूप में और पार्वती के रूप में जन्म लिया।

पार्वती, माँ जगदम्बा का सबसे नवीन व वर्तमानकालीन अवतार हैं, सभी अवतारों में पार्वती सबसे युवा हैं। हिमवान और मैना ने बहुत वर्षों तक कठोर तपस्या कर माँ जगदम्बा को प्रसन्न किया। जगदम्बा ने उन्हें 100 पुत्रो और एक पुत्री का वरदान दिया और साथ ही पुत्री के रूप में स्वयं अवतरित होने का आशीर्वाद दिया। पार्वती का अर्थ हैं पर्वतो की रानी।

पार्वती के 100 भाई हुए उनमे से सबसे बड़े भाई का नाम मेनक था, वह बहुत ही शक्तिशाल, बहादुर और कुशल योधा था। पार्वती सुन्दर, प्रतिभावान और सर्वगुण सम्पन कन्या के रूप में बड़ी होने लगी। हिमवान और मैना अपनी पुत्री को बड़ा होते देख बहुत हर्ष से भर जाते और आदि शक्ति को कोटि कोटि नमन करते। पार्वती को बहुत प्यार और सम्मान करने वाला परिवार मिला। अब यह दिव्य समाचार पुरे ब्रह्माण्ड में फैल गया की माँ जगदम्बा ने

पार्वती के रूप में जन्म ले लिया है। नारद मुनि, महाऋषियो और देवताओं ने राजा हिमवान से विचार विमर्श किया और पार्वती के शुभ लग्न के विषय में अपने विचार से अवगत कराया। सभी चाहते थे की शिव को पार्वती से विवाह करने के लिए मनाया जाए। चूँकि पार्वती जगदम्बा का ही अवतार हैं परन्तु जन्म लेने के पश्चात वो भूल गयी की उनका जन्म किस कारण हुआ हैं। जब वह छोटी थी तब उनके सपने में भगवान शिव आते थे, पर वो इसका कारण नहीं जान पाई। वो भूल गयी की उनका जन्म शिव से विवाह करने और उनका जीवन पूर्ण करने के लिए ही हुआ हैं। यह दिव्य मिलन ब्रह्मांडीय व्यवस्था सुचारू रूप से चलाने के लिए अतिआवश्यक हैं और शिव व शक्ति के बीच शाश्वत प्रेम का एक प्रतीक है।

पार्वती के पिता हिमवान, हिमालय पर्वत श्रृंखला के राजा हैं और वह अपने माता पिता के साथ वही निवास करती है। शिव भी अपने निवास स्थान कैलाश पर्वत जो की हिमालय पर्वत श्रृंखला का ही हिस्सा है पर ज्यादातर समय ध्यान में ही रहते हैं। नारद मुनि ने पार्वती को शिव के बारे में बताया और किस कारण उनका जन्म हुआ हैं उससे अवगत कराया। नारद मुनि ने पार्वती को, शिव जब ध्यान में लीन होते हैं उनका ख्याल रखने के लिए प्रेरित क्या। पार्वती अब शिव की हर छोटी से छोटी चीज़ का ध्यान रखने लगी। जब शिव ध्यान अवस्था में होते वो आस पास का स्थान साफ़ कर के खाने पीने की वस्तु और जरूरत का सामान रख देती और शिव के आँखे खोलने से पहले वो चली जाती थी। शिव से कुछ छिप नहीं सकता, वो परमेश्वर हैं और इस ब्रह्माण्ड में ऐसा कुछ नहीं जिसे वो न जानते हो। शिव अपनी समाधी अवस्था में भी जान जाते थे उनके सब तरफ क्या चल रहा हैं। शिव जानते थे इस सबके पीछे पार्वती का क्या अभिप्राय हैं, यह भी जानते थे की वह आदि शक्ति का अवतार हैं। परन्तु फिर भी वो इस रिश्ते से हिचक रहे थे और सती को भी नहीं भूल पा रहे थे। शिव इस नए रिश्ते को मन से स्वीकार करने में बहुत मुश्किल महसूस कर रहे थे।

एक दिन शिव ने अपनी आँख जल्दी खोल ली और पार्वती से उनकी इतनी सेवा करने का उद्देश्य पूछा। पार्वती ने अपने जन्म का उद्देश्य बताया और कैसे इस ब्रह्माण्ड को आगे बढ़ाने के लिए उनको मिलना जरुरी हैं।

परन्तु जब शिव नहीं माने तो पार्वती ने कठोर तपस्या का निश्चय किया क्योंकि वह जानती थी यह पवित्र मिलन संसार के लिए जरुरी हैं। काफी लम्बी तपस्या के बाद शिव विवाह के लिए राज़ी हो गए फिर भी उन्होंने पार्वती की परीक्षा लेने का विचार बनाया। और सप्तऋषियों को उनके पास भेजा। सप्तऋषियों ने पार्वती के पास जाकर शिव के बारे में बुरा भला कहा, बोले शिव तो जटाधारी हैं, अमंगल वेशभूषाधारी हैं, हमेशा समाधी में रहता है और बैल की सवारी करता है। और तुम इतनी सुन्दर नाज़ुक सी राजकुमारी हो, तुम कैसे उस भस्मधारी, सर्पधारी के साथ रह सकोगी। अनेक यत्न करने के बाद भी पार्वती अपने विचारों में दृढ़ रही। उनकी दृढता देख सप्तऋषि अत्यंत प्रसन्न हुए और पार्वती को सफल मनोरथ का आशीर्वाद देकर *पुनः शिव के पास आ गए।* सप्तऋषियों से पार्वती के अपने प्रति दृढ़ प्रेम का वृतांत सुनकर शिव प्रसन्न हो गए और समझ गए कि पार्वती को सती का स्मरण है और उनमे भी वही दृढता और भावना हैं। पार्वती जीवात्मा का प्रतीक है और शिव परमात्मा है। प्रत्येक जीवात्मा परमात्मा से मिलने के लिए व्याकुल हैं और वही शिव ने पार्वती में पाया।

यह सुखद समाचार पार्वती के माता पिता तक पंहुचा, सभी अत्यंत प्रसन्न और हर्षोल्लास से भर गए और सभी तरफ ख़ुशी और उत्सव का माहौल बन गया। किन्तु इन सबके बीच पार्वती की माता मैना घबरा गयी उन्हें समझ नहीं आ रहा था यह खुश होने की बात हैं या दुखी होने की। मैना अपनी पुत्री से बेहद स्नेह करती थी, और चाहती थी पार्वती का दूल्हा इस ब्रह्माण्ड का सबसे योग्य वर हो। मैना ने सुना था की शिव वैरागी है और अलग थलग कैलाश पर्वत पर एक अघोरी और सन्यासी का जीवन व्यतीत कर रहे हैं। परन्तु उन्हें इस

बात का भी अहसास था कि इस पुरे ब्रहमांड में शिव सबसे ज्यादा सम्मानित और पूजनीये हैं, और ब्रह्मा, विष्णु के वो आदरणीय हैं।

विवाह का दिन नज़दीक आ गया और निश्चित दिन शिव बारात लेकर पार्वती के घर आ गए। वे बैल पर सवार थे और एक हाथ में डमरू और दुसरे में त्रिशूल पकड़ा था। शिव के श्रृंगार का वर्णन कुछ इस तरह मिलता है शिव पुराण में, शिव के मस्तक पर चंद्रमा, सिर पर गंगाजी, तीन नेत्र, अत्यंत विषेले सांपों का जनेऊ, कंठ में विष और छाती पर नरमुण्डों की माला थी, जटाधारी, शरीर पर भस्म, मृग छाल पहने बड़ा भयंकर रूप मैना देख भयभीत हो गयी। बारात में सभी गन्धर्व, वसु, यक्ष, यम, वरुण, कुबेर, इन्द्र, बृहस्पति, ब्रह्मा, विष्णु और भी बहुत गणमान्य विभूतियाँ अपने अपने वाहनों पर साथ चल रही थी। बारात में भुत, प्रेत, भटकती आत्माएं जिन्हें अपनी मौत के बाद सही स्थान नहीं मिला, योगिनी, पिशाच, और बहुत अजीब डरावने प्राणी थे।

मैना ने बहुत सुन्दर, सुडौल, लम्बा, मन को मोहित करने वाला जमाता की कल्पना की थी। परन्तु जो वो देख रही थी उसकी कल्पना उन्होंने कभी नहीं कर थी। बारात में शिव-गण नाचते गाते चल रहे थे। शिव के गणों में कुछ के मुख नहीं थे, और किसी के बहुत टेड़े मेढे विकृत चेहरे थे, किसी की आँख नहीं तो किसी के हाथ पैर पर भी आँख थी, किसी ने बहुत ही डरावना और अपवित्र रूप धारण कर रखा था, हाथ में कपाल लिए कुछ भस्म तो कुछ ताज़ा खून से सने थे।

हालाँकि विष्णु ने शिव से आग्रह किया की आप इस रूप में न चले, परन्तु शिव अपनी होने वाली सास से ठिठोली करना चाहते थे। और वो उन्हें परेशान करने में कामयाब भी हो गए। अपने सामने इतना भयानक दृश्य देख मैना बेहोश हो गयी। विष्णु, ब्रह्मा और सभी देवताओ ने शिव से हाथ जोड़ कर आग्रह किया की वो अपने असली रूप में आ जाये ताकि सभी दुल्हे को देख कर डरे नहीं।

जब मैना को होश आया तब उन्होंने विष्णु और ब्रह्मा से पूछा क्यों उनकी सुकुमारी पुत्री के लिए ऐसा वर खोजा है। सबने उन्हें आश्वस्त

किया और शिव के स्वभाव, गुणों और शक्तियों से अवगत कराया। उन्हें बताया शिव तो देवो के देव महादेव हैं। यह दुष्टों के लिए महाकाल तो भक्तो के लिए भोले भंडारी हैं।

शिव ने अपना सुन्दर और मन्त्र मुग्ध करने वाला रूप ले लिया। और जैसे ही मैना की नज़र उन पर पड़ी उनका हृदय ख़ुशी और आनंद से भर गया।

शुभ मुहूर्त फाल्गुन माह में कृष्ण पक्ष की तेरस तिथि का था जब ब्रह्माण्ड की सबसे दिव्य और भव्य विवाह में शिव पार्वती पति पत्नी के पवित्र बंधन में बंध गए। चहुँ ओर से पुष्प की बरसात होने लगी, मंगल ध्वनि बजने लगी, वातावरण में उत्सव का माहौल हो गया। इतनी शानदार, भव्य, असाधारण शादी ब्रह्माण्ड में इससे पहले न कभी हुई और न कभी होगी।

विवाह का कार्यक्रम सोनप्रयाग (राज्य उत्तराखंड) से 13 किलोमीटर दूर त्रियुगीनारायण मंदिर में सम्पन हुआ। ऐसा माना जाता है की पवित्र अग्नि जो इस विवाह की साक्षी बनी अभी भी यहाँ इस अग्निकुंड में धधक रही हैं। इसीलिए इस मंदिर को अखंड धूनी मंदिर भी कहते हैं।

ब्रह्मा ने इस विवाह में पंडित और विष्णु ने माता पार्वती के भाई की भूमिका निभाई थी। यह दिव्य समारोह न केवल एक विवाह का उत्सव हैं अपितु त्रिमूर्ति और शक्ति के बीच एक समंवयपूर्ण सम्बन्ध की अलौकिक गाथा है।

अपनी यात्रा के बारे में लिखने से पहले संक्षेप में अठारह शक्ति पीठ और बारह ज्योतिर्लिंग का विवरण यहां दे रही हूँ। क्रम मैंने अपनी यात्रा के अनुसार रखा हैं। और जहां शक्ति पीठ और ज्योतिर्लिंग एक साथ है उन्हें मैंने एक ही अध्याय में रख दिया हैं। कुछ अलग करने की दृष्टि से मैंने अध्यायो को संस्कृत गणना दी हैं।

शक्ति पीठ

अठारह शक्ति पीठ (अष्ट दशा)

1) जोगुलम्बा देवी - उपरी जबड़ा

   शहर - आलमपुर राज्य - तेलंगाना

2) ब्रहमरम्बा देवी - गर्दन

   शहर - श्रीशैलम राज्य - आन्ध्र प्रदेश

3) कामाक्षी देवी - शरीर का ढांचा

   शहर - कांची राज्य - तमिल नाडू

4) पुरुहुतिका देवी - बायां हाथ

   शहर - पिथापुरम राज्य - आन्ध्र प्रदेश

5) माणिक्यम्बा देवी - गाल

   शहर - द्रक्षारामम राज्य - आन्ध्र प्रदेश

6) चामुंडेश्वरी देवी - केश

   शहर - मैसूर राज्य - कर्नाटक

7) मंगला गौरी - वक्ष

   शहर - गया राज्य - बिहार

8) अलोपी शंकरी - अंगूली

   शहर - प्रयाग राज राज्य - उत्तर प्रदेश

9) विशालाक्षी देवी - कर्ण

   शहर - वाराणसी राज्य - उत्तर प्रदेश

10) कामख्या देवी - योनी

   शहर - गुवाहाटी राज्य - आसाम

11) एकवीरिका देवी - दांया कन्धा

शहर - महुर राज्य - महाराष्ट्र

12) महालक्ष्मी देवी - आँख

शहर - कोल्हापुर राज्य - महाराष्ट्र

13) बिरजा देवी - नाभि

शहर - जाजपुर राज्य - ओडिशा

14) गड्कलिका / महाकाली- उपरी होठ

शहर - उज्जैन राज्य - मध्य प्रदेश

15) ज्वालामुखी देवी - जीभ

शहर - ज्वालामुखी राज्य - हिमाचल प्रदेश

16) शारदा देवी - दांया हाथ

शहर - तीतवाल देश - भारत पाकिस्तान के बीच LOC वाला हिस्सा

17) शृंखला देवी - उदर / पेट

शहर - पांडूआ राज्य - पश्चिम बंगाल

18) शंकरी देवी - जांघ

शहर - त्रिंकोमाली देश - श्रीलंका

बारह ज्योतिर्लिंग

1) मल्लिकार्जुन

मल्लिकार्जुन स्वामी मंदिर कुरनूल जिले के श्रीशैलम में स्थित है। यह आन्ध्र प्रदेश राज्य में आता हैं।

2) विश्वनाथ

बाबा विश्वनाथ मंदिर उतर प्रदेश के वाराणसी शहर में है। मंदिर पवित्र नदी गंगा के घाट पर बना हैं।

3) महाकालेश्वर

यह प्राचीन नगरी उज्जैन में शिप्रा नदी के घाट पर स्थित हैं। यह मध्य प्रदेश राज्य में आता हैं।

4) सोमनाथ

सोमनाथ एक सर्वोत्कृष्ट मंदिर है जो की गुजरात के सौराष्ट्र में स्थित हैं। सोमनाथ का वर्णन ऋग्वेद में भी मिलता हैं।

5) नागेश्वर

यह मंदिर द्वारका और बैट द्वारका के मध्य, गुजरात राज्य के सौराष्ट्र में स्थित हैं।

6) बैद्यनाथ

बाबा बैद्यनाथ धाम, देवघर में स्थित हैं जो की झारखण्ड राज्य में आता है।

7) त्रिम्बकेश्वर

नाशिक से 28 किलोमीटर दूर त्रिम्बक कसबे में स्थित है। यह पवित्र नदी गोदावरी का उद्गम स्थल हैं और महाराष्ट्र राज्य में आता हैं।

8) घृष्णेश्वर

यह मंदिर राष्ट्रीय संरक्षित स्थान, जो यूनेस्को की विश्व धरोहर एलोरा गुफाओं से डेढ़ किलो मीटर की दुरी पर है, औरंगाबाद शहर से 30 किलोमीटर दूर है। यह स्थान महाराष्ट्र राज्य में आता हैं। इसका उल्लेख शिव पुराण, स्कंद पुराण, रामायण और महाभारत में मिलता है।

9) भीमाशंकर

भीमाशंकर मंदिर पुणे से 110 किलोमीटर दूर स्थित है। यहीं से भीमा नदी निकलती है। यह महाराष्ट्र राज्य में आता हैं।

10) ओंकारेश्वर

ओंकारेश्वर ज्योतिर्लिंग मध्य प्रदेश के इंदौर शहर से लगभग 78 किमी की दूरी पर नर्मदा नदी के किनारे स्थित है। यह मान्धाता नाम के टापू जिसका आकार ओम के निशान जैसा है।

11) रामेश्वरम

ये मंदिर तमिलनाडु राज्य के रामनाथपुरम जिले में स्थित है. यह ज्योतिर्लिंग और चार धामों में से एक माना गया है। यह हिंद महासागर और बंगाल की खाड़ी से चारों ओर से घिरा हुआ एक सुंदर शंख आकार का द्वीप है।

12) केदारनाथ

केदारनाथ मन्दिर भारत के उत्तराखण्ड राज्य के रुद्रप्रयाग जिले में स्थित हैं। यहाँ की प्रतिकूल जलवायु के कारण यह मन्दिर अप्रैल से अक्टूबर माह के मध्य ही दर्शन के लिए खुलता है।

मेरी यात्रा

मैंने अष्ट दशा शक्ति पीठ और ज्योतिर्लिंग के बारे में सारी जानकारी इकट्ठा करनी शुरू कर दी, यहां की यात्रा करना एक सुखद अहसास की अनुभूति जगा रही थी और मैं जल्द से जल्द इस अहसास को जीना चाहती थी। इस यात्रा के दौरान हुए अद्भुत अनुभव और आध्यात्मिक जानकारी को मैं इस पुस्तक के माध्यम से साझा करना चाहती हूँ।

अठारह शक्ति पीठ और बारह ज्योतिर्लिंग की यात्रा करना एक उत्तम विचार हैं, और इस यात्रा को महसूस करना और जीना, दिल और दिमाग में एक अद्भुत अहसास जगा देता हैं। इस यात्रा के माध्यम से मुझे हमारे विशाल देश भारत के समृद्ध, आध्यात्मिक और सांस्कृतिक विरासत को समझने और जीने का मौका मिला। मुझे इन पवित्र स्थानों से जुड़ी कहानियां, सांस्कृतिक परम्पराएं, और इतिहास को नज़दीक से देखने को मिला। इस यात्रा ने ईश्वर से मेरा सम्बन्ध बहुत गहरा कर दिया। मैं अपने अन्दर बहुत शांति, स्थिरता, गहरायी, धैर्य, और ऊर्जा को महसूस कर पा रही हूँ। यात्रा का हर पड़ाव मुझे आध्यात्मिकता और ईश्वरीय कृपा के ओर निकट ले जा रहा हैं।

1 जुलाई 2023, को मैंने अपना पहला कदम उठाया और अपनी यात्रा की रूप रेखा तैयार करनी शुरू कर दी। भारत एक विशाल देश हैं और यह सभी पवित्र स्थान देश के अलग अलग कोनो में स्थित है। जैसे ही मैंने इस महत्तवकांक्षी योजना पर काम शुरू किया, जहां मेरे विचार साफ़ होते गए वही उलझते भी गए। जैसे-जैसे मैं अपने मन में आते सवालो का जवाब ढूंढ रही थी वैसे-वैसे नए सवाल खड़े होते जा रहे थे।

मन में कई सवाल थे, क्या यात्रा पर अकेले जाना चाहिये ? अगर परिवार या दोस्त के साथ जाना है तो सब के साथ समय बिठाना पड़ेगा, और हम सभी जानते है आजकल सभी बहुत व्यस्त रहते हैं। इन सब पर विचार करते मैंने सोचा कि हम इंसान भगवान के आगे कुछ नहीं। कहते हैं न इंसान लाख सोचे होता वही हैं जो ईश्वर चाहता हैं।

मैंने इस यात्रा के सारे सिरे खुले रखे और जब भी मैं कही का विचार करती, मैं अपने सभी परिवार वालो और दोस्तों को बता देती और जो भी इस यात्रा पर मेरे साथ चलता मुझे अच्छा लगता और ऐसा प्रतीत होता की ईश्वर ने सोच कर ही ऐसी योजना को कार्यान्वित किया हैं। हर यात्रा जीवन भर की खुशियों और यादें मेरी झोली में डाल देती। मेरी प्रतिबद्धता और ईश्वर के आशीर्वाद से पूरी योजना ने एक सुन्दर रूप ले लिया, और मेरे लिए इस ख़ुशी और हर्ष को शब्दों में बयां करना काफी मुश्किल हैं। रास्ता साफ़ हैं, मंजिल नज़दीक हैं, और परिवार व दोस्तों का साथ हैं, ईश्वर का आशीर्वाद हैं, इस सबसे मेरी आध्यात्मिक यात्रा बहुत सुगम हो गयी।

साल 2023, हिन्दू पंचांग (कैलेंडर) के अनुसार बहुत शुभ और महत्वपूर्ण माना जाता हैं। इस साल अधिक-मास जिसे पुरुषोत्तम-मास भी कहते है पड़ रहा हैं। अधिक-मास जैसे नाम से प्रतीत हो रहा हैं, इस साल हिन्दी पंचांग के अनुसार एक अतिरिक्त महीना होगा। ये हर तीन साल में एक बार आता है। जिस वर्ष अधिक मास होता है, वह साल पंचांग में 13 महीनों का होता है। सौर वर्ष और चन्द्र वर्ष में सामंजस्य स्थापित करने के लिए हर तीसरे वर्ष पंचांगों में अधिक-मास की व्यवस्था होती हैं।

सनातन धर्म में हर माह किसी न किसी देवी-देवता को समर्पित होता है, उसी तरह अधिक-मास भगवान विष्णु को समर्पित हैं।

जिस तरह से अंग्रेजी कैलेंडर में लीप ईयर होता है, उसी तरह से हिन्दू पंचांग में अधिक-मास होता है। लेकिन लीप ईयर होने पर साल का केवल एक दिन बढ़ता है। वहीं अधिक-मास लगने पर पूरा

एक माह बढ़ता है। इस साल 2023 में सावन माह में अधिक मास लगा हैं, जिस कारण सावन की अवधि दो माह कि हो गयी। चंद्र वर्ष 354 दिनों का होता है और सौर वर्ष 365 दिनों का। इस तरह से दोनों के बीच 11 दिन का अंतर होता है और तीन साल में यह अंतर 33 दिनों का हो जाता है, जिसे अतिरिक्त माह या अधिक मास कहा जाता है। ज्योतिष आधार पर चंद्र और सूर्य वर्ष के इन्हीं 11 दिनों के अंतर को खत्म करने के लिए तीन साल में अधिक मास की व्यवस्था की गई है।

सावन माह भगवान शिव को समर्पित होता है, इस साल सावन माह और अधिक-मास एक साथ होने के कारण यह धार्मिक दृष्टि से बहुत शुभ हैं और शिव और विष्णु का एक साथ आशीर्वाद प्राप्त होता हैं।

सावन माह में भारत के उत्तरी राज्यों में ज्योतिर्लिंग के दर्शन के लिए जाना काफी मुश्किल है, क्योंकि इस समय भीड़ अत्यधिक होती हैं। यह सब सोच मैंने देश के दक्षिणी राज्यों में दर्शन करने का विचार किया। मैंने अपनी यात्रा तेलंगाना और आन्ध्र प्रदेश से शुरू करने का सोचा। हैदराबाद तक विमान से पहुँच कर वहां से आलमपुर और श्रीशैलम सड़क मार्ग से आराम से किया जा सकता हैं।

आलमपुर एक प्राचीन शहर है जो पवित्र मानी जाने वाली नदियों तुंगभद्रा और कृष्णा के संगम पर स्थित है। वही श्रीशैलम हैदराबाद से 232 किमी दक्षिण में नल्लमला पहाड़ियों में कृष्णा नदी के किनारे बसा हुआ है।

मेरी आने वाली यात्रा मुझे आलमपुर और श्रीशैलम की भव्यता और प्राचीन इतिहास से मुलाकात कराएगी।

एकः
जोगुलम्बा देवी (ऊपरी जबड़ा)

स्थान आलमपुर (जिला गदवाल)

राज्य तेलंगाना

* यहां उपयोग की गयी देवी की तस्वीर इंटरनेट से प्राप्त की गई है।*

मैंने मेरी दोस्त सोनल के साथ इस आध्यात्मिक सफ़र की शुरुआत जल्दी सुबह कि हैदराबाद की फ्लाइट के निर्णय के साथ की। हमने योजना बनाते समय यह ध्यान में रखा कि सप्ताहांत में प्रत्याशित

भीड़ ज्यादा होती हैं, जिससे हम शांतिपूर्ण दर्शन नहीं कर पायेंगे और भीड़ में परेशानी का सामना भी ज्यादा करना पड़ेगा। हालांकि हमारी यात्रा की काफी जानकारी हमने इन्टरनेट से जुटा ली थी, फिर भी मेरी रिश्तेदार अनुराधा श्रीनिवास ने इस यात्रा से सम्बंधित काफी मूल्यवान जानकारी दी, जिससे हमें उस क्षेत्र को समझने और दर्शन सम्बंधित निर्देश मिल गए।

उनकी सहायता से हमारे सफ़र का इंतज़ाम सही तरीके से हो गए और हम कम समय में ज्यादा और अच्छे से दर्शन करने का प्रबंध कर पाए। उनके द्वारा बतायी गयी जानकारी से हममे बहुत मदद मिली। अपनी आने वाली यात्रा को लेकर हम काफी उत्सुक और उतावले थे और खुश थे की इस यात्रा में हम दो शक्ति पीठ और एक ज्योतिर्लिंग के दर्शन कर पायेंगे।

इस डिजिटल युग में पूरी दुनिया की जानकारी हमारे हाथ में सिमट कर आ गयी हैं, अब इन्टरनेट की शक्ति अँधेरे में एक तेज़ रोशनी का काम करती है। इस भाग दौड़ की दुनिया में जब समय का अभाव हर किसी को महसूस होता है तब बहुत लम्बा समय किसी यात्रा के लिए निकलना बड़ा मुश्किल काम हैं। हमने अपनी यात्रा की योजना ऐसे बनायी की हैदराबाद उतरते के साथ उसी दिन जोगुलाम्बा माँ के दर्शन करने चले जायेंगे और शाम को ही वापिस हैदराबाद लौट आयेंगे। और अगले दिन श्रीशैलम में दर्शन और तीसरे दिन घर वापिस। पहले से सारी व्यवस्था करने से और सभी जगह की टिकट आरक्षित करने से हमें काफी सहूलियत रही और किसी चीज़ की परेशानी का सामना नहीं करना पड़ा।

दक्षिण भारत में मंदिर दर्शन करने जाए तो पहनावे को लेकर कुछ कायदों का पालन करना पड़ता हैं। दर्शन करने जाए तो महत्वपूर्ण है कि हम उचित रूप से नियम का पालन करे, महिलाओं को साड़ी या सलवार सूट दुपट्टा के साथ पहन कर जाना चाहिए, जबकि पुरुषों को धोती, कुर्ता पजामा, या पैंट शर्ट्स (हालांकि जीन्स नहीं पहननी चाहिए) जैसे पहनावे का समर्थन किया गया है। जुलाई

महीने में आलमपुर की तेज व् चिपचिपाती गर्मी को ध्यान में रखते हुए हमने सादे, सूती व हलके रंग के वस्त्रो को चुना, यह सुनिश्चित करते हुए कि गरम तापमान के बीच ऐसे वस्त्र शीतलता प्रदान करेंगे।

विमान ने हमे तकरीबन सुबह के 7 बजे हैदराबाद उतार दिया और क्योंकि हम 2 रात ही रुकने वाले थे सामान हमारे पास कम था और हम जल्दी ही एअरपोर्ट से बाहर आ गए। कार टैक्सी हमारा इंतज़ार कर रही थी, हमने एअरपोर्ट पर जल्दी से नाश्ता कर लिया और आलमपुर के लिए रवाना हो गए। कार चालक ने बताया की आगे का सफ़र 3 घंटे का है, इसका मतलब हम 10:30 बजे तक या ज्यादा से ज्यादा 11 बजे तक अपने गंतव्य तक पहुच जायेंगे।

आने से पहले हमने इन्टरनेट के द्वारा जानकारी एकत्रित कर ली थी की मंदिर दोपहर एक बजे से दो बजे तक बंद रहता हैं। हमारा मकसद मंदिर समय से पहुँचने का था, और इसलिए हम दर्शन से पहले कही रुकना नहीं चाहते थे। एअरपोर्ट से आलमपुर 200 किलोमीटर दूर हैं।

आलमपुर, तेलंगाना राज्य के गदवाल जिले का एक छोटा सा शहर है। यह स्थान धार्मिक महत्त्व रखता है जो पवित्र मानी जाने वाली नदियों तुंगभद्रा और कृष्णा के संगम पर स्थित है। इस स्थान का उल्लेख स्कंद पुराण में मिलता है। यहाँ स्वामी ब्रह्मेश्वर और माँ जोगुलम्बा मुख्य मंदिर है। जोगुलम्बा मंदिर, नवब्रह्म मंदिरों के परिसर में ही स्थित है, जो सातवीं-आठवीं शताब्दी ईस्वी में निर्मित नौ शिव मंदिरों का एक समूह है। नवब्रह्मा मंदिरों को भारतीय पुरातत्त्व सर्वेक्षण द्वारा तैयार आधिकारिक "स्मारकों की सूची" पर एक पुरातात्विक और स्थापत्य खजाने के रूप में सूचीबद्ध किया गया है।

हम खुश थे की सब कुछ समयानुसार हो रहा है और हमने सोचा की दर्शन करने के बाद काफी समय बचेगा और हम गदवाल की प्रसिद साड़ी की खरीदारी कर पायेंगे। हैदराबाद से आलमपुर राजमार्ग काफी

अच्छा बना हुआ था। सड़के काफी चोडी है और कम भीड़ भाड वाली हैं। पर एक अंग्रेजी की कहावत हैं "man proposes and God disposes" अर्थात मनुष्य कुछ भी योजना बना ले परन्तु होता वही हैं जो ईश्वर को मंजूर होता हैं।

राजमार्ग पर दो ट्रक के बीच दुर्घटना हो गयी, और इस कारण पूरा रास्ता जाम हो गया। इन्सान सोचता है वो सब कर रहा है पर होता वही है जो ईश्वर चाहता हैं। कभी-कभी, हमारी इच्छाओं और बहुत सुद्रढ़ योजनाओं के बावजूद, हमारे नियंत्रण के बाहर की परिस्थितियां हस्तक्षेप करती हैं, और वह नहीं हो पता जो हम करना चाहते हैं।

चालक ने भरोसा दिलाया की यहां जाम ज्यादा देर तक नहीं लगता और बहुत जल्दी रास्ता साफ़ हो जायेगा। हमे बात सही लगी क्योकि यह राजमार्ग 6 लेन का हैं, और हमने मन में आशा रखी की रास्ता जल्द खुल जायेगा। लेकिन धीरे धीरे हमारी आशा निराशा में बदलने लगी। समय अपनी गति से भाग रहा था और हमे दो घंटे हो गए जाम में फंसे हुए। अब हमारी चिंता साफ़ झलक रही थी क्योंकि अब देरी का मतलब है, हम मंदिर समय पर नहीं पहुँच पाएंगे और दोपहर में मंदिर बंद हो जाता हैं, फिर 3 बजे वापिस दर्शन खुलते है। किस्मत से रास्ता खुल गया और हम चल पड़े अपनी मंजिल की तरफ। हम सवा बारह बजे तक मंदिर पहुँच गए। मंदिर प्रांगण में काफी स्थानीय लोग दिख रहे थे, हमें कुछ विक्रेता पूजा सामग्री, फूल वह गदवाली साड़ी बेचते दिखे। तेलंगाना के मोहक शहरों में स्थित इस स्थान ने एक विशेष चुनौती पैदा की। संवाद साबित करना कठिन कार्य साबित हुआ, जिसने एक और स्तर की जटिलता जोड़ दी। विक्रेताओ और स्थानीय लोगो से बात करना काफी मुश्किल लग रहा था, उन्हें हिंदी और अंग्रेजी दोनों समझ नहीं आ रही थी और हमारे लिए उनकी भाषा बिलकुल समझ से बाहर थी। कुछ जद्दोजहद के बाद हम विक्रेता की बात समझ पाए और वो हमारी और हमने गदवाल कॉटन साड़ी देवी माँ को अर्पित करने के लिए ले ली। फिर हम आगे जोगुलांबा मंदिर की ओर बढ़े।

हमने देखा कि कुछ लोग नींबू का हार बेच रहे हैं और पूछताछ से पता चला कि यहां इसे देवी को अर्पित किया जाता है। मुझे याद आया मैंने कही सुना था की देवी को खट्टे फल पसंद हैं और उन्हें अर्पित किए जाते हैं।

जब हम देवी के गर्भ गृह के पास पहुंचे तो पता लगा आरती चल रही है और काफी लम्बी हमने कतार देखी। एक बार तो लगा की हम लेट हो गए और हम दर्शन नहीं कर पायेंगे और फिर 3 बजे तक मंदिर खुलने का इंतज़ार करना पड़ेगा। यहाँ बहुत ज्यादा चिलचिलाती गर्मी थी और उमस बहुत ज्यादा होने से काफी बैचनी महसूस हो रही थी। कतार में खड़े हमने देखा की कुछ स्थानीय महिलाएं देवी माँ को अर्पित करने के लिए सामग्री तैयार कर रही हैं। उनके पास बांस की बड़ी टोकरियाँ हैं जिसमे साड़ी, सिन्दूर, कांच की चूड़ियाँ, हल्दी में भीगे कच्चे चावल और फल और मीठाई मैं देख पा रही हूँ। हल्दी और अक्षत का सनातन संस्कृति में बहुत महत्व हैं, और कोई भी पूजा इनके बिना पूरी नहीं होती हैं। अक्षत कच्चे और साबुत चावल को कहते हैं। अक्षत का अर्थ होता है कभी क्षय ना होने वाला या जिसका कभी नाश नहीं होता है।

धीरे कदमों से लाइन आगे बढ़ रही थी, मुझे कतार में खड़े इस क्षेत्र के लोगों के व्यवहार में एक सुखद अंतर देखने को मिल रहा था, यहाँ के लोग काफी अनुशासित प्रतीत हो रहे है और सब्र से कतार में खड़े आगे बढ़ने की प्रतीक्षा कर रहे हैं। सभी स्थानीय व्यक्ति अपनी बारी का सब्र से इंतजार कर रहे थे। यह काफी अलग अनुभव हैं उत्तरी भारत की भीड़-भाड़ से, जहाँ हर व्यक्ति जल्दी पहुँचने की होड़ में एक दुसरे पर गिरा जाता हैं।

स्थानीय लोगों के अनुशासित व्यवहार, सहनशीलता और शांति से मैं काफी प्रभावित हुई। वही मैंने खुद को बहुत अधीर पाया, और इस उत्सुकता में आगे बढ़ने के लिए अपने आप को अनुशासनहीनता का व्यवहार करते भी पाया। परन्तु आस पास के लोगो को देख मैंने अपने आप को संयमित किया और अपनी बारी की प्रतीक्षा करी।

इससे मुझे स्मरण हुआ कि किसी भी यात्रा या तीर्थयात्रा का असली सार न केवल गंतव्य तक पहुंचने में है, बल्कि यात्रा के दौरान होने वाले अनुभव से व्यक्तिगत विकास में है। जब मैं आदर से भरे हृदय के साथ देवी की ओर बढ़ रही थी, मुझे अपने आप में शांति और ठहराव का अहसास हो रहा था। मंदिर के बंद होने का समय अब मेरे विचारों पर हावी नहीं था और में वर्तमान क्षण की सुंदरता को महसूस कर पा रही थी।

कतार आगे बढ़ने लगी, अब मैं एक पुजारी को देख पा रही थी परन्तु वो अपनी स्थानीय भाषा तेलुगु में कुछ बोले जो मैं नहीं समझ पा रही थी। आस पास के लोगो को मैंने आस भरी नज़रों से देखा की वो मुझे समझने में मदद करे। उनमे से एक महिला ने कहा की वो कह रहे है की अगर नज़दीक से दर्शन करने हैं तो 100/- की पर्ची कटेगी। मुझे ऐसा लगा जैसे जो में चाह रही थी देवी माँ ने पुजारी से वो बात कहलवा दी। देवी माँ के पास से दर्शन करना मेरी इच्छा थी और अब वो पूरी हो रही थी। पुजारी ने मुझे दो पर्ची दी एक तो पास से दर्शन की और एक की मैं साड़ी अर्पित कर रही हूँ।

मंदिर के अंदर का वातावरण बहुत पवित्र और विभिन्न प्रकार के फूल, अगरबत्तीयों और कपूर की शुद्ध सुगंध से भरा हुआ था। साइन बोर्ड पर सुचना लिखी थी कि मंदिर अन्दर के फोटोग्राफी की अनुमति नहीं है, इसका कारण यह हैं कि मंदिर एक पवित्र स्थान है और ईश्वर की पवित्रता को ध्यान में रखते हुए इसकी अनुमति नहीं हैं। वैसे भी मेरा मानना हैं की हमे उस क्षण का आनंद दर्शन के द्वारा प्राप्त करना चाहिए न की फोटो या फिर रील बनाने में समाप्त करना चाहिए।

मुझे देवी के बहुत पास से दर्शन करने का सौभाग्य मिला। देवी जोगुलम्बा एक शव पर बैठी और उनके सिर पर बिच्छू, मेंढक और छिपकली है। वह अपनी जीभ को बाहर की ओर फैलाए हुए उग्र अवतार में दिखाई देती है। जोगुलम्बा नाम, तेलुगु भाषा में योगुला अम्मा का परिवर्तित रूप है जिसका अर्थ योगियों की माँ से हैं। इस शक्ति पीठ की ऊर्जा बहुत शक्तिशाली प्रतीत हुई, और यहाँ माँ सती

का उपरी जबड़ा गिरा था। देवी माँ ने बहुत सुन्दर सुनहरी ज़री की साड़ी पहनी है और रंग बिरंगे फूलो की माला पहना रखी है और साथ ही साथ एक बहुत बड़ी नींबू की माला भी पहना रखी हैं। देवी के विग्रह के पास महिला पुजारी खड़ी थी और उनको हमने साड़ी दे दी देवी को अर्पित करने के लिए। हमे कुछ क्षण मिले और हमने हाथ जोड़ कर अपने परिवार के लिए माँ से प्रार्थना करी। आगे बढ़ने पर एक पुजारी ने हमे ब्लाउज का कपडा, कांच की चूड़ियाँ, कुमकुम और नींबू प्रसाद के रूप में दिया। दक्षिण भारत में ब्लाउज का कपडा और कुमकुम सुहागन स्त्री को देना बहुत शुभ माना जाता हैं।

विग्रह के दर्शन करके ख़ुशी के साथ साथ मन आनंद से भर गया। ईश्वर की दिव्य मुर्ति को विग्रह भी कहते हैं। यहां की ऊर्जा अद्भुत है, और मैं उसे महसूस कर सकती हूँ। मैं गर्भगृह से बाहर आई और कुछ क्षणों के लिए मंदिर की सीढ़ियों पर बैठ गयी, और देवी कि छवि को आत्मसात किया, जिससे मुझे दिव्य विग्रह के साथ गहरा संबंध महसूस हुआ।

प्राचीन जोगुलाम्बा मंदिर ने शताब्दियों पहले मुगलों द्वारा कई युद्ध और विध्वंसकारी आक्रमणों का सामना किया। इन हमलों और विनाश के कारण, देवी को नवब्रह्मा मंदिर के प्रांगण में स्थानांतरित कर दिया गया था। और तभी से विग्रह की पूजा यहाँ होती रही हैं। इस क्षेत्र में मुगलों के आक्रमण के दौरान नवब्रह्मा मंदिरों को भी बहुत हानि और क्षति हुई। देख कर मन बहुत दुःखी होता है कि आक्रमणकारियों ने अधिकांश पत्थर की उकेरी मूर्तियाँ और नंदी की मूर्ति क्षतिग्रस्त कर दी थी। यहाँ पर भी मंदिर के प्रांगण की दीवार से सट्टा हुआ एक कब्रिस्तान और मस्जिद बनाया गया है, जिसे मैंने देवी के मंदिर से बाहर निकलते समय देखा।

देवी का मंदिर नवब्रह्मा परिसर में मौजूद है और यह नौ मंदिरों का समूह है और सभी शिव को समर्पित हैं, फिर भी इन्हें नव-ब्रह्मा मंदिर कहा जाता है। 1980 के बाद भारतीय पुरातत्व सर्वेक्षण द्वारा खंडहरों का जीर्णोद्धार किया गया था, और मंदिर समूह के पास उनका

संग्रहालय है। यह सभी नौ मंदिर चालुक्य शासको द्वारा निर्मित किये गए थे। यह सभी मंदिर चालुक्य कला और संस्कृति का प्रमाण है। मंदिरों की योजना वर्गाकार है जो *वास्तुपुरुषमंडल* वास्तुकला का अनुसरण करती है। एक वर्गाकार गर्भगृह एक ढके हुए परिक्रमा पथ से घिरा हुआ है।

यहाँ पर मुख्य रूप से बाला ब्रह्मा स्वामी की पूजा होती है। और हर साल शिवरात्रि बड़ी धूम धाम से मनाई जाती है।

अब हमने वापिस हैदराबाद लौटने की यात्रा शुरू कर दी। रास्तें में एक अच्छी जगह देख वहां हम खाने के लिए रुक गए। चालक से कह कर हम गदवाल रुक कर प्रसिद्ध गदवाली साड़ी खरीदना चाहते थे। और इससे अच्छा मौका क्या मिलेगा की गदवाली पट्टू और गदवाली सूती साड़ी हम सीधे बुनकर से उनके गाँव से ही खरीदे। पट्टू साड़ी का मतलब सिल्क साड़ी होता हैं। सिल्क को दक्षिण भारत में पट्टू कहते हैं। यहां गदवाल में वेदा नगर में काफी दुकाने हैं और उनके पास बड़े अच्छे रंग और डिजाईन की साड़ियाँ मिलती हैं।

द्वौ
ब्रह्मरम्बा देवी (गर्दन) और मल्लिकार्जुन ज्योतिर्लिंग

स्थान श्रीशैलम (जिला कुरनूल)

राज्य आन्ध्र प्रदेश

मंदिर जाने का संबंध सिर्फ पूजा पाठ से ही नहीं होता हैं अपितु इसके पीछे कुछ वैज्ञानिक कारण भी हैं। मानव शरीर में 5 इंद्रियां सबसे अहम मानी जाती हैं। देखना, सुनना, स्पर्श करना, सूंघना और स्वाद महसूस करना। मंदिर में हर इन्द्रीय सक्रिय हो जाती है और यह अनुभूति हमे अन्दर तक ऊर्जा से भर देती हैं।

गर्भगृह मंदिर का आंतरिक केंद्र जिसे मंदिर का हृदय भी कहा जा सकता है, यह अत्यधिक पवित्र और दिव्य स्थान है जहां मुख्य देवता निवास करते हैं। गर्भगृह को ज्यादातर प्राकृतिक प्रकाश से मुक्त रखा

जाता है जिसके पीछे का कारण एक तो भक्तों को बाहरी विकर्षणों के बिना परमात्मा से जुड़ने और विग्रह पर ध्यान केंद्रित करने में मदद मिलती है, ऐसे में हमारी दर्शन इंद्रिय यानि देखने की क्षमता सक्रिय हो जाती है। और दूसरा वातावरण शांत और ऊर्जामय बना रहता है। खिड़कियों के ना होने से गर्भगृह की गोपनीयता और शुद्धता बनी रहती हैं, और आमतौर पर केवल विग्रह की सेवा करने वाले पुजारी या नामित व्यक्ति ही अन्दर तक जा सकते हैं। सामान्यत: गर्भगृह वर्गीय आकार के होते हैं, और तीनों तरफ बिना खिड़की की दीवारें होती हैं। सामने की तरफ दरवाज़ा होता हैं और वही से विग्रह का दर्शन होता है।

गर्भगृह के ठीक ऊपर बहु मंजिला संरचना होती हैं जिसे शिखर कहते है। मंदिर की चुम्बकीय और विद्युत तरंगे हमेशा सकारात्मक ऊर्जा से भरे रखती हैं। प्राचीन काल में, मंदिरों को इस प्रकार बनाया गया कि यह स्थान और भूमि सकारात्मक ऊर्जा के अच्छे चालक हो गए और हमारे पैरों के माध्यम से हमारे शरीर में पहुँचती हैं। तभी हम मंदिर में बिना जूते चप्पल के जाते हैं। भक्त मंदिर की सीढ़ियों को छू कर मंदिर में प्रवेश करता हैं, इस प्रकार वो भगवान से अन्दर आने की अनुमति लेता है, और यह भक्त की भगवान के प्रति श्रद्धा और भक्ति का प्रतीक है। हमेशा दर्शन करने के बाद मंदिर की सीढ़ियों पर कुछ मिनट जरूर बैठना चाहिए इससे ग्रहण की ऊर्जा को अपने आप में संगृहीत करने में मदद मिलती हैं।

अगली सुबह हैदराबाद से हम अपनी श्रीशैलेम की यात्रा पर निकल पड़े, और गूगल मैप्स के अनुसार 213 किलो मीटर का सफ़र हमे करना था। चालक ने हमे बताया की रास्ता अमराबाद टाइगर रिज़र्व से होकर जाता है और सुबह 6 बजे से रात 9 बजे की बीच ही सफ़र की अनुमति हैं। इसके अलावा, टाइगर रिजर्व के भीतर निर्धारित गति सीमा का पालन करना पड़ता हैं। इन्ही सब का ध्यान रखते हुए हमने अपनी यात्रा सुबह जल्दी शुरू कर दी ताकि हम समय पर वापिस हैदराबाद लौट आये।

साथ ही हमने मल्लिकार्जुन ज्योतिर्लिंग और ब्रह्मरम्बा शक्ति पीठ में दर्शन का पहले से ही इंतज़ाम कर लिया था। इन्टरनेट के द्वारा मिली जानकारी के अनुसार हमने यहां आने से पहले ही ज्योतिर्लिंग के स्पर्श दर्शन की टिकट ऑनलाइन खरीद ली थी। और साथ ही शक्ति पीठ के कुमकुम अर्चना के भी टिकट और समय निर्धारित कर लिया था। मंदिर की अधिकारिक साईट पर बहुत तरह के दर्शन और पूजा सीमित संख्या में उपलब्ध हैं। हमने सुबह 11 बजे कुमकुम अर्चना और 12:30 बजे के स्पर्श दर्शन ले लिए। बुकिंग केवल ऑनलाइन ही उपलब्ध हैं और मंदिर परिसर में टिकट की व्यवस्था नहीं हैं। मंदिर में बुकिंग का प्रिंट आउट और पहचान पत्र की आवश्यकता होती हैं।

नल्लमाला पहाड़ियों के बीच स्थित, अमराबाद टाइगर रिजर्व प्राकृतिक सौंदर्य से भरपूर, पूर्वी घाट पर्वतमाला का एक प्रमुख हिस्सा है। भारत में कुल 51 टाइगर संरक्षित स्थान हैं जिसमे कुल क्षेत्र के हिसाब से यह छठा सबसे बड़ा टाइगर रिजर्व है। यह विस्तारशील वन क्षेत्र न केवल जैव विविधता से धनी है, बल्कि तेलंगाना राज्य में सबसे अधिक संख्या में टाइगर (बाघों) का भी आवास है। टाइगर रिजर्व की भूमि पहाड़ी है, जिसमें गहरी घाटियाँ और कठिन खाईयाँ हैं जो की कृष्णा नदी के कैचमेंट एरिया को बनाने में महत्वपूर्ण भूमिका निभाती है।

हम भोर में ही मंदिर के लिए रवाना हो गए, और चूँकि हम स्पर्श दर्शन करने वाले थे जिसमे हम गर्भ गृह में जा कर शिव लिंग को स्पर्श कर पायेंगे तो हमें निर्धारित पहनावे में ही अन्दर जाने की आज्ञा मिलेगी। स्त्रियों के लिए भारतीय पोशाक अनिवार्य हैं और पुरुषो के लिए धोती पहनना जरुरी हैं। पश्चिमी पोशाक जैसे जीन्स, पैन्ट्स, टीशर्ट में गर्भ गृह में जाने की अनुमति नहीं हैं।

समय से निकल पाने के कारण और उससे भी जरुरी ईश्वर की कृपा से हम समय पर थे। ज्योतिर्लिंग से कुछ पहले अंदाज़न 3 किलो मीटर पहले साक्षी गणेश का मंदिर हैं। इस मंदिर की बहुत मान्यता

है, ऐसा माना जाता है अगर भक्त यहां अपनी हाजिरी नहीं दे पाए तो श्रीशैलेम की यात्रा अधूरी रह जाती हैं।

ऐसा माना जाता है कि गणेश सभी यात्री-गण का हिसाब किताब रखते है जो मल्लिअर्जुन स्वामी और ब्रह्मरम्बा के दर्शन के लिए आते हैं। और इसी कारण इन्हें साक्षी गणेश कहते है। विग्रह बहुत अद्भुत हैं जहां गणेश ने अपने बाएं हाथ में एक किताब पकड़ रखी है और दाएं हाथ में कलम (पेन) और ऐसा लगता हैं जैसे वो साक्षात् लिख रहे हैं।

गणेश, शिव और पार्वती के छोटे पुत्र हैं, और हिन्दू पूजा पाठ और रीति रिवाज़ में महत्वपूर्ण स्थान रखते हैं। त्यौहार, पूजा पाठ, शादी या कोई भी शुभ कार्य गणेश के आशीर्वाद से ही शुरू होता हैं। भगवान गणेश की पत्नी का नाम रिद्धि और सिद्धि है। यह दोनों विश्वकर्मा की पुत्रियाँ हैं। गणेश के दो पुत्र हैं जिनके नाम शुभ और लाभ हैं। जब भगवान गणेश हमारे जीवन में आते हैं तो वो सपरिवार आते हैं और ज्ञान, भाग्य, आध्यात्मिक शक्ति, प्रभुता, धन, धान्य लेकर आते हैं।

गणेश को जन्म देते हुए माता पार्वती ने उनके शरीर की रचना की। उस समय उनका मुख सामान्य था। एक बार माता पार्वती ने गणेश को घर की पहरेदारी करने का आदेश दिया। माता ने कहा कि जब तक वह अन्दर हैं तब तक के लिए गणेश किसी को भी घर में प्रवेश न करने दे।

तभी द्वार पर भगवान शंकर आए और गणेश ने उन्हें प्रवेश नहीं करने दिया तब शिव ने काफी समझाने की कोशिश की पर गणेश नहीं माने। शिव को क्रोध आ गया और उन्होंने गणेश का सिर धड़ से अलग कर दिया। शोर सुनकर पार्वती बाहर आई और गणेश को भूमि पर निर्जीव पड़ा देख वह व्याकुल हो उठीं। तब शिव को उनकी त्रुटि का बोध हुआ और उन्होंने गणेश के धड़ पर हाथी का सिर लगा दिया और प्राण फूंके, एवं उनको प्रथम पूज्य का वरदान मिला इसीलिए सर्वप्रथम गणेश की पूजा होती है।

मंदिर परिसर ज्यादा बड़ा नहीं हैं, और यह स्थान हरियाली के बीच साफ़ सुथरा प्रतीत होता हैं। गणेश के विग्रह से दिव्य किरणें फैलती प्रतीत होती है, जो देखने वालों को मोहित कर देती हैं। मंदिर में शांतिपूर्ण और निर्मल दर्शन का अनुभव प्राप्त होता है। ऐसा लगता है जैसे जंगल ने मंदिर को अपने आलिंगन से सजा रखा हैं, और यहाँ शांति और आध्यात्मिक क्षणों की अनुभूति होती हैं।

यहाँ दर्शन करते वक़्त कुछ अलग देखने को मिला जो मैने कभी उत्तरी भारत के मंदिर में नहीं देखा। श्रद्धालु दायाँ हाथ बाये कान पर और बायाँ हाथ दायें कान पर रख कर सात से दस बार उठक बैठक लगा कर दर्शन कर रहे हैं। इसे गणेश आसन कहते हैं और यह आसन मैंने योग में सीखा हैं और इसी कारण में यह समझ पायी। पहले समय में शिक्षक जब कोई विद्यार्थी अपनी पढाई नहीं करता तो उसे सजा के तौर पर गणेश आसन करवाते थे। इस आसन को करने से हमारे शरीर के सभी चक्र सक्रिय हो जाते है और ऊर्जा का सुगम प्रवाह रीड की हड्डी के निचले हिस्से से मस्तिष्क तक शुरू हो जाता है। अगर आध्यात्मिक स्तर पर बात करे तो गणेश आसन हमारी यादाश्त, एकाग्रता, और मानसिक शांति में मदद करता हैं।

यहाँ से हम ज्योतिर्लिंग और शक्ति पीठ के दर्शन के लिए रवाना हो गए। चालक ने हमे मंदिर के काफी पास उतार दिया और अब आगे हमे पैदल जाना था। एक वृद्ध आदमी ने हमारे माथे पर तिलक लगाने का आग्रह किया और हम ख़ुशी ख़ुशी राज़ी हो गए। उस आदमी ने बड़ा सुन्दर चन्दन और कुमकुम से तिलक बनाया, जिसमे तीन सामानांतर रेखाएं और त्रिशूल और एक बिंदु है जो शिव और शक्ति का चिन्ह हैं।

कुमकुम अर्चना का समय 11 बजे का निर्धारित था और घड़ी इशारा कर रही है की हमे अब जल्दी करनी चाहिए। मोबाइल फ़ोन, स्मार्ट वाच और चमड़े के पर्स मंदिर के अन्दर नहीं ले जा सकते और हमे इसे बाहर निर्धारित स्थान पर जमा करवाना था।

सुरक्षा कर्मी ने दर्शन की रसीद और पहचान पत्र देख कर हमें अन्दर जाने की अनुमति दे दी। यहाँ पर भी भाषा समझना काफी कठिन कार्य लग रहा था। जितना हमे समझ आया उसके हिसाब से हमे स्वामी के दर्शन करते हुए देवी माँ के मंदिर तक जाना हैं। दक्षिण भारत में भगवान शिव को स्वामी कहते हैं। हमने स्वामी के दर्शन पूर्ण श्रृंगार में किये और फिर शक्ति पीठ की तरफ बढ़ गए।

ब्रह्मरम्बा मंदिर में सुरक्षाकर्मी ने हमारी रसीद देख कर हमे एक आँगन में बैठा थोड़ा इंतज़ार करने को कहा। थोड़ी देर में एक पुजारी आये और हमे मंदिर के गर्भ गृह में ले गए और जमीन पर बैठने का इशारा कर दिया।

हम थोड़ी देर देवी के सुन्दर विग्रह के सामने बैठे रहे। मैं तो देवी को साक्षात् सामने देख मंत्रमुग्ध हो गयी। यहाँ आठ लोगो के बैठने का स्थान है और हमारे अलावा छः और लोग आकर बैठ गए। हमारे बीच में एक बहुत बड़े पत्थर का और दो धातु के श्री यंत्र थे।

श्री यन्त्र को श्री चक्र भी कहते है और यह एक यन्त्र है जो ब्रह्मांड की ऊर्जा और शक्ति का प्रतीक हैं। यह सभी यंत्रो में शिरोमणि है और इसे 'यंत्रराज' कहा जाता है। यह एक जटिल ज्यामितीय आकृति है। इस यंत्र में त्रिकोण, गोलाकार व कमल की पंखुड़ी की आकृति बनी होती हैं।

इसमें आपस में जुड़े हुए नौ त्रिकोण हैं, जहाँ चार ऊपर के त्रिकोण शिव का प्रतिनिधित्व करते हैं, जबकि पांच नीचे के त्रिकोण शक्ति का प्रतिनिधित्व करते हैं। मध्य में बिंदु ब्रह्मांडीय केंद्र का प्रतिनिधित्व करता है। कमल की पंखुड़ियों सृजन और प्रजनन का प्रतिनिधित्व करते हैं। यह शिव और शक्ति के मिलन का प्रतीक हैं।

पुजारी ने हम सबको एक पैकेट पकड़ा दिया जिसमे कुमकुम, मोली, और प्रसाद था। पुजारी ने संस्कृत में मंत्र बोलना शुरू किया और हमसे थोड़ा थोड़ा कुमकुम श्री यन्त्र को अर्पित करने को कहा। तकरीबन पंद्रह मिनट तक पूजा चली। फिर हमसे हमारे गोत्र और

परिवार के सदस्यों के नाम पूछ कर आशीर्वाद दिया। और प्रसाद के रूप में हमे लाल और हरी कांच की चूड़ियाँ दी। यहाँ पर माँ सती की गर्दन गिरी थी और तभी से यह शक्ति पीठ आस्था और श्रद्धा का प्रतीक हैं। आरती ले कर हम बाहर आ गए।

बाहर आकर हमने प्रसाद के रूप में पुलियोगरे चावल प्राप्त किया जो की बहुत ज्यादा स्वादिष्ट था। घड़ी ने 11:30 का इशारा किया और अगला दर्शन 12:30 बजे होने के कारण अब प्रतीक्षा करनी थी। सुरक्षा कर्मी ने साफ सुथरे इंतजार क्षेत्र की तरफ हमे बठने का इशारा किया। मैंने देखा वहां पहले से कई लोग बैठे एक ही उद्देश्य के लिए इंतजार कर रहे हैं, जो "स्पर्श दर्शन" हैं। सामान्य दर्शन सभी मंदिरों में मुफ्त होते हैं, और सामान्य कतार में आजकल अत्यधिक भीड़ होने लग गयी हैं, लेकिन हमने शुल्क के साथ गर्भ गृह में अन्दर से दर्शन प्राप्त करने के लिए टिकट ले रखा था। जो लोग सामान्य कतार में नहीं खड़े होना चाहते उनके लिए शीघ्र दर्शन जो की प्रति व्यक्ति 150/- का टिकट खरीद सकते हैं, अति शीघ्र के लिए 300/- और स्पर्श दर्शन के लिए 500/- का टिकट हैं।

सवा बारह बजे के आस पास गार्ड की आवाज वातावरण में गूँज गयी, जिससे हमे समझ आया अब हमे कतार में खड़ा होना हैं। सुरक्षा कर्मियों ने बड़ी सावधानी से सभी के हैंडबैग की जाँच की, ताकि मंदिर के नियमों का पालन सुनिश्चित हो सके और खासकर मोबाइल फोन कोई छुपा कर अन्दर न ले जा सके। उन्होंने हमारा बुकिंग टिकट का निरिक्षण किया और हमें आगे बढ़ने की अनुमति दी। जैसे ही हम आगे बढ़े, हमसे कहा गया कि हमें आगे एक और निर्धारित स्थान पर कुछ देर प्रतीक्षा करनी हैं, और यह स्थान गर्भगृह के समीप ही स्थित हैं। ऐसा लगा जैसे समय आगे बढ़ ही नहीं रहा हैं, हम एक दूसरे को उत्साहित और दिलासा भरी नजरों से देख कर प्रभु से जल्दी दर्शन की आज्ञा मांग रहे थे। हर बीतता हुआ मिनट हमें अपने प्रभु के और समीप ले जा रहा था - एक दिव्य संगम की ओर।

आखिर वो क्षण आ गया, और हम सब मन में श्रद्धा के भाव लिए कदम आगे बढ़ाते हुए प्रभु के नज़दीक पहुँचते गए। वातावरण में अद्भुत ऊर्जा भर गयी और सभी का जोश देखते बन रहा था, ऐसा माहसूस हो रहा था कि ब्रह्मांड स्वयं भक्त और देवता के बीच संगम की प्रतीक्षा कर रहा हैं। जैसे ही हमने गर्भगृह में प्रवेश किया, मुझे अपने पुरे शरीर में एक सिहरन महसूस हुई, दिल और दिमाग श्रद्धा और समर्पण की भावना से ओत-प्रोत हो गया।

मेरी आँखों के सामने मेरे इष्ट, मेरे प्रिय भगवान महादेव - शान्ति, करुणा, और दैवत्व का प्रतीक। मैं दिव्य उपस्थिति को नज़दीक से अनुभव और एक गहरा जुड़ाव महसूस कर पा रही हूँ।

मैंने मेरे इष्ट के बहुत नज़दीक से दर्शन किये और स्पर्श की अनुभूति ने मेरे अन्दर हर पोर को छू लिया। इस समय और अनुभूति को शब्दों में व्यक्त करना मेरी लेखनी की क्षमता के बाहर हैं। यह एक ऐसा जादुई अहसास है जो अन्दर तक हर कोने में बस गया। हमने शिवलिंग को स्पर्श किया और साथ लाये फूल और बेल-पत्र अर्पित कर दिए। स्पर्श दर्शन के समय शिव लिंग पर श्रृंगार नहीं होता है, और जल चढाने की भी अनुमति थी। मल्लिकार्जुन शिवलिंग आकार में छोटे हैं।

सुरक्षा कर्मी बस पलक झपके इतनी देर ही रुकने देते, और लोगो को धक्का दे कर हटा रहे थे। दर्शन तो अच्छे हो गए, पर तृप्ति नहीं मिली और मेरे हिसाब से कर्मचारियों को लोगो के प्रति अच्छा बर्ताव करना चाहिए। श्रद्धालु इतनी दूर से दर्शन के लिए आते है, मंदिर के पुजारी और कर्मचारी विग्रह के सामने आते ही धक्का दे कर या खींच कर हटा देते है और यह तो तब जब दर्शन की टिकट ले रखी हैं। सामान्य कतार तो कैसे दर्शन करती होगी इसका अंदाज़ा लगाया जा सकता हैं। यहां ऐसा माना जाता है कि माँ पार्वती और शिव दोनों एक साथ लिंगम में विराजमान हैं। मल्लिका, माँ पार्वती और अर्जुन भगवान शिव का ही एक नाम हैं।

इस स्थान से एक पौराणिक कथा जुड़ी हैं। एक बार शिव और पार्वती ने अपने दोनों बेटों कार्तिकेय और गणेश का विवाह करने का विचार बनाया। अब कार्तिकेय और गणेश के बीच विवाद हो गया की किसकी शादी पहले होगी। कार्तिकेय अपना तर्क दे रहे थे और गणेश अपना। बहस बहुत ज्यादा बढ़ गयी और निष्कर्ष कुछ निकल नहीं पा रहा था।

शिव पार्वती ने विचार किया और दोनों को एक कार्य सौंपा, जिसके अनुसार दोनों को पूरे ब्रह्माण्ड के तीन चक्कर लगाने हैं और जो सबसे पहले लगा लेगा वो विजयी होगा और उसकी शादी पहले हो जाएगी। कार्तिकेय अपने वाहन मोर पर सवार होकर अपनी यात्रा पर निकल पड़े। गणेश अपने स्थूल शरीर के कारण तीव्रता से काम नहीं कर पाए और फिर कुछ सोचकर उन्होंने अपने माता पिता के चारो और तीन परिक्रमा कर ली। परिक्रमा पूरी कर शिव पार्वती को प्रणाम किया और सौपा कार्य समाप्त कर लिया।

गणेश प्रथम आ गए और उनका विवाह रिद्धि और सिद्धि के साथ हो गया। जब कार्तिकेय परिक्रमा कर वापिस पहुंचे तो वह बहुत नाराज़ हुए और उन्होंने कहा ये पक्षपात हुआ हैं। गणेश ने जवाब दिया की उनके लिए माता पिता ही उनका ब्रह्माण्ड है और इसी कारण उन्होंने उनकी तीन परिक्रमा कर ली। यह कहानी भक्त और भगवान के रिश्ते को दर्शाती है, और कैसे भक्त के लिए भगवान की उसका ब्रह्मांड हैं।

कार्तिकेय नाराज़ हो गए और क्रौंच पर्वत पर रहने चले गए। पार्वती उन्हें मनाने गयी तो कार्तिकेय वहां से श्रीशैलेम आ गए। शिव और पार्वती, श्रीशैलेम आयें और कार्तिकेय को राज़ी किया और तभी से ऐसा माना जाता है की हर अमावस्या पर शिव और हर पूर्णिमा पर पार्वती कार्तिकेय से मिलने यहां आते हैं।

दर्शन के पश्चात पूर्णता का अहसास हुआ, जिसने मेरे दिल और दिमाग में एक पवित्र स्मृति को चिन्हित कर दिया। दिव्य संबंध,

वास्तविक प्रार्थनाएँ, और मेरे इष्ट की स्पर्शनीय उपस्थिति ने मेरी आत्मा पर स्थायी चिन्ह छोड़ा जो हमेशा मेरे साथ रहेगा।

मंदिर के गर्भगृह से बाहर निकलकर, हम मंदिर की सीढ़ियों पर कुछ देर बैठे, और इस जादुई पल को हृदय में स्थिर होने का समय दिया। हमें भगवान के दर्शन खुली आंखों से करने चाहिए और उस ऊर्जा को अंतर्निहित करने का प्रयास करना चाहिए और बाहर निकलने पर, हमें मंदिर के प्रांगण में कुछ देर बैठ कर ऊर्जा को अपने अंदर समाहित करना चाहिए जो हमने दर्शन करते समय प्राप्त की है।

अब हमने अपनी वापसी की यात्रा शुरू कर दी, इस समय तक दोपहर के लगभग दो बजे गए थे।

त्रयः

कामाक्षी अम्मा (शरीर का ढांचा)

स्थान कांचीपुरम (जिला कांचीपुरम)

राज्य तमिल नाडू

चेन्नई से कांचीपुरम की दुरी लगभग 76 किलोमीटर जिसे कार द्वारा दो - सवा दो घंटे में पूरी कर सकते हैं। परन्तु मैंने बेंगलुरु से जाने की योजना बनायीं जहां मुझे कार से 5 घंटे के आस पास का सफ़र तय करना पड़ा। मैं सुबह 5 बजे कार द्वारा निकली और राज मार्ग काफी अच्छा होने से सुबह के नौ बजे कामाक्षी अम्मन मंदिर पहुँच गयी।

काँचीपुरम, जिसे आमतौर पर काँची भी कहा जाता है, यह एक हज़ार मंदिरों का सुनहरा शहर भी कहलाता हैं। यह तमिल और संस्कृत विद्वानों के लिए शताब्दियों तक विख्यात शिक्षा का केंद्र रह चुका है। कांची पलार नदी के किनारे स्थित है। मान्यता है कि इस क्षेत्र में प्राचीन काल में ब्रह्माजी ने देवी के दर्शन के लिये तप किया था। मोक्षदायिनी सप्त पुरियों में सात शहर आते हैं जिसमे अयोध्या, मथुरा, द्वारिका, माया (हरिद्वार), काशी, अवन्तिका (उज्जैन) और कांचीपुरम है। कांचीपुरम को 'दक्षिण की धार्मिक राजधानी' भी कहा जाता हैं। पुरातात्विक रूप से, यह मंदिर लगभग 1600 वर्ष प्राचीन है। जिस समय पल्लव राजवंश ने इस क्षेत्र पर शासन किया तब कांचीपुरम उनकी राजधानी हुआ करती थी।

कांचीपुरम आध्यात्मिकता को अपने अन्दर समेटे एक छोटा और बहुत ही खुबसूरत सा शहर हैं। जैसे ही मैंने शहर में प्रवेश किया बहुत सी स्थानीय तमिल महिलाएं को उनके हल्दी लगे चेहरे के साथ देखा, पूछने से पता चला कि जब हल्दी को पानी के साथ मिला कर चेहरे पर लगाना पवित्र और शुद्ध माना जाता है। हल्दी को हिन्दू संस्कृति में बहुत शुद्ध माना गया है, सभी मांगलिक कार्य और पूजा पाठ में इसका इस्तेमाल किया जाता है। हल्दी रोगनाशी, और बैक्टीरिया को खत्म करने में मददगार रहती है। यद्यपि ये महिलाएं शायद धार्मिक विश्वासों के लिए लगाती हैं, लेकिन हल्दी में कई एंटीऑक्सीडेंट्स और एंटी-इन्फ्लैमेटरी घटक होते हैं जिससे त्वचा चमकदार और स्वस्थ रहती हैं। मुझे यहां की वायु में ताजगी और भक्ति की खुशबू महसूस हुई, और यहां पहुँचते ही बहुत अच्छा महसूस करने लगी, और मन में शांति की भावना का अनुभव किया।

मैंने ताज़ा गुलाबी कमल का फूल देवी को अर्पित करने के लिए लेकर आगे मंदिर की तरफ बढ़ गयी। अन्दर आकर मैं कतार में लग गयी, जहां मैंने एक आदमी को कुमकुम के छोटे पैकेट बेचते देखा। यहां भी भाषा समझना और समझाना चुनौतीपूर्ण कार्य हैं। परन्तु मेरे हिसाब से दुनिया में ऐसा कोई कार्य नहीं जो नामुमकिन हो, मैंने इशारो से समझ लिया की इसको खरीद कर हम अन्दर देवी माँ की कुमकुम

अर्चना यानि पूजा कर सकते है। आज मंदिर में ज्यादा भीड़ नहीं थी। मुझे बहुत अच्छे और शांतिपूर्वक दर्शन हुए। मंदिर में हम जब भगवान के दर्शन के लिए जाते हैं, तो अर्पित करने के लिए प्रसाद, फल, फूल, या अपने अनुसार कुछ लाने की प्रथा हैं। वैसे ही जैसे हम जब किसी के घर मिलने जाते हैं तो मेजबान के लिए फल, फूल, मिठाई कुछ लेकर जाते हैं, ऐसे ही मंदिर में जब भगवान से मिलने उनके दर्शन के लिए आते हैं, तो भक्त भी कुछ लेकर आता है। मंदिर में हम भगवान के विग्रह के दर्शन खुली आँख से और जहां तक हो सके आमने सामने से सीधे दर्शन करने चाहिए ताकि हम भगवान को और भगवान हमे सीधे देख सके।

मैं बहुत खुशकिस्मत हूँ की मुझे देवी के विग्रह के सीधे दर्शन का सौभाग्य मिला और भीड़ न होने के कारण मैं काफी देर तक वही खडी रह पायी। गर्भ गृह में काफी अँधेरा था और धीमी रोशनी घी के दिए द्वारा की गयी थी। दक्षिण भारत में विग्रह ज्यादातर काले पत्थर का होता हैं, और गर्भ गृह हमेशा कपूर की खुशबू से सुगन्धित रहता हैं।

ऐसा माना गया है, यहां माता सती के शरीर का ढांचा गिरा था। इसमें थोडा मतभेद है, कुछ लोग का यह मानना है की यहां माता सती की नाभि गिरी थी। मैंने काफी शोध किया, और यहां पर लोगो से बात करने से इस निष्कर्ष पर पहुंची की यहां शरीर की हड्डियों का ढांचा ही गिरा था।

कामाक्षी का विग्रह पद्मासन मुद्रा में बहुत ही आकर्षक लगता हैं, जो शांति और समृद्धि का प्रतीक है। देवी योग मुद्रा में दक्षिण-पूर्व की ओर देख रही हैं। देवी की चार भुजाएं हैं, जिनमे गन्ने से बना हुआ धनुष, फूल, पाश, और अंकुश हैं। पाश और अंकुश देवी माँ के दिव्य हथियार हैं, जहां पाश का मतलब वह हथियार जिसमें दुश्मन के हाथ पैर फसाएं जा सके या सरल भाषा में रस्सी से बनाया गया घेरा। अंकुश को महावत द्वारा हाथी को वश में रखने के लिए इस्तेमाल किया जाता हैं।

देवी के माथे पर चंद्रमा, और उनके सुन्दर नेत्र के कारण ही उन्हें कामाक्षी संज्ञा दी गई। आदि शंकराचार्य ने यहां पर श्री यन्त्र की स्थापना की। मंदिर का विलक्षण गोपुरम सफ़ेद पत्थर से बना एक भव्य सरंचना हैं। गोपुरम को जटिल मूर्तियाँ और नक्काशी से सजाया गया जिसके शीर्ष पर 7 सोने के कलश दिखते है। दक्षिण भारतीय मंदिरों में प्रवेश द्वार को गोपुरम कहते हैं। मंदिर के कई हिस्सों को पुनर्निर्मित कराया गया है, क्योंकि कुछ मूल संरचनाएं प्राकृतिक आपदा में नष्ट हो गईं और कुछ हजारो साल से होने के कारण भी ख़राब हो गयी थी।

यहां मैंने मंदिर परिसर में एक स्तम्भ देखा, जिसे गजस्तम्भ कहते हैं और जो प्राय: सभी दक्षिण भारतीय मंदिरों में देखने को मिलता है। गजस्तम्भ को ध्वजस्थम्भ भी कहा जा सकता है, यह एक सुनहरे धातु का बहुत ऊँचा स्तम्भ है, जो कि मंदिर परिसर के भीतर ही गर्भगृह के ठीक सामने स्थित होता है। इसकी ऊँचाई बहुत ज्यादा होती हैं और ऊपर सोने के घंटे सजे होते हैं। मैंने इस अध्याय के शुरू में गजस्तम्भ की तस्वीर भी लगा रखी हैं। स्थानीय लोग विग्रह के चारों ओर परिक्रमा पूरी करने के बाद, यहाँ इस स्तम्भ के पास आकर भगवान को साष्टांग दंडवत प्रणाम करते हैं। लोगो का विश्वास है की गर्भ गृह के अन्दर और उसके चारो ओर भगवान का वास होता है, और भक्त अपने पैर भगवान की तरफ नहीं कर सकते इसलिए वो गजस्तम्भ के निकट ईश्वर को दंडवत प्रणाम करते हैं। हालाँकि ईश्वर का अस्तित्व पूरे मंदिर ही नहीं पुरे ब्रह्माण्ड में व्याप्त है, फिर भी श्रद्धांजलि के इस भाव को मंदिर के अंदर नहीं, बल्कि बाहर, गजस्थम्भ के सामने किया जाता है।

यहां से दर्शन करके मैं एकाम्बरेश्वर मंदिर की तरफ कार द्वारा चल पड़ी। यह प्राचीन मंदिर 600 ईस्वी पूर्व शिव को समर्पित है। एक कहानी के अनुसार इस स्थान पर वेगवती नदी के पास लगभग 4000 वर्ष पुराना एक आम का पेड़ था। इस पेड़ की हर शाखा पर अलग रंग और अलग स्वाद के आम लगते थे। इस पेड़ के नीचे पार्वती ने मिटटी से शिवलिंग बना कर घोर तपस्या की थी। जब शिव ने

पार्वती को तपस्या करते देखा तो उनकी परीक्षा लेने के उद्देश्य से उन पर अग्नि भेजी। देवी पार्वती ने मदद के लिए अपने भाई विष्णु से प्रार्थना की। उन्हें बचाने के लिए, विष्णु ने चंद्रमा की मदद से पार्वती की तरफ ठंडी किरणें भेजी और अग्नि के ज्वाला से उन्हें राहत पहुंचाई। शिव ने तपस्या को भंग करने लिए दुबारा प्रयास किया और उनकी तरफ गंगा नदी को भेजा। पार्वती ने गंगा से अनुरोध किया और उन्हें आश्वस्त किया कि वे दोनों बहनें हैं और इसलिए उन्हें नुकसान नहीं पहुँचाना चाहिए। इसके बाद, गंगा ने उनकी तपस्या में विघ्न नहीं डाला। शिव पार्वती से बहुत प्रसन्न हुए और उन्हें वरदान दिया। तभी से शिव को एकाम्बरेश्वर या "आम के पेड़ के भगवान" के रूप में जाना गया। आज भी मंदिर के अंदर वह आम का हरा भरा पेड़ उपस्तिथ हैं। माता पार्वती को यहां इलावरकुझाली नाम से भी जाना जाता हैं।

यह मंदिर जितना प्राचीन है उतना ही विशाल भी है, इसके गोपुरम की उच्चाई तकरीबन ग्यारह मंजिला इमारत जितनी हैं। मंदिर के सबसे भीतरी परिसर में 1,008 शिव लिंग बने स्थापित हैं। एक स्थानीय मान्यता यह भी है कि कामाक्षी अम्मन मंदिर एकाम्बरेश्वर की पत्नी है।

अब मुझे अगले दर्शन चित्रगुप्त स्वामी मंदिर के करने हैं। सनातन धर्म में यमराज मृत्यु के देवता और मनुष्य के कर्म के अनुसार उन्हें मृत्यु पश्चात फल देते हैं। इस कार्य के लिए यमराज को बहुत लेखा जोखा रखना पड़ता था, तब उन्होंने ब्रह्मा की हजारों वर्ष तक तपस्या की और एक सहयोगी की मांग की। तब ब्रह्मा ने एक पुरुष की उत्पत्ति की जिनको चित्रगुप्त के नाम से जाना गया। चित्रगुप्त ने यमराज के सहयोगी के रूप में अपना कार्य शुरू किया और सभी मनुष्यों के कर्मों का लेखाजोखा रखने लगे, और उसी के अनुसार यमराज मनुष्य के मृत्यु पश्चात न्याय करने लगे। यमराज का क्षेत्र यमपुरी है, जहां उनका कानून चलता है, और दुराचारीयों को सजा और सज्जन को पारितोष मिलता हैं। ज्योतिष शास्त्र के अनुसार केतु ग्रह पर चित्रगुप्त का अधिकार हैं, इसी कारण केतु संबंधित रोगों से

पीड़ितों को यहाँ दर्शन से राहत मिलती हैं। वैदिक ज्योतिष शास्त्र में नौ ग्रह - सूर्य, चन्द्र, बुध, शुक्र, मंगल, बृहस्पति, शनि, राहु और केतु से गणना होती हैं। समुन्द्र मंथन के दौरान असुर स्वरभाणु ने विष्णु को धोखा दे अमृत ग्रहण कर लिया। जैसे ही मोहिनी के रूप में विष्णु को पता चला वह क्रोधित हो अपने सुदर्शन चक्र से स्वरभाणु का गला काट दिया। चूँकि अमृत शरीर ने ग्रहण कर लिया था, इस कारण स्वरभाणु का सिर धड से अलग हो कर भी निष्प्राण नहीं हुए। उसका सिर राहु और धड केतु के रूप में अमर हो गया। चित्रगुप्त सभी व्यक्तियों के कर्मो का सुचारू रूप से हिसाब किताब रखते हैं, जिससे निर्धारित होता है की मरने के बाद मनुष्य को स्वर्ग या नरक किस दिशा में जाना हैं।

मेरी घडी में अब सुबह के ग्यारह बज गए और अब दर्शन के बाद किसी अच्छी जगह नाश्ता कर मुझे वापिस बेंगलुरु भी लौटना हैं।

चत्वारः
पुरुहुतिका देवी (बायां हाथ)

स्थान पिथापुरम (जिला काकीनाडा)

राज्य आन्ध्र प्रदेश

पुरुहुतिका शक्ति पीठ, पिथापुरम नामक छोटे से कस्बे में स्थित है जो की राजमंड्री से करीब 75 किलोमीटर की दूरी पर हैं। मैंने बेंगलुरु से सुबह जल्दी की राजमंड्री की फ्लाइट ली और एक दिन में दर्शन करके शाम को वापिस बेंगलुरु आने की योजना बनायीं। मैं सुबह नियत समय पर अपनी रिश्तेदार प्रभा के साथ राजमंड्री पहुँच गयी।

राजमंड्री, राज्य के पूर्व गोदावरी ज़िले में स्थित है, और इसे आन्ध्र प्रदेश की सांस्कृतिक राजधानी भी कहा जाता है। इस शहर का प्राचीन नाम राजमहेंद्रवरम था, जो वर्तमान में औपचारिक सरकारी नाम भी

है। इस शहर का निर्माण ग्यारहवीं सदी में चालुक्य वंश के राजाओं ने कराया था। यह शहर पेड़ पौधों की खेती, इतिहास, संस्कृति, पर्यटन और अपनी विरासत के लिए जाना जाता है। राजमंड्री चावल, नमक और इमारती लकड़ी का केंद्र है।

हम समय से कार द्वारा एअरपोर्ट से रवाना हो गए, पहला पड़ाव अन्नावरम शहर में स्थित श्री वेंकट सत्यनारायण स्वामी मंदिर में दर्शन का था। हमने तकरीबन डेढ़ घंटे में अन्नावरम पहुँच गए। अन्नावरम आंध्र प्रदेश राज्य के काकीनाडा जिले में स्थित है। मंदिर रत्नागिरी नामक पहाड़ी पर स्थित है। यहां वेंकट सत्यनारायण, भगवान विष्णु के अवतार, का विग्रह हैं। मंदिर की आकृति चार पहियों वाले रथ की तरह है। ऐसा माना जाता है की यह रथ ब्रह्माण्ड के सात लोक में घूम सकता है और रथ में सबसे ऊपर भगवान का गर्भगृह है जहां से भगवान पुरे विश्व को चला रहे है।

पुराणों में वर्णित एक कहानी के अनुसार, पहाड़ो के देवता मेरु और उनकी पत्नी मेनका ने साथ में मिलकर भगवान विष्णु की घोर तपस्या की और विष्णु ने प्रसन्न होकर उन्हें दो पुत्रो का वरदान दिया। एक पुत्र का नाम भद्र और दुसरे का नाम रत्नाकर था। रत्नाकर ने भी विष्णु की तपस्या कर उन्हें प्रसन्न किया। विष्णु ने उसे रत्नागिरी (पहाड़ी) बनने का वरदान दिया और ख़ुद भगवान विष्णु उस रत्नागिरी पहाड़ी पर विराजमान हो गए और जिस रूप में वो विराजमान हुए वो उनका वेंकट सत्यनारायण स्वामी का अवतार था।

मंदिर में बहुत ज्यादा भीड़ होने के कारण हमने आस पास लोगो से पूछा की दर्शन कैसे जल्दी हो सकते हैं। मेरी रिश्तेदार वरिष्ठ नागरिक होने के कारण सुरक्षाकर्मी ने बताया की हम लिफ्ट का इस्तेमाल कर सकते हैं। वर्ना थोड़ी सीढ़ियाँ चढ़ कर पैदल ऊपर जाना पड़ता। खुशकिस्मती से लिफ्ट का दरवाज़ा बिलकुल गर्भगृह के सामने खुलता हैं। हमे बिलकुल भीड़ का सामना नहीं करना पड़ा और हम सीधा गर्भगृह के सामने दर्शन के लिए पहुँच गए। पुजारी ने हमें प्रसाद के तौर पर भगवान के चढ़े फूल और फल दिए। एक परिक्रमा

करके वापिस लिफ्ट के दरवाज़े तक आ गए। पर मन बहुत लालची होता है और हमे एक बार और दर्शन करने की इच्छा हुई, क्योंकि यहां से आसानी से हम फिर से दर्शन कर सकते थे।

मंदिर में परिक्रमा हमेशा घड़ी की सुई की दिशा में करनी चाहिए। इसे ऐसा भी समझ सकते है की हमेशा भगवान के दाएं हाथ की तरफ से परिक्रमा शुरू करनी चाहिए। परिक्रमा करते समय बहुत से लोग मन्त्र का जाप करते है और कुछ लोग शांत भाव से विग्रह से सम्बन्ध स्थापित करते है और ऊर्जा को ग्रहण करते हैं। कई शताब्दियों से विग्रह की अनगिनत लोग मंत्रो के उच्चारण के साथ परिक्रमा करते आ रहे है, और इस कारण हर मंदिर में परिक्रमा स्थल सकारात्मक ऊर्जा से परिपूर्ण रहता है और जब हम उसी जगह परिक्रमा करते है तो हम ऊर्जा को महसूस और ग्रहण कर पाते हैं।

शास्त्रों के अनुसार, मंदिर और भगवान के आसपास परिक्रमा करने से सकारात्मक ऊर्जा शरीर में प्रवेश करती है। वैज्ञानिक दृष्टि से देखे तो परिक्रमा करते समय हम उस स्थान की संगृहीत ऊर्जा के साथ-साथ चलते हैं और मूर्तियों के आसपास रहने वाली सकारात्मक ऊर्जा ग्रहण कर पाते हैं। इससे मन को शांति मिलती है और नकारात्मकता दूर होती है। इस ऊर्जा को जब हम घर लेकर आते हैं तो घर में भी सकारात्मक ऊर्जा का प्रवेश होता है। जिससे घर में सुख-शांति आती है।

अन्नावरम से पिथापुरम की दूरी लगभग 45 मिनट की हैं। पहले मुझे लगा अगर हम समय पर नहीं निकल पाए तो शक्ति पीठ में देरी हो जाएगी क्योंकि दोपहर को मंदिर तीन घंटे बंद रहता हैं। लेकिन जब ईश्वर साथ हो तो सब कुछ मुमकिन हैं। पूरा रास्ता या कहे पूरा क्षेत्र हरियाली से परिपूर्ण हैं। सड़क के दोनों तरफ ताज़े फल के विक्रेता बैठे दिख रहे थे, फल इतने ताज़े है जैसे अभी सीधा पेड़ से तोड़ कर लायें हो। मुझे यहां सीताफल, मक्का और ड्रैगन फ्रूट जैसे फल बहुत दिख रहे थे और मन उन्हें खाने के लिए ललचा रहा था, पर आगे देर न हो जाए इसलिए हमने न रुकने का विचार बनाया।

काकीनाडा जिले का मौसम पेड़ पौधों के लिए बहुत अच्छा है। सब तरफ बस हरा ही हरा नज़र आ रहा हैं। खेतो में नारियल, पाम और चावल की फसले दिख रही हैं। बारिश की हल्की फुहार से मौसम बड़ा खुशनुमा बना हुआ हैं। वैसे थोड़ी उमस भी है जो काफी देर बाहर खड़े रहने पर परेशानी का सबब बन जाती हैं। हमारा ड्राईवर चिन्ना बाबु अच्छा और काफी बातूनी व्यक्ति है। इसी इलाके का रहने वाला होने से वह हमारे सारे सवालो का जवाब अपनी टूटी फूटी हिन्दी और अंग्रेजी में दे पा रहा था।

पिथापुरम को प्राचीन काल में पिथिकापुरम कहा जाता था। शहर का उल्लेख चौथी शताब्दी के एक शिलालेख में मिलता हैं। कुछ लिखित दस्तावेजों के अनुसार चालुक्य ने 12वीं और 13वीं शताब्दी में राजमंड्री, पिथापुरम और द्राक्षारामम के आसपास के क्षेत्र पर शासन किया।

हम समय पर पिथापुरम पहुँच गए। मंदिर के बाहर की सड़क ज्यादा चौड़ी नहीं है और दोनों तरफ छोटी दुकाने और सड़क पर बैठे स्थानीय लोग फल और फूल बेच रहे हैं। यहां सड़क पर काफी कोलाहल फैला हुआ हैं। मंदिर परिसर का दरवाज़ा ठीक सड़क पर है और हम सीधा मंदिर के अन्दर प्रवेश कर गए। अन्दर आते ही हमारी दृष्टि एक पानी के तालाब पर पड़ी जहां पानी का रंग बिलकुल हरा था। कुछ लोग पानी में स्नान कर रहे थे। तालाब के बिलकुल बीच लेटे हुए मुद्रा में गयासुर नामक असुर की मूर्ती हैं।

पुराणों के हिसाब से जब ब्रह्मा सृष्टि की रचना कर रहे थे, तब गयासुर का जन्म असुर जाति में हुआ था। परन्तु वो असुर जाति में पैदा हो कर भी असुर प्रवृत्ति का नहीं था। वह हमेशा भगवान की भक्ति में लीन रहता। परन्तु उसको असुर जाति में पैदा होने के कारण देवताओ से वो सम्मान नहीं मिला जिसका वो हक़दार था।

उसने विष्णु की तपस्या कर उन्हें खुश किया और उसे वरदान मिला कि जिस भी मनुष्य कि दृष्टि गयासुर पर पड़ जाएगी वो पाप से मुक्त हो जायेगा। वरदान मिलने के बाद गयासुर को जो भी देखता वह पाप से मुक्त हो जाता और उसे मृत्यु पश्चात स्वर्ग मिल जाता। ऐसा होने से यमराज के कार्य में बाधा आने लगी, और सभी पाप

करते और गयासुर उन्हें मुक्त कर देता। यमराज बहुत परेशांन हो गए और वह ब्रह्मा से मिले।

यमराज बोले अगर गयासुर को नहीं रोका गया तो बड़ा अनर्थ हो जायेगा। ब्रह्मा यमराज के साथ विष्णु के पास पहुंचे और उनसे मदद मांगी। विष्णु ने इस समस्या का समाधान सोचा और गयासुर से मिलने चल पड़े।

विष्णु ने गयासुर से अपने आने का उद्येशय बताया और बोले हमे यज्ञ करना है और उसके लिए हमे तुम्हारा शरीर चाहिए जिस पर हम यज्ञ करेंगे।

गयासुर ने सहर्ष अपना शरीर अर्पित कर दिया और उसके वक्ष पर यज्ञ शुरू हो गया। यज्ञ कि समय सीमा 7 दिन निर्धारित हुई। सब कुछ सही जा रहा था और 6 दिन बीत गए, गयासुर ने ऐसा कुछ नहीं किया जिससे यज्ञ में विघन पड जाए। अब गयासुर को दण्डित करने का कोई कारण नहीं था। विष्णु और ब्रह्मा ने शिव से मदद मांगी। भगवान शिव ने मुर्गे का रूप लिया और आधी रात में ही बांग दे दी।

गयासुर ने सोचा मुर्गे ने बांग दे दी इसका मतलब सुबह हो गयी और आज तो यज्ञ के भी सात दिन पुरे हो गए, यह सोच वह उठ गया। उसके उठते ही यज्ञ वेदी तहस नहस हो गयी और यज्ञ में बाधा पड गयी, क्योंकि अभी एक दिन और शेष था। गयासुर को जब पता चला की मुर्गे ने बांग आधी रात को दी है, और अभी एक दिन शेष है, तो उसने अपनी गलती मान ली। विष्णु उसकी सचाई और सादगी से बड़े प्रभावित हुए और बोले मरने से पहले तुम्हे एक वरदान देना चाहते हैं। गयासुर ने कहा उसकी अपने लिए कोई इच्छा नहीं परन्तु लोगो की भलाई के लिए वह चाहता है, उसके शरीर के तीन टुकड़े कर दिए जायें, विष्णु उसके सिर पर, ब्रह्मा नाभि और शिव मुर्गे के रूप में उसके पंजों पर विराजमान हो। और यह तीन टुकड़े अलग अलग जगह स्थापित हो और पवित्र स्थल कहलाये जहां व्यक्ति अपने मृत परिवार वाले और पूर्वजो के लिए श्राद्ध कर सके और उन्हें मोक्ष दिलाये ताकि उन्हें जन्म मृत्यु के चक्र से आज़ादी मिले।

यह त्रिगया मंदिर भारत में, गयाजी - बिहार (सिरोगया) जहां विष्णु पाद मंदिर, जाजपुर - ओडिशा (नाभि गया) जहां ब्रह्मा मंदिर और पिथापुरम - आन्ध्र प्रदेश (पादगया) जहां शिव मंदिर हैं।

अन्दर आ कर पहले हमने देवी पुरुहुतिका माँ के दर्शन किये। मंदिर में ज्यादा भीड़ न होने से कतार बहुत छोटी थी। यहां माता सती का बायां हाथ गिरा था। देवी का विग्रह देखते ही ऐसा प्रतीत हुआ जैसे देवी अपनी ओर आकर्षित कर रही है। देवी यहां बैठी मुद्रा में, सुन्दर श्रृंगार से सुसज्जित, सोने के गहनों से लदी और हरे रंग की जारी की साड़ी पहन रखी हैं।

इसी परिसर में कुक्कुटेश्वर स्वामी के रूप में शिव-लिंग भी स्थापित हैं। यहां दो फुट ऊँचा शिव-लिंग सफेद संगमरमर का हैं। यह स्फटिक लिंग एक मुर्ग की तरह जिन्हें श्री कुक्कुटेश्वर स्वामी नाम से पुकारा जाता हैं। एक ही पत्थर से उकेरी गई एक विशाल और सुंदर नंदी की मूर्ति मंदिर के प्रवेश द्वार पर गर्व से विराजमान है।

कुक्कुटेश्वर स्वामी के दर्शन के लिए कतार में लग गए, स्थानीय लोगो ने बताया की अगर बीस रूपए की टिकट लेंगे तो बहुत पास से दर्शन करने का मौका मिल जायेगा। मैंने देखा यहां बहुत से लोग शिवलिंग पर चढाने के लिए जल भी लेकर आये हैं। थोड़ी देर में हम शिवलिंग के निकट पहुँच गए और बहुत अच्छे और अद्भुत दर्शन हो गए।

परिसर में और भी बहुत सारे देवी देवताओ के मंदिर हैं। मंदिर की बनावट और निर्माण शैली बहुत आकर्षक है। हम कुछ देर वही प्रांगण में बैठे और दिव्य दर्शन और विग्रह की सुन्दरता को अपने अन्दर ग्रहण किया।

अब दोपहर हो गयी और खाने का भी समय हो चला। यहां सारे मंदिर दोपहर में दो से तीन घंटे दर्शन के लिए बंद रहते हैं। हम यहां से रवाना हो काकीनाडा में एक अच्छी जगह रुके और आन्ध्र थाली का लुत्फ़ उठाया।

पन्द्र

मणिक्यम्बा देवी (गाल)

स्थान द्रक्षारामम (जिला कोनासीमा)

राज्य आन्ध्र प्रदेश

यह शक्ति पीठ एक छोटे कस्बे द्रक्षारामम, जो कि काकीनाडा से लगभग 28 किमी की दुरी पर स्थित है। मंदिर गोदावरी नदी के पूर्वी तट पर बना है। हम मंदिर ठीक समय पहुँच गए और अभी ज्यादा भीड़ भी नहीं दिख रही थी। मंदिर की संरचना देख कर लगा मंदिर कई हजारो साल पुराना हैं। यह विशाल काले पत्थर से बनी एक अद्भुत कला की एतिहासिक धरोहर है। मैंने यहां UNESCO का बोर्ड भी लगा देखा। द्रक्षारामम का अर्थ है दक्ष प्रजापति का निवास स्थल।

मंदिर अपनी सुंदर वास्तुकला, नक्काशी और उत्कृष्ट मूर्तियों के लिए भी पहचाना जाता है। दक्षिण भारत के सभी मंदिरों में और यहां इस मंदिर में भी फर्श पर बीच में सफ़ेद रंग कि काफी चौड़ी पट्टी देखने को मिलती हैं। सफेद रंग की पट्टी भक्तों को नंगे पैर चलने में मदद करती है, क्योंकि इन राज्यों में गर्मी अत्यधिक पड़ने से फर्श बहुत गरम या यो कहे जलता हुआ होता हैं। इस सफ़ेद पट्टी पर चलना बहुत आसान हो जाता है और पैर नहीं जलते।

हम देवी माँ के गर्भ गृह के तरफ चल पड़े। यहां माता सती के गाल गिरे थे। हमारी किस्मत अच्छी थी, जब हम पहुंचे मंदिर बिलकुल खाली और केवल इक्के दुक्के लोग दिख रहे थे। कुछ पुजारी माँ मणिक्यम्बा का श्रृंगार कर रहे थे, हम गर्भ गृह के ठीक सामने और बिलकुल समीप खड़े हो गए और इस पल का आनंद लेने लगे। देवी का श्रृंगार ताजे सफ़ेद और लाल फूल से हो रहा था। विग्रह की सुन्दरता और दिव्यता देखते बन रही थी, ऐसा लग रहा था जैसे साक्षात् देवी सामने खड़ी हैं।

देवी के बिलकुल पास से और सामने से दर्शन मिल जायें एक भक्त को इससे ज्यादा क्या चाहिए। देश के दक्षिण राज्यों में मैंने पाया की पुजारी, भक्त और भगवान के बीच नहीं आते और शांति से दर्शन का समय देते हैं। पुजारी ने मेरा गोत्र पूछा और मेरे और परिवार की खुशहाली के लिए कुछ मन्त्र बोले और भगवान से प्रार्थना की। प्रसाद के रूप में मुझे यहां से कुमकुम और फल मिले। मुझे देवी के पास खड़े रहने का सौभाग्य बहुत देर तक मिला और मेरे लिए वो पल वही रुक गया।

पुजारी को हिन्दी नहीं आती थी, इस कारण उनकी बात समझने में मुझे काफी कठिनाई हो रही थी। जितना समझ आया उससे पत्ता लगा वह हमें स्वामी के दर्शन का कह रहे हैं, यहां भगवान शिव को स्वामी कह कर संबोधित करते हैं। पुजारी ने बहुत कुछ समझाना चाहा पर हमे कुछ समझ नहीं आ रहा था। फिर हम सामने की तरफ चल पड़े, यहां कुछ ऊँची नीची और काफी संकरी सीढ़ियाँ नज़र आ

रही थी। सीढ़ियाँ पर चढ़ते ऐसा लगा जैसे कि हम समय में हजारो साल पीछे चले गए। मंदिर में काफी बोर्ड लगे दिखे जिसमे इस जगह की जानकारी लिखी थी, परन्तु सब कुछ तेलुगु में लिखा होने से हमे बिलकुल समझ नहीं आ रहा था। हिन्दी की तो उम्मीद नहीं थी पर कही भी अंग्रेजी में भी नहीं लिखा था। मैंने अपने फ़ोन पर गूगल खोला और थोड़ा जानकारी इक्कठी कर ली।

माना जाता है कि इसका निर्माण चालुक्य राजा भीमा ने 9वीं और 10वीं शताब्दी के मध्य में करवाया था। यहां कई मूर्तियां हैं जो अन्य दक्षिण भारतीय मंदिरों से भिन्न हैं।

सीढ़ियाँ चढ़ जब पहली मंजिल पर पहुंचे तो यहां दो मंजिल ऊँचे शिवलिंग के दर्शन हुए, मेरे अंदाज़े से शिवलिंग की ऊंचाई 9 से 10 फीट होगी। शिवलिंग के दर्शन दो भागों में होते हैं। भूतल से निचले भाग के दर्शन और ऊपरी भाग के दर्शन पहली मंजिल से अभी हम कर पा रहे हैं। शिवलिंग का रंग सफ़ेद और यहां भीमेश्वर स्वामी नाम से जाने जाते हैं। शिवलिंग दिखने में ऊँचे, लम्बे दिव्य खम्बे की तरह लग रहे हैं, और विशाल नंदी सामने विराजमान हैं। यह स्थान शिव के पवित्र पंचाराम क्षेत्रों में से एक है। संस्कृत शब्द पंचाराम दो शब्दों से मिल कर बना है, "पञ्च" यानि पांच और "आराम" मतलब आराम का स्थल। द्रक्षारामम के अलावा बाकि चार स्थान भी आन्ध्र प्रदेश में ही हैं और अन्य चार स्थल के नाम अमरावती, भीमावरम,

पलाकोल, समालकोट हैं। सभी पांचो स्थान पर मंदिर भगवान शिव को समर्पित है।

पुराणों के अनुसार पंचाराम क्षेत्र शक्तिशाली असुर तारकासुर, शिव और कार्तिकेय से जुड़ा है। तारकासुर बहुत शक्तिशाली असुर राजा था, उसने बहुत आतंक मचा रखा था। उसने युद्ध में कई देवताओं को परास्त भी कर दिया था। तारकासुर हमेशा अपने गले में शिवलिंग को धारण किये रखता जिससे शिवलिंग की ऊर्जा ने उसे बहुत बलशाली और अजेय बनाया हुआ था। उसको वरदान मिला कि उसका वध शिव-पार्वती के पुत्र कार्तिकेय के अलावा कोई नहीं कर सकता। तब तक शिव पार्वती का विवाह होने की कोई संभावना नहीं थी और इसने तारकासुर को एक निरंकुश राजा बना दिया। सभी देवताओ और ऋषि गणों ने शिव और पार्वती को मनाया और विवाह करवाया ताकि उनका पुत्र कार्तिकेय तारकासुर का वध कर सके।

कार्तिकेय के नेतृत्व में देवताओं व असुरों के बीच भीषण युद्ध हुआ। तारकासुर को मारने के लिए कार्तिकेय ने अपने शक्तिशाली हथियार आयुध का इस्तेमाल किया। आयुध की शक्ति से तारकासुर के शरीर के कई टुकड़े हो गए।

लेकिन कार्तिकेय ने देखा सभी टुकड़े एकत्र हो गए और तारका फिर से जीवित हो गया। कार्तिकेय ने कई बार तारका के शरीर को टुकड़ों में विभाजित किया पर हर बार टुकड़े एकत्रित होकर तारका को जिन्दा खड़ा कर देते।

कार्तिकेय बहुत परेशांन हो गया और उन्हें शर्मिंदगी भी होने लगी की वह तारका का वध नहीं कर पा रहे। तब विष्णु उनके सामने प्रकट हुए और कहा, "चिंता मत करो, पहले तुम तारका द्वारा धारण किए गए शिवलिंग के टुकड़े करो और तभी तुम उसे मार पाओगे।" भगवान विष्णु ने यह भी कहा कि शिवलिंग को तोड़ने के बाद भी वे आपस में जुड़ जाएंगे। ध्यान देना कि जब शिवलिंग के टुकड़े हो जाए तब हर टुकड़े को उसी स्थान पर स्थापित कर देना जहां शिवलिंग के टुकड़े गिरेंगे।

भगवान विष्णु के वचनों को सुनकर, कार्तिकेय ने तारक द्वारा धारण किये शिवलिंग को तोड़ने के लिए आग्नेयास्त्र का इस्तेमाल किया। शिवलिंग पांच टुकड़ों में विभाजित हो गया और तारका ओंकार मंत्र का जाप करके उन्हें एकजुट करने का प्रयास करने लगा। परन्तु विष्णु के आदेश पर, सूर्यदेव ने उन सभी टुकड़ों पर मंदिर स्थापित कर पूजा प्रारंभ कर दी। पंचराम क्षेत्र मंदिर का निर्माण हुआ, शिवलिंग के टुकड़े अपनी जगह स्थापित हो गए और तारकासुर के आतंक से सबको मुक्ति मिल गयी। सभी पांच शिवलिंग पर स्केल के जैसे निशान हैं, जो की माना जाता हैं आग्नेयास्त्र की तेज़ी और ऊर्जा से उत्पन हो गए। और हां मैंने यह कहानी सुन रखी थी, इसलिए जब मैंने शिवलिंग देखा तो मुझे निशान साफ़ नज़र आये।

थोडा समय बिताकर हम वापिस अपनी कार में आ गये। दक्षिण भारत में हो और फ़िल्टर कॉफ़ी का मज़ा नहीं लिया तो यात्रा अधूरी हैं। हमने सड़क किनारे अच्छी जगह काली मिर्च की फ़िल्टर काफी का लुत्फ़ उठाया।

अभी हमारे पास थोडा और समय था क्योंकि फ्लाइट देर रात की थी। मैंने सुना था पास में कोनासीमा जिले में कोटेश्वर और सोमेश्वर स्वामी के मंदिर हैं। ड्राईवर ने कहा अभी काफी समय है और हम दर्शन कर सकते हैं। यहां इन दोनों शिव मंदिर की भी अपनी अनोखी कहानी है।

महर्षि गौतम की पत्नी का नाम अहिल्या था और एक बार देवता इन्द्र उनकी सुन्दरता पर मोहित हो गए। इन्द्र ने गौतम ऋषि का वेश बदल कर अहिल्या का सतीत्व भंग कर दिया। जब गौतम ऋषि को इसकी जानकारी हुई, तो उन्होंने अपनी पत्नी अहिल्या और इंद्र को श्राप दे दिया। श्राप के कारण अहिल्या पत्थर की मूर्ति में बदल गयी, और जब उन्हें पत्ता चला की गलती इन्द्र की थी तब उन्होंने अहिल्या से कहा, भगवान राम अपने वनवास के दौरान यहां आयेंगे और जब उनको अपने पैर से छू लेंगे तब वो इस श्राप से मुक्त हो जाएँगी।

इन्द्र ने अपने पाप से मुक्त होने के लिए गौतमी नदी में स्नान करके कोटेश्वर शिवलिंग की स्थापना कर भगवान शिव की तपस्या की। यहां शिवलिंग पानी में डूबा रहता हैं, और इसलिए इसे जल लिंगम भी कहते है। गौतमी नदी का पानी नीचे से कही आता है शिव लिंग का जल अभिषेक कर उसमे डूबा रहता हैं।

एक और कहानी के अनुसार एकबार चन्द्रमा को अपनी गुरु पत्नी से प्यार हो गया। और इस पाप के कारण चंद्रमा ने अपनी सुन्दरता खो दी। चन्द्रमा जिन्हें सोम भी कहते हैं, उन्होंने विष्णु की तपस्या की और पाप से मुक्ति का उपाय पूछा। विष्णु ने कहा गौमती नदी किनारे उन्हें शिव की तपस्या करनी चाहिए। चन्द्रमा ने शिवलिंग बना शिव की तपस्या की और तभी से यह स्थान सोमेश्वर कहलाया।

षट्
चामुंडेश्वरी देवी (केश)

अब तक मैं काफी मंदिरों में दर्शन कर चुकी हूँ, और मैंने ध्यान दिया की देश के दक्षिणी राज्यों में महिलाएं जब मंदिर में काफी सोने के गहने पहन कर आती है। मुझे काफी उत्सुकता हुई इसके पीछे का कारण जानने की। जब मैंने लोगो से बात की तो बड़ी रोचक बात सामने आई। जब भी हम सोने या चांदी के गहने पहन कर मंदिर जाते है, गहने जो की धातु के बने है हमारा सम्बन्ध दिव्य ऊर्जा

और ब्रह्माण्ड से स्थापित करने में मदद करते है। इससे हमारा हृदय चक्र सक्रिय हो जाता है। और हम मंदिर में व्याप्त ऊर्जा को इन धातु के जरिये अपने शरीर में अच्छे से ग्रहण कर पाते है। धातु अच्छे सुचालक होते हैं क्योंकि उनके पास बहुत बड़ी संख्या में मुक्त इलेक्ट्रॉन होते हैं। इसलिए धातु अच्छे संवाहक हैं, और इसे पहनने से हम ऊर्जा ग्रहण कर पाते है।

मंदिर में विद्युत चुम्बकीय (इलेक्ट्रो मैग्नेटिक) क्षेत्र बहुत शक्तिशाली रूप में गर्भ गृह के चारो और विद्यमान होता हैं जो की अदृश्य विद्युत और चुंबकीय बल क्षेत्रों का एक संयोजन है। जब किसी भी नए मंदिर का निर्माण होता है, तो सबसे पहले भूमि पूजा होती है, जिसे शंकुस्थापना भी कहते है। शुभ मुहूर्त में इस पूजा के द्वारा धरती माँ, वास्तु पुरुष और पञ्च तत्व, हवा, आग, पानी, भूमि और आकाश का आह्वान किया जाता है। उसके बाद गर्भ गृह की भूमि में धातु, चुम्बक, और भी पवित्र वस्तु दबा दी जाती है।

मत्स्य पुराण के अनुसार शिव के पसीने से वास्तु पुरुष की उत्पत्ति हुई है। भगवान शिव का पसीना जब धरती पर गिरा तो वास्तु पुरुष उत्पन्न हो गया। वास्तु पुरुष का असर सभी दिशाओं में रहता है। शास्त्र बताते हैं कि वास्तु पुरुष की प्रार्थना पर ब्रह्मा जी ने वास्तु शास्त्र के नियमों की रचना की थी। वास्तु पुरुष हर मकान के संरक्षक है यानी वो हर भवन के प्रमुख देवता माने जाते है।

मंदिर चामुंडी की पहाड़ियों पर बना है। मैं यहां सड़क के रास्तें बेंगलुरु से पहुंची और करीबन 2.5 घंटे का सफ़र था। चामुंडेश्वरी देवी मैसूर राज घराने की कुल देवी है। यहां माता सती के केश गिरे और देवी के उग्र रूप के दर्शन होते है।

माता चामुंडी, निडर और उग्र रूप में दर्शन देती हैं, जिसे दुर्गा का अवतार भी कहते हैं। यह मंदिर एक हज़ार साल से भी ज्यादा पुराना है। ऐसा माना जाता है यहां पर अति शक्तिशाली असुर महिषासुर जो आधा मानव व आधा भैंसा, का शासन था। उसने देवताओ पर बड़ा अत्याचार किया और सभी उससे बहुत परेशान थे। माँ दुर्गा ने इस

पहाड़ी की चोटी पर असुर राज महिषासुर का वध किया था। स्कन्द पुराण में इसका वर्णन मिलता हैं। इस स्थान को बाद में महिषुरु (महिशा का स्थान) के नाम से जाना गया। अंग्रेजों ने इसे मैसूर में बदल दिया और बाद में कन्नड़ में मैसूरु कर दिया। देवी ने चंड एवं मुंड नामक दो असुर भ्राताओं का वध भी किया था, इसी कारण वह चामुंडा कहलाती है।

चामुंडेश्वरी को कर्नाटक के लोग नादा देवी यानि राज्य की देवी भी कहते हैं। मूल मंदिर का निर्माण 12वीं शताब्दी में होयसल राजवंश के शासकों द्वारा किया गया था। प्राचीन काल में पहाड़ियों पर उगे झाड़ के बीच से पगडंडियों द्वारा मंदिर तक पहुंचा जाता था। वर्तमान समय में सभ्यता में विकास के साथ पहाड़ी पर मंदिर तक जाने ले लिए सड़क बन गयी और मार्ग बहुत सुगम हो गया हैं। पहाड़ी पर सब तरफ बहुत हरियाली और हरा भरा जंगल हैं। बहुत तरह के पेड़ पौधे कार से बाहर देखने पर नज़र आ रहे हैं। चिड़ियों की चहचाहट मन को प्रफुल्लित कर रही हैं।

दशहरा, कर्नाटक के राज्य त्योहार के रूप में बहुत धूम धाम से मनाया जाता हैं। इसे कन्नड़ भाषा में नादा हब्बा कहते है। नवरात्रि के दौरान देवी के नौ अलग-अलग पहलुओं को दर्शाने के लिए मूर्ति को नौ अलग-अलग तरीकों से सजाया जाता है। नवरात्रि का 7वें दिन कालरात्रि को समर्पित है और उस दिन राज घराने से बहुमूल्य आभूषण हर साल देवी के श्रृंगार के लिए लाये जाते हैं।

मंदिर द्रविड वास्तुकला की शैली में निर्मित हैं। यह शैली दक्षिण भारत में विकसित होने के कारण द्रविड़ शैली कहलाती है। इस शैली की प्रमुख विशेषता यह है कि इसमें काफी ऊँचे तथा विशाल प्रांगण होते हैं। मंदिर का मुख्य प्रवेश द्वार गोपुरम कहलाता है।

यहां पर सात तल ऊँचा पीले रंग का गोपुरम देखने को मिलता हैं। गोपुरम पर बारीक़ नक़्काशी से मूर्तियाँ उकेरी हुई है और ऊपर स्थापित सात स्वर्ण कलश को देखने के लिए अपने शरीर को काफी पीछे झुकाना पड़ता है।

ड्राईवर ने जहां हमें उतारा वहां से कुछ आसान सीढ़ी चढ़ कर ऊपर जाना था। रास्तें में दोनों तरफ छोटी-छोटी दुकाने जिसमे पूजा का सामान, फूल, बड़ी मनमोहक फूलो की मालाएं और लकड़ी और पीतल का समान मिल रहा था। विक्रेता पूजा का समान खरीदने के लिए बहुत पीछे पड़ जाते हैं। जब हम मंदिर के पास पहुंचे तो काफी भीड़ नज़र आई, और समझ आ गया की दर्शन करना आसान नहीं हैं। और अगर कतार में लगते है तो कई घंटे बीत जायेंगे दर्शन के लिए।

थोडा इधर उधर देखे और लोगो से बात करके पता चला की टिकट खिड़की से सौ रूपए एक व्यक्ति के हिसाब से टिकट खरीद VIP दर्शन करे जा सकते हैं। VIP कतार अलग है, जिसमे दर्शन के लिए जल्दी नंबर आ जायेगा। हम टिकट ले कर कतार में खड़े हो गए। यहां बहुत ज्यादा बन्दर इधर उधर कूदा फांदी मचा रहे थे।

पहले मैंने सोचा पर आखिर में मैंने पूजा थाली नहीं खरीदी, और अब मैं खुश हूँ अपने न लेने के निर्णय पर। जिन लोगो के हाथ में पूजा थाली, फल या कुछ भी है बन्दर उनसे झपट रहे थे। मेरे सामने खड़े एक व्यक्ति पर बन्दर का छोटा बच्चा उसके कंधे पर बैठ गया और उसका सारा समान ले लिया। कुछ क्षण के लिए वह व्यक्ति डर के कारण बर्फ की तरह जम गया।

धीरे धीरे कतार आगे बढ़ रही थी और हम देवी के नज़दीक आते जा रहे थे। जब हम विग्रह के सामने पहुंचे हम वह पलक झपकने की देर तक ही खड़े रह पाए और सुरक्षा कर्मियों ने धक्का दे कर हटा दिया। देवी माँ के दिव्य दर्शन कर के जब हम बाहर आये तो पता चला की हम टिकट दिखा कर प्रसाद काउंटर से प्रसाद प्राप्त कर सकते हैं।

सप्त
मंगला गौरी देवी (वक्ष)

स्थान गया (जिला गया)

राज्य बिहार

हर्षमंगल दक्षे च हर्षमंगल दायिके। शुभेमंगल दक्षे च शुभेमंगल चंडिके।।

मंगले मंगलार्हे च सर्वमंगल मंगले। सता मंगल दे देवि सर्वेषां मंगलालये।।

यह शक्ति पीठ बिहार में स्थित है, मेरे पास दो विकल्प है एक गयाजी के लिए सीधी फ्लाइट ली जा सकती है या फिर दूसरा मैं गयाजी की यात्रा काशी (उत्तर प्रदेश) या देवघर (झारखण्ड) के साथ भी जोड़ सकती हूँ। गयाजी करीब-करीब काशी और देवघर से सड़क मार्ग द्वारा बराबर दुरी पर हैं। काशी से गयाजी की दुरी 250 किलो मीटर की हैं। मैंने अपनी काशी की यात्रा के साथ गयाजी करने का विचार बनाया। एक दिन के लिए कार टैक्सी कर ली और सुबह जल्दी 5 बजे गयाजी के लिए रवाना हो गयी। वैसे तो शहर का नाम गया है परन्तु इस जगह को लोग हमेशा श्रद्धा और आदर से गयाजी बोलते हैं। बीते कुछ सालो से सड़क नेटवर्क में बहुत ज्यादा सुधार हुआ है, और वर्तमान सरकार इस पर बहुत काम कर रही हैं। काशी से गयाजी का राजमार्ग काफी अच्छा बना होने से हमारी यात्रा बहुत सुगम और आरामदायक रही।

जब मैं इस योजना पर काम कर रही थी, मुझे काफी घबराहट हो रही थी क्योंकि उत्तर प्रदेश और बिहार का नाम गुंडागर्दी और लूटपाट में काफी ख़राब हैं। परन्तु कुछ साल से सरकार ने अच्छा काम किया और आम जनता की सुरक्षा पर बहुत ध्यान दिया हैं। टूर एजेंसी जिसने कार की बुकिंग की उन्होंने आश्वासन दिलाया और हम काशी से गयाजी का सफ़र कार से करने का मन बना पाए। यहां इस राजमार्ग पर अंतर्राष्ट्रीय पर्यटक, बौद्ध धर्म का पालन करने वाले, का भी बहुत आना लगा रहता हैं।

प्राचीन काल में, वर्तमान बिहार बौद्ध भिक्षुओं का बहुत बड़ा अध्ययन केंद्र हुआ करता था। यहां एशिया महाद्वीप से हज़ारों विद्यार्थी पठन पाठन के लिए आते थे। यहां बौद्ध भिक्षुओं के ठहरने के लिए अनेको बौद्ध मठ बन गए थे। मठ शब्द का मतलब आवास है जिसे विहार भी कहते है। इसी कारण सम्पूर्ण इलाके को विहार कहा जाने लगा। जो कालांतर मेें बिहार के नाम से प्रचलित हो गया। मौर्य वंश से लेकर गुप्त काल तक और बाद के शासकों ने भी बौद्ध श्रद्दालुओं के रहने और निवास करने के लिए कई आवासों का निर्माण कराया था।

हमारा कार चालक अच्छी और सधी गाड़ी चला रहा था। रास्ते में स्थानों से सम्बंधित जानकरी वो देता रहा। हम बिना रुके सीधे गयाजी पहुँच गए जिसमे हमे लगभग चार घटे का समय लग गया। गया को ज्ञान और मुक्ति की भूमि कहा जाता हैं। यह फाल्गु नंदी के तट पे बसा, सात पहाड़ियों से घिरा शहर हैं।

ड्राईवर पहले हमे विष्णु पाद मंदिर ले गया। त्रिग्या मंदिर के बारे में मैंने अपनी पिथापुरम की यात्रा में वर्णन किया था। गयाजी, पिथापुरम और जाजपुर भारत में तीन ऐसे पवित्र और पुजनीय स्थान है जहां कोई भी अपने पूर्वजो और परिवार वाले जो अब इस दुनिया में नहीं है उनका श्राद्ध और उनकी मोक्ष प्राप्ति की प्रार्थना कर सकते हैं। मोक्ष मतलब आत्मा का परमात्मा में विलीन हो जाना। मोक्ष की प्राप्ति होने पर मनुष्य को जीवन मरण के चक्र से मुक्ति मिल जाती हैं, और फिर मनुष्य को मृत्यु के पश्चात दुबारा जन्म नहीं लेना पड़ता।

जैसा मैंने बताया जब गयासुर का वध हुआ तो उसका शरीर तीन भागो में विभाजित करके तीन विभिन्न जगह स्थापित हो गया। उसके शरीर का उपरी हिस्सा जहां विष्णु ने अपना पैर रखा वही स्थान गया में विष्णु पाद मंदिर बना। हम जब पहुंचे तो मंदिर और उसके आस पास के इलाके में काफी जादा भीड़ नज़र आ रही थी। ड्राईवर ने बताया जब साल का श्राद्ध पक्ष शुरू होता है जो की 15 दिन का होता हैं तब यहाँ पैर रखने की भी जगह नहीं होती हैं। अभी भी मुझे बहुत सारे लोग दिखे जिन्होंने सफ़ेद रंग के वस्त्र पहन और सिर मुंडवा रखा था, समझ आ रहा था की वो यहाँ श्राद्ध के विधान के लिए आये हैं।

कार से उतर बस कुछ कदमो की दुरी पर ही मंदिर हैं। मंदिर में मोबाइल फ़ोन ले जाने की मनाही थी, मंदिर के दरवाज़े के पास ही मोबाइल जमा करने का स्थान था। हमने फ़ोन जमा करवाया और मंदिर के दरवाज़े सुरक्षा कर्मियों ने पर्स खुलवा का अच्छे से तलाशी ली ताकि कोई छुपा कर फ़ोन अन्दर न ले जाए। मंदिर के अन्दर भी

काफी ज्यादा भीड़ नज़र आ रही थी, यहां देश ही नहीं अपितु विदेश से भी लोग श्राद्ध करने आते हैं।

जब हम अन्दर पहुंचे तो मंदिर एक बड़ा हॉल जैसा लगा और बिलकुल बीचो बीच भगवान विष्णु के पैर की आकृति ज़मीन में अंकित थी। देख कर ऐसा प्रतीत हो रहा था जैसे साक्षात् भगवान के पैर हो। जहां भगवान के पैर अंकित है, वह जगह ज़मीन से करीब एक या दो फुट नीचे थी और उसके सब तरफ छोटी सी दीवार जैसी किनारी बनी थी। हम आराम से विष्णु पाद को छु कर आशीर्वाद ले सकते हैं। दिव्य दर्शन और छु कर आशीर्वाद ग्रहण किया और बाहर आ गए। यहां पर काफी छोटी दुकाने है जैसे आम तौर पर होती है, पर एक जगह गरमा गर्म पूरी और उसके साथ हरी मिर्च की सब्जी का नाश्ता मिल रहा था। इतनी अच्छी खुशबू आ रही थी कि मुहं में पानी आने लगा। लेकिन अभी हम खाना नहीं चाहते थे, पहले माँ मंगला गौरी के दर्शन करने के बाद ही हम मुँह झूठा करेंगे ऐसा निश्चय किया। जब ड्राईवर को हमने बताया की अगर वह हमें देवी माँ के दर्शन के बाद वापिस यहां ले आये तो बहुत अच्छा रहेगा, परन्तु उसने बताया कि वैसे तो विष्णु पाद और मंगला गौरी मंदिर के बीच दूरी ज्यादा नहीं है परन्तु ट्रैफिक बहुत ज्यादा हैं। और एक बार फँस गए तो घंटो लग जायेंगे। हमे फिर वापिस दिन रहते काशी भी लौटना हैं। हमने पूरी और मिर्ची का लालच छोड़ा लेकिन ड्राईवर ने कहा वो रास्ते में हमे बिहार का प्रसिद्ध लिट्टी चोखा खाने के लिए अच्छी जगह रोक देगा।

बिहार, प्राचीन काल में मगध के नाम से जाना जाता था; जो की सत्ता, शिक्षा और सांस्कृतिक केंद्र के रूप महत्वपूर्ण स्थान रहा हैं। मौर्य साम्राज्य, गुप्त वंश, बौद्ध और जैन धर्म यही से ही उत्पन्न हुए। बिहार का इतिहास विविधता से भरा शताब्दियों तक फैला रहा था। पाटलिपुत्र, जिसे वर्तमान में पटना नाम से जाना जाता हैं, प्राचीन समय में एक महत्वपूर्ण राजनीतिक, सैन्य, और आर्थिक केंद्र के रूप में स्थान था। इस क्षेत्र से अनेक प्राचीन भारतीय साहित्यों की रचना हुई, जो केवल धार्मिक साहित्यों तक सीमित

नहीं थे। बिहार के सबसे प्रतिष्ठित विश्वविद्यालय - तक्षशिला विश्वविद्यालय का, जो 5वीं शताब्दी BCE से 5वीं शताब्दी CE तक यानि एक हज़ार साल तक स्वर्णिम काल था, और नालंदा विश्वविद्यालय ने, 5वीं शताब्दी CE से 12वीं शताब्दी CE तक अपना परचम लहराया। नालंदा विश्वविद्यालय की स्थापना गुप्त वंश के कुमारगुप्त द्वारा कि गयी और अब यह यूनेस्को विश्व धरोहर स्थल के रूप में विख्यात हैं।

हालाँकि, इतिहास अभी भी उस काले युग को याद कर खून के आंसू रों जाता है जब तुर्क आक्रमणकारी मुहम्मद बिन बख़्तियार खिलजी ने 1100 CE नालंदा विश्वविद्यालय को आग में जला ख़ाक कर दिया था।

यहां विश्वविद्यालय के अवशेष आज भी मौजूद है, जहां सुदूर देशों से छात्र अध्ययन के लिये भारत आते थे। खिलजी के घृणित कृत्य के कारण इतिहास ने अनगिनत किताबे, शोध पत्र, वैदिक साहित्य, शास्त्र और भी बहुमूल्य पुस्तके तीन महीनो तक लगी आग में गवां दी। प्रसिद्ध चीनी यात्री ह्वेनसांग ने 7वीं शताब्दी में यहां जीवन का महत्त्वपूर्ण एक वर्ष एक विद्यार्थी और एक शिक्षक के रूप में व्यतीत किया था। भगवान बुद्ध ने सम्राट अशोक को यहां उपदेश दिया था। भगवान महावीर भी यहीं रहे थे। प्रसिद्ध बौद्ध सारिपुत्र का जन्म यहीं पर हुआ था। बिहार का इतिहास स्वर्णिम रहा हैं, पर वर्तमान में राजनीतिक स्वार्थ ने इस प्रदेश को बर्बाद कर दिया।

यह भीड़ भाड़, बेतरतीब, अस्त-व्यस्त और संकीर्ण सड़कों वाला शहर हैं। असंगठित यातायात की चुनौतियों के बावजूद हम लगभग 20 मिनट में मंगला गौरी मंदिर तक पहुंच गए। यह प्राचीन मंदिर भस्मकूट पर्वत पर स्थित है। वर्तमान में ये पहाड़ी ज्यादा ऊँची नहीं है और लगभग 70 या 80 सीढ़ियां चढ़ कर ऊपर पहुँच जाते हैं। सीढ़ियां काफी चौड़ी है और इन पर चढ़ना आसान हैं। मंगला गौरी वह पवित्र स्थान हैं, जहां माँ सती का वक्ष गिरा था। मंदिर परिसर

काफी विशाल है। यहां के वातावरण में मुझे शांति और अपनियता महसूस हुई। मैंने जैसे ही मंदिर परिसर में प्रवेश किया एक अजीब अनुभूति हुई जिसे शायद शब्दों में बयां करना मुश्किल हैं, पर ऐसे लगा जैसे एक बच्चा अपनी माँ के आँचल में आ गया। इस परिसर में माँ काली, गणेश, हनुमान, और शिव को समर्पित अन्य मंदिर भी है।

आज बुधवार है और हम सुबह 10 बजे पहुँच गए इस कारण हमे भीड़ का सामना नहीं करना पड़ा। स्थानीय लोगो के हिसाब से मंगलवार और शुक्रवार को काफी ज्यादा भीड़ रहती हैं। मंगलवार और शक्रवार को देवी के दिन माने जाते है इसलिए इन दोनों दिन काफी दर्शनार्थी यहां आते हैं।

वैसे यहां भी VIP लाइन की सुविधा है, परन्तु आज सामान्य दर्शन आराम से हो रहे है इस कारण हम कतार में लग गए। प्रमुख मंदिर जिसमे देवी के वक्ष की पूजा होती हैं, आकार में काफी छोटा हैं और एक गुफा जैसा प्रतीत होता हैं। उसमे एक छोटा सा द्वार है जहां से केवल एक बार में पांच से छ व्यक्तियों को ही अन्दर जाने दिया जाता हैं। हमे दो तीन मिनट की प्रतीक्षा करनी पड़ी फिर हमे सुरक्षा कर्मी ने अन्दर जाने दिया। हमे लगा बस यही गर्भ गृह हैं, पर नहीं यह बहुत ही छोटा सा एक कमरा है, जिसकी छत काफी नीची है और कोई खिड़की न होने से अन्दर बिलकुल अँधेरा है। हमे थोडा इंतज़ार करना था। मुझे अगला दरवाज़ा गर्भ गृह का लगा जिसमे दरवाज़े की उच्चाई काफी कम है। देख कर समझ आ गया की इस दरवाज़े से अन्दर जाने के लिए बिलकुल झुक कर अन्दर जाना पड़ेगा और यह इतना छोटा है की एक समय में एक व्यक्ति या तो अन्दर जा सकता है या फिर बाहर आ सकता हैं। अन्दर भी केवल दो या तीन लोग ही जा सकते हैं। हमने गर्भ गृह में प्रवेश कर लिया जिसमे गहरा अँधेरा था, और एक कोने में घी के दिए की रोशनी से ही दर्शन हो पा रहे थे। वही पर एक पुजारी देवी के विग्रह के नज़दीक बैठा था। देवी के अंग को लाल चुनरी से ढक रखा था।

अन्दर जाने से पहले मन में विचार आया था कि इतने अँधेरे में दर्शन कैसे हो पाएंगे। परन्तु जब अन्दर गए तो देवी माँ की कृपा से बहुत अच्छे दर्शन हुए और हमे काफी देर खड़े रहने का भी मौका मिला। पुजारी ने हमें गुड़हल का फूल, नारियल प्रसाद में दिया। दर्शन से मन में एक असीम शांति का भाव आ गया और ऐसा लगा जैसे देवी माँ ने साक्षात् सिर पर हाथ रख दिया हैं।

इस शक्ति पीठ की ऊर्जा बहुत ही अलग है, जिसे मुझे लगता है हर व्यक्ति अपनी अपनी तरह से अनुभव कर पायेगा। यहां देवी माँ का वक्ष गिरा था इसलिए इसे पालन पीठ भी कहते हैं। जैसे एक माँ अपने नवजात शिशु का ख्याल रखती है ऐसे ही यहां को माना जाता है और महसूस किया जाता हैं। यह तीन सबसे शक्तिशाली शक्ति पीठ में आता है, दुसरे दो कामख्या शक्ति पीठ और गढ़कलिका शक्ति पीठ है। यह तीनो शक्ति पीठ माता के अपने बच्चे के प्रति कर्तव्यों को दर्शाते हैं।

दर्शन के बाद मुझे देवीय ऊर्जा महसूस हुई। अपने अंदर एक परिवर्तन का अहसास हुआ, और लगा जैसे दैवीय ऊर्जा मुझे मानसिक, शारीरिक और आत्मिक रूप से दृढ़ बना रही है। मंदिर के भीतर की आभा स्पष्ट रूप से अलोकिक थी, ऐसी ऊर्जा जो दिव्यता लिए भक्ति और वात्सल्य का मिश्रण है। गर्भ गृह में मुझे शरीर को झकझोर देने वाली ऊर्जा का अहसास हुआ, और यह अहसास हमेशा मेरे साथ रहेगा।

मेरी आत्मा आध्यात्मिक अनुभव से ओत प्रोत हो गयी और मैं इस समय के अहसास और यादो को अपने अंदर लेकर, विश्वास, प्रेम और भक्ति के साथ अपने अगले सफ़र पर चल पड़ी।

अलोपी शंकरी देवी (अंगुलियाँ)

स्थान प्रयागराज (जिला प्रयागराज)

राज्य उत्तर प्रदेश

अलोपी शंकरी देवी दक्षिणी राज्यों में माँ माधवेश्वरी के नाम से जानी जाती हैं। गंगा, यमुना और सरस्वती के संगम किनारे बसे शहर प्रयाग राज में अष्ट दशा का अठारवाह और आखिरी शक्ति पीठ हैं। इस अद्भुत मंदिर में देवी की मूर्ती के स्थान पर एक डोली की पूजा होती हैं। काशी यात्रा के दौरान एक दिन प्रयागराज के लिए रखा और कार के द्वारा सड़क मार्ग से जाने की योजना बनाई, काशी से प्रयागराज का रास्ता ढाई घंटे का था।

मंदिर शहर के कोलाहल के बीच स्थित है, मगर जब हम मंदिर परिसर पहुंचे तो भीड़ ज्यादा नहीं दिखी। मुख्य द्वार से अन्दर घुसने पर परिसर आँगन जैसा प्रतीत हुआ और ऐसा लग रहा था, जैसे मुख्य मंदिर आँगन के मध्य स्थित है। परिसर में फल, फूल, प्रसाद की छोटी छोटी काफी दुकाने थी। मुझे यहां कुछ अलग सा देखने को मिला, जब हम अन्दर पहुंचे दुकानदार हाथ के इशारे से कुछ कर रहे थे। देखने में मुझे काफी अजीब महसूस हुआ। ज्यादातर धार्मिक स्थलों पर दुकानदार जोर से आवाज़ देते हैं परन्तु हाथ के इशारे से ध्यान आकर्षित कर रहे थे।

तेज आवाज़ के बदले खामोश हाथ के इशारों से मैं काफी विस्मित हुई और मैंने दुकानदार से आवाज़ न देने का कारण पूछा। पता चला यहां मंदिर प्रशासन की तरफ से आवाज़ देने की मनाही है और इसी कारण यह लोग शालीनता से हाथ के इशारे से लोगो को अपनी दुकान पर बुलाते हैं।

मैंने भी पूजा की थाली ले ली जिसमे देवी माँ को अर्पित करने के लिए गुड़हल का फूल, नारियल, सिन्दूर, कपूर, चूड़ी, बिंदी और लाल चुन्नी थी। कतार छोटी देख समझ आ गया की दस मिनट में नंबर आ जायेगा। यहां माता सती के शरीर का आखिरी हिस्सा अंगुलियाँ गिरी और अदृश्य (अलोप) हो गयी थी। इसीलिए यहां देवी को अलोपी नाम से पुकारा जाता है।

जब मैं गर्भ गृह में पहुंची तो अलग तरह का दृश्य था। ज़मीन से दो या तीन फुट ऊँचा चबूतरा बना हुआ था जिसके दोनों तरफ एक एक पुजारी खड़े थे। और दरवाज़े से कतार दो भाग में विभाजित हो रही थी, हम किसी भी तरफ से जा सकते थे। वही ऊपर छत से एक डंडा लटका था जिसपर एक डोली बंधी थी और वह धीरे धीरे झूल रही थी। इस डोली के नीचे चबूतरे पर एक पानी का छोटा सा कुंड बना हैं जिसकी जानकारी पुजारी ने दी। वैसे मुझे कुंड नहीं दिखा क्योकि सब कुछ फूल और लाल चुनरी से ढका हुआ था। स्थानीय लोगो के अनुसार जब रात में मंदिर दर्शन के लिए

बंद हो जाता है तब यह डोली अपने आप दिव्य शक्ति के प्रभाव से झूलने लगती हैं।

प्रयाग स्थल पवित्रतम नदी गंगा, यमुना और गुप्त रूप से उपस्थित सरस्वती के संगम पर स्थित है। अतः यह त्रिवेणी संगम कहलाता है। ऋग वेद में सरस्वती नदी के बारे में वर्णन हैं कि यह नदी सर्वदा जल से भरी रहती और इसके किनारे अन्न की प्रचुर उत्पत्ति होती थी। कालांतर में यह विलूप्त हो गई, लोगों की धारणा है कि प्रयाग में अब भी अंतःसलिला होकर बहती है। इतिहासकारो और पुरातत्व सर्वेक्षण के अनुसार करीब 6000 BC पहले सरस्वती विलुप्त हो गयी।

प्राचीन कथा के अनुसार जब समुद्र मंथन से अमृत निकला तब अमृत कुम्भ (कलश, घड़ा, सुराही) लेकर असुर और देवताओं में युद्ध प्रारम्भ हो गया। देवता अमृत कलश लेकर भागे तब अमृत चार प्रमुख स्थानो पर छलक गया। अंत में विष्णु ने मोहिनी रूप धारण कर अमृत कलश ले लिया। अमृत इन चार स्थानों पर गिरा - प्रयाग (त्रिवेणी), हरिद्वार (गंगा), नाशिक (गोदावरी) और उज्जैन (शिप्रा)। हर तीन साल में बारी बारी से इन चारो जगह कुम्भ मेला लगता हैं। त्रिवेणी संगम प्रयागराज को तीर्थराज भी कहते है और यहां हर 12 साल में पूर्ण कुम्भ का आयोजन होता हैं। जब 12 पूर्ण कुम्भ पूरे होते है तब महा कुम्भ आता है जो की 144 साल में एक बार होता हैं।

आज की दुनिया में जब तकनीकी विकास चरम पर हैं, मीटिंग्स और घटनाओं को याद रखने के लिए डिजिटल कैलेंडरों पर हम निर्भर हो गए हैं। जटिल गणनाओ को करने के लिए हमारे पास वैज्ञानिक यन्त्र उपलब्ध हैं। जबकि 5000 वर्ष पहले हमारे ऋषियों ने अपनी बुद्धिमता और ज्ञान के बल पर वैदिक कैलेंडर विकसित किया, जिसमे वो ग्रह और नक्षत्रो की हिसाब से अपनी गणनाये करते जो बिलकुल सटीक होती थी। उनके द्वारा बनाया कैलेंडर सरल और सटीक गणना करता, जो उनके ज्ञान और बुद्धिमता का प्रतीक था।

कुंभ मेले में सूर्य और बृहस्पति को महत्वपूर्ण माना जाता है। जब सूर्य और बृहस्पति ग्रह एक राशि से दूसरी राशि में प्रवेश करते हैं

तब कुंभ मेले का आयोजन होता है। जब बृहस्पति वृष राशि में प्रवेश करते हैं और सूर्य मकर राशि में होते हैं तब कुंभ मेले का आयोजन प्रयाग में होता है। बृहस्पति एक विशाल ग्रह है जिसका गुरुत्वाकर्षण बल बहुत ज्यादा हैं। बृहस्पति ब्रह्मांड में अद्वितीय 12-वर्षीय चक्र में घूमता हैं और सूर्य के एक वर्षीय चक्र और 12 राशियों के साथ सहज सम्बन्ध बनाता हैं। बृहस्पति प्रत्येक राशि में एक वर्ष बिताता हैं; बृहस्पति और सूर्य दोनों घडी की सुईयो की तरह आकाश में कार्य करते हैं।

आकाशीय गतिविधियों की इस गूढ समझ ने प्राचीन ऋषि मुनियों को महाकुम्भ की जटिल गणना में मदद की, जो आकाश में ग्रहों की स्थिति के अनुसार पृथ्वी पर इन चार स्थानों में होने वाले शुभ दिन की समझ रख पाएं। पूर्ण कुम्भ, उदाहरण के लिए, प्रयाग में वृषभ राशि में बृहस्पति और मकर राशि में सूर्य के साथ प्रारंभ होता है, और हर 12 वर्ष में होता हैं जब बृहस्पति वृषभ में लौटता है। कुम्भ मेला जल और आकाशीय घटनाओं के संगम का अद्भुत पर्व हैं - मेला जो भावनाओ और आध्यात्मिकता का सामंजस्य स्थापित करता है।

कुम्भ मेला में सबसे ज्यादा जिज्ञासा, आकर्षण और कौतुहल नागा साधुओ की उपस्थिति को लेकर होती हैं और ये प्रायः कुम्भ में ही दिखायी देते हैं। शिव भक्त नागा साधु वस्त्र धारण नहीं करते अर्थात आकाश ही इनका वस्त्र होता हैं। कपड़ों के नाम पर पूरे शरीर पर राख लपेटे, शरीर और सिर पर रुद्राक्ष धारण किये ये साधु कुम्भ मेले में सिर्फ शाही स्नान के समय ही खुलकर श्रद्धालुओं के सामने आते हैं। आमतौर पर यह लोगो से दूरी ही बना कर रखते हैं।

आदिगुरू शंकराचार्य जिनका जन्म 8वीं शताब्दी में हुआ, उस समय भारतीय जनमानस की दशा और दिशा बहुत बेहतर नहीं थी। भारत की धन संपदा को लुटने आक्रमणकारी इस धरा पर आकर लूट खसोट के साथ भारत की दिव्य संस्कृति से भी खिलवाड़ कर रहे थे। ऐसे में शंकराचार्य ने सनातन धर्म की स्थापना के लिए कई कदम उठाए जिनमें से एक था देश के चार कोनों पर चार पीठों का निर्माण करना।

मन्दिरों की सम्पत्ति को लूटने वालों और श्रद्धालुओं को सताने वालों का मुकाबला करने के लिए विभिन्न संप्रदायों की सशस्त्र शाखाओं के रूप में अखाड़ों की स्थापना की शुरूआत की।

उन्होंने जोर दिया कि साधु व्यायाम करके अपने शरीर को सुदृढ़ बनायें और हथियार चलाने में भी कुशलता हासिल करें। और इन सशस्त्र साधुओं को नागा साधू का नाम दिया।

शंकराचार्य ने अखाड़ों को सुझाव दिया कि मठ, मंदिरों और श्रद्धालुओं की रक्षा के लिए जरूरत पड़ने पर शक्ति का प्रयोग करें। इस तरह बाह्य आक्रमणों के उस दौर में इन अखाड़ों ने एक सुरक्षा कवच का काम किया। कई बार स्थानीय राजा-महाराज विदेशी आक्रमण की स्थिति में नागा योद्धा साधुओं का सहयोग लिया करते थे। इतिहास में ऐसे कई गौरवपूर्ण युद्धों का वर्णन मिलता है जिनमें नागा योद्धाओं ने हिस्सा लिया।

सालो साल की तपस्या और बलिदान के बाद नागा साधू बनते है। इनके अलावा अघोरी भी कुम्भ में देखने को मिलते है। अघोरी भी शिव भक्त होते हैं और शमशान घाट पर भस्म लगा कर साधना में लीन रहते हैं।

नागा साधु उच्च कोटि के साधक हैं और कुम्भ में पवित्र जल में स्नान करने का पहला अधिकार इन्ही का माना जाता हैं क्योंकि अमृत पर इनका विशेषाधिकार है।

हम नाव के द्वारा नदी में उस स्थान पर पहुंचे जहा तीनो नदियों का मिलन है और प्रथा के अनुसार नदी में दूध अर्पण किया और अपने परिवार की खुशहाली की प्रार्थना की।

शक्ति पीठ की एक रोचक कथा प्रसिद्ध है, प्राचीन काल में यह क्षेत्र वन हुआ करता था और यहां बहुत डकैत सक्रिय थे। एक बार, इस जंगल से नव विवाहित दुल्हन की डोली जा रही थी, और डकैत के समूह ने हमला कर दिया। जब उन्होंने डोली को लूटने का प्रयास किया, तो उन्होंने उसे खाली पाया। सभी उपस्थित लोग घबरा गए।

उन्हें देवी माँ की शक्ति का अहसास हो गया और वह सब वहां से भाग खड़े हुए। उस दिन के बाद से, इस स्थान को अलोपी देवी, के नाम से जाना गया।

संगम के पास ही लेटी हुई मुद्रा में हनुमान जी का मंदिर है, वहां से दर्शन कर हम वापिस काशी के लिए रवाना हो गए। रास्तें में कुल्हड़ चाय का आनंद भी लिया। उतर प्रदेश में हर कोने में चाय बहुत अच्छी मिलती हैं।

नव
विशालाक्षी देवी (कर्ण/कर्णफूल) और विश्वनाथ ज्योतिर्लिंग

स्थान वाराणसी (जिला वाराणसी)

राज्य उत्तर प्रदेश

पद्मपत्र विशालाक्षि पद्यकेसरवर्णिनी। नित्यं पद्मालया देवी सा मां पातु सरस्वती।।

धार्मिक यात्रा पर निकलने से पहले दिमाग के सारे संदेह साफ़ कर लेने चाहिए और दिमाग को कोरे कागज़ समान बना लेना चाहिए ताकि हम यात्रा के अनुभवों को अपने दिमाग के पन्नो पर अंकित कर सके। यात्रा के दौरान ऐसा लगना चाहिए जैसे कुछ नहीं जानते और एक छोटे बच्चे की तरह हर अनुभव से सीखने और समझने कि कोशिश करनी चाहिए। इस अज्ञानता की स्थिति में, प्रत्येक जानकारी कृतज्ञता का एक अवसर बन जाती है और दिव्य शक्तियाँ अनसुलझे रहस्यों के समक्ष विनम्रता से झुकने का अवसर देती है। सारे संदेह, पूर्वाग्रह समाप्त होने लगते है, और हम ईश्वर के साथ गहरा संबंध स्थापित करने लगते है।

क्योकि मैं एक इंजिनियर हूँ और मैंने तकनीकी पढाई की हैं और अब अध्यात्म की और अग्रसर हूँ; जितने शिवलिंग के दर्शन कर रही हूँ मुझे शिव लिंग और परमाणु रिएक्टर की संरचना में समानता दिख रही है। शिव लिंग और परमाणु रिएक्टर दोनों से एक समान ऊर्जा प्रवाहित होती हैं और दोनों ही ऊर्जा संरक्षण के लिए एक शक्तिशाली विन्यास है। दोनों की संरचना बेलनाकार है। जैसे शिवलिंग पर जल चढ़ा कर ठंडा रखा जाता है वैसे ही परमाणु रिएक्टर भी जल से ठन्डे रखे जाते हैं। शिव लिंग को यदि वैज्ञानिक दृष्टि से देखे तो यह परमाणु रेक्टर ही हैं। बेल पत्र, धतुरा, आक, गुडहल सभी में न्युक्लियर ऊर्जा सोखने की शक्ति है।

जब हम मंत्रो का जाप करते हैं उससे ध्वनि तरंगे उत्पन होती हैं। मंत्रो का एक ख़ास क्रम और लय होती है, जिसका उच्चारण करने पर स्पंदन पैदा होता है और हम हमारे द्वारा उत्पन स्पंदन को ग्रहण करने की क्षमता के अनुरूप प्रभावित होते हैं। इससे हमारा मन, मस्तिष्क, विचार और भावनाएं पर सकारत्मक असर पड़ता हैं जिसे वैज्ञानिकों ने काफी शोध के बाद प्रमाणित भी किया है। मंत्रों से मानसिक शांति मिलती है। मन्त्र सक्रिय मन को स्थिर कर ध्यान की गहन अवस्था में ले जाने में सहायक हैं।

वाराणसी जिसे काशी या फिर बनारस के नाम से भी जाना जाता है, बहुत ही प्रसिद्ध और प्राचीनतम सभ्यता वाला शहर है। आज भी कुछ लोग इसे काशी या बनारस कहते है जबकि अधिकारिक तौर पर इसका नाम वाराणसी हो गया हैं। काशी शब्द का मतलब ज्ञान का प्रकाश देने वाली नगरी। पौराणिक कथाओं के अनुसार जब भी विश्व में कोई भी संकट आता है तो शिव काशी को अपने त्रिशूल पर धारण कर लेते हैं तथा आपदा टल जाने के बाद इसे पुनः अपने स्थान पर स्थापित कर देते हैं। जब अंग्रेजो ने इस देश पर राज किया तब यहां का नाम बदल कर बनारस हो गया। देश को आज़ादी मिलने के बाद इसको वाराणसी नाम मिला जो की दो नदियों वरुण और अस्सी नाम को जोड़ कर बना हैं। वरुण नदी गंगा में उत्तरी दिशा में मिलती है और अस्सी नदी दक्षिण दिशा में।

यह शहर किसी चित्रकार द्वारा बनायीं गयी घाटों की नगरी जैसी अद्भुत कृति प्रतीत होती है। जो एक बार यहां आ जाता उसका दिल बस यही रह जाता हैं। यहां पर 85 घाट है, घाट यानि नदी तक जाने के लिए बनाई गयी सीढियों ताकि लोग आराम से नदी तक जा कर जल भर सके या फिर नावों पर चढ़-उतर सके। यहां पवित्र नदी गंगा का पाट बहुत चौड़ा और विस्तृत हैं। यहां हर 20 कदम पर छोटा या बड़े मंदिर देखने को मिलते हैं। बनारस की गलियों जैसी सुनी उससे भी ज्यादा सुन्दर पाई और फिर मुझे तो फोटोग्राफी का बेहद शौक है, मैं हर गली हर कोने को अपने कैमरे में कैद करने को आतुर थी। घाट पर बैठ कर घंटो तक यहां बसी सुन्दरता को निहारा जा सकता हैं। काशी को मंदिरों का शहर, धार्मिक राजधानी, शिव की नगरी, दीपों का शहर, ज्ञान नगरी नाम से भी संबोधित किया जा सकता है। मुझे तो लग रहा हैं, जैसे मैं काशी पर पूरी किताब लिख सकती हूँ परन्तु मैं पूरी कोशिश करूँगी की एक अध्याय में ज्यादा से ज्यादा लिख सकू।

जैसा मैंने बताया काशी घाटो की नगरी है और हर घाट की अपनी पौराणिक कथा है, पर समय की कमी के कारण जिन घाट पर मैं

जा पाई वही के बारे में लिख रही हूँ। दशश्वमेध घाट काशी का हृदय है, यहां हर समय हर तरफ बस लोग ही लोग नज़र आते हैं। यह विश्वनाथजी के मंदिर से बस थोड़ी सी दूरी पर ही हैं। पुराणों के अनुसार ब्रह्मा ने यहां दश अश्वमेध यज्ञ किया था तभी से इसका नाम दशश्वमेध हुआ। दिन के समय यहां बहुत से ब्राह्मण अपनी छतरी खोल कर उसके नीचे बैठे रहते है और लोगो उनसे पूजा पाठ करवाते दिख जाते हैं। यहां की दुनिया अपने आप में अनोखी और दिव्य हैं। दिल ढल जाने पर यहां गंगा आरती होती हैं। वैसे तो सभी घाट पर गंगा आरती होती हैं, पर यहां की आरती बहुत भव्य और दिव्य और माहौल मेले जैसा देखने को मिलता हैं। मुख्य रूप से सात पुजारी बहुत ही सुन्दर पोशाक पहन कर एक लय में बड़े दीपक और शंखनाद, घंटी, डमरू की आवाज के साथ और मां गंगा के जयकारे के बीच गंगा की आरती करते है। यह केवल धार्मिक ही नहीं बल्कि किसी भी सैलानी का भाव विभोर कर देता है और बस इस क्षण में खो जाने का मन करता हैं। आरती के समय इतनी भीड़ होती है की बैठने का स्थान भी बड़ी मुश्किल से मिल पाता हैं, वैसे सामने खड़ी नाव में भी बैठ कर आरती को देख सकते थे, परन्तु मेरे विचार से सीढ़ियां पर बैठ कर ज्यादा आनंद आता हैं। मुझे लगता है सनातन धर्म में नदियों को मां मानने की प्रथा के कारण ही आज नदियां ज़िंदा हैं।

अस्सी घाट, यहां देश और विदेश के छात्र काफी दिख जाते है और यह उनमे काफी लोकप्रिय हैं। काशी आध्यात्मिक नगरी के साथ शिक्षा में भी अपना महत्वपूर्ण स्थान रखती हैं। यहां का बनारस हिन्दू विश्वविध्यालय देश के सबसे प्रतिष्ठित केंद्रीय विश्वविद्यालयों में से एक है। माँ दुर्गा ने असुर शुम्भ और निशुम्भ का वध कर अपनी तलवार यही अस्सी नदी में डाल दी थी। यही पास में स्थित तुलसी घाट 16 वीं शताब्दी के महान कवि तुलसी दास जी के नाम पर रखा गया हैं। यहां गोस्वामी तुलसी दास ने श्रीरामचरित मानस के कई अंशो की रचना की और अपना आखिरी समय यही व्यतीत किया था।

मणिकर्णिका घाट पर लगातार चिता की अग्नि जलती रहती है, कभी भी बुझने नहीं पाती। इसी कारण इसको महाश्मशान नाम से भी जाना जाता है। एक चिता की अग्नि समाप्त होने से पहले दूसरी चिता में आग लगा दी जाती है व 24 घंटे, 365 दिन यह ऐसा ही चलता है। वैसे तो लोग श्मसान घाट नहीं जाते, पर यहां देश विदेश से लोग इस घाट का दर्शन करने आते है। इस घाट पर आकर मुझमें विरक्ति की भावना पैदा हो गयी और लगा जब जीवन का अंतिम सत्य यही है तो फिर हम क्यों इतनी दौड़ भाग करते हैं। मौत ही हर मनुष्य के जीवन की निश्चितता है और बाकि सब क्षणभंगुर हैं। यहां इस दृश्य को देखते है तो लगता है जैसे मौत से आमना सामना हो रहा हैं। इस घाट तक आने वाली गली काफी संकरी और भीड़ भाड़ वाली हैं। मैं यहां पहुंची तो मैंने देखा पांच चित्ता जल रही थी और कुछ मृत शरीर अपने क्रिया कर्म के लिए कतार में थे। यह स्थान अघोरी और तांत्रिक साधना का बहुत बड़ा केंद्र हैं। परन्तु शायद देर रात वह साधना के लिए यहां आते होंगे क्योंकि मेरी इच्छा थी अघोरी को देखने की पर दिन के उजाले में हमे वो नहीं दिखे।

नाव से जब गंगा की सैर करने निकले तब भी दूर से घाट पर जलती चित्ताएं देखी। नाव से सभी घाटो का विहंगम व अद्भुत नज़ारा देखने को मिलता हैं।

वैसे तो काशी को लेकर बहुत कहानियां है, स्थानीय लोगो के अनुसार पार्वती का कर्ण फूल यहां के कुंड में गिर गया और जिस कारण इस स्थान का नाम मणिकर्णिका पडा। काशी शिव के त्रिशूल पर बसी है, अत: प्रलय होने पर भी इसका नाश नहीं हो सकता है।

एक अन्य कथा के अनुसार राजा दिवोदास ने गंगा किनारे काशी बसाया था। जब शिव का विवाह हिमालय पुत्री पार्वती से हो गया तब शिव ने पार्वती के साथ मिलकर किसी दूसरे सिद्ध क्षेत्र में रहने का विचार बनाया। शिव को काशी हमेशा से बहुत प्रिय थी। शिव पार्वती के यहां रहने से बाकि देवताओ का यहां आना जाना शुरू हो गया। राजा दिवोदास को लगने लगा जैसे उनका आधिपत्य काशी से

खत्म हो रहा हैं। उन्होंने कठोर तपस्या करके ब्रह्मा से वरदान मांगा की जैसे देवताओ का देवलोक है वैसे ही पृथ्वी पर केवल मनुष्यों का अधिकार होना चाहिए। इसके फलस्वरूप शिव और उनके गणों को काशी छोड़ने के लिए विवश होना पडा। शिव पार्वती संग चले तो गए पर काशी से उनका मोह कम नहीं हुआ। कुछ समय पश्चात राजा दिवोदास को अपनी गलती का अहसास हुआ और उन्होंने शिवलिंग की स्थापना करके अर्चना की और तपस्या कर शिव को प्रसन्न किया और तभी से शिव यहां विश्वनाथ ज्योतिर्लिंग के रूप में स्थापित हो गए।

जब भी मन में काशी का विचार आता है मेरी आत्मा शिव तत्व की और आकर्षण महसूस करती हैं, इसी कारण पूरी किताब में मैंने वाराणसी को काशी कह कर संबोधित किया है। काशी कहने से शिव से सीधा जुड़ाव बनता हैं। काशी शब्द अपने आप में ही तन मन में तरंग उत्पन्न कर देता। काशी को दिल से समझना है और शिव के करीब आना है तो शहर के मध्य ही रहने का इंतज़ाम करना चाहिए। इसे ध्यान में रखते हुए मैंने अपनी इन्टरनेट पर खोज बीन शुरू कर दी और मुझे एक अच्छा होटल मिल गया जो की मंदिर और घाट के बिलकुल पास था।

मंदिर में कभी भी चले जाए बहुत भीड़ है, इसको ध्यान में रखते हुए मैंने सुगन दर्शन की टिकट ऑनलाइन आरक्षित कर ली। टिकट मैंने सुबह 7 बजे की ले ली और हम नियत समय पर मंदिर के गेट नंबर 4 पर पहुँच गए। सुबह के समय मंदिर के आस पास का वातावरण बहुत शांत और शीतल था। सुबह के समय उमस काफी कम थी, वर्ना यहां दिन में बहुत ज्यादा उमस रहती हैं। मंदिर के दरवाजे से लगभग 700 मीटर के दायरे में गाडी या इ-रिक्शा नहीं जा सकते। मैं पहले भी साल 2019 में आई थी तब बहुत तंग गलियाँ थी परन्तु बीते कुछ सालों में सरकार ने बहुत अच्छा काम किया है और इन संकरी गलियों को चौड़ा कर कॉरिडोर का निर्माण पूरा किया है। 1780 में अहिल्याबाई होल्कर ने काशी विश्वनाथ मंदिर का पुनरोद्धार कराया था। उसके लगभग तीन शताब्दी के बाद वर्तमान सरकार ने

मंदिर के विस्तारीकरण और पुनरोद्धार के लिये 2019 को विश्वनाथ मंदिर कॉरीडोर का शिलान्यास किया था। इसके पहले मंदिर के शिखर के दर्शन नहीं हो पाते थे, लेकिन अब मंदिर के शिखर के बहुत अच्छे दर्शन होते हैं। अब मंदिर के आस पास केवल शाकाहारी और सात्त्विक खाने के ही स्थान है और बाकी सभी को दूसरी जगह स्थानांतरित कर दिया गया हैं।

इन्टरनेट के द्वारा जानकारी से हमें पता चल गया की मंदिर में मोबाइल, बड़े बैग की मनाही है। फ़ोन हमने होटल में ही छोड़ दिया और पैसे जेब में रख सही समय हम मंदिर के लिए निकल गए। यहां काशी में इ-रिक्शा बड़ी आसानी से मिल जाते है और उसने हमे मंदिर से 700 मीटर की दूरी पर उतार दिया। हम यहां से मंदिर की तरफ पैदल चल पड़े। वैसे जिन्हें चलने में परेशानी है उनके लिए व्हील चेयर का इंतज़ाम था। अन्दर के लिए रिक्शा भी कर सकते थे पर हम पैदल चले ताकि आस पास के वातावरण का आनंद उठा सके। मंदिर के चार दरवाज़े हैं। क्योंकि हमारे पास सुगम दर्शन के टिकट थे तो हमे दरवाज़ा नंबर 4 से अन्दर जाना था। टिकट का print out लाना अनिवार्य हैं।

जब मैं मंदिर प्रांगण में पहुंची तो मंदिर की दिव्यता और भव्यता देख दंग रह गयी। यह काफी बड़ा आयताकार आँगन जैसा प्रतीत होने वाला सफ़ेद रंग का प्रांगण हैं, जहाँ बीच में विश्वनाथजी का गर्भगृह हैं। गर्भगृह का शिखर सुनहरे रंग का है और अभी सुबह के सूर्य की पहली किरण शिखर पर गिर रही है जिससे इसकी आभा देखते ही बन रही हैं। गर्भगृह में शिवलिंग चांदी की वेदी पर स्थित है। मंदिर की संरचना तीन भागों से बनी है। पहले में मंदिर पर एक शिखर शामिल है। दूसरी संरचना में सोने का गुंबद है, और तीसरा गर्भगृह के ऊपर सोने का शिखर है जिस पर एक ध्वज और एक त्रिशूल है।

गर्भ गृह के चारों ओर अन्य देवी देवताओं के मंदिर हैं। मैंने यहां परिसर में एक छोटा सा कुआँ देखा, कहा जाता है कि मंदिर के मुख्य

पुजारी ने मुग़ल आक्रमणकारियों से ज्योतिर्लिंग की रक्षा करने के लिए लिंगम के साथ कुएं में छलांग लगा दी थी।

यहां मंदिर का रख रखाव काफी अच्छा है और मंदिर की सफाई पर भी बहुत ध्यान दिया जा रहा है। सफ़ेद मार्बल का फर्श और उस पर लगातार सफाई होने के कारण सब कुछ बहुत अच्छा लग रहा हैं। मंदिर के दर्शन चार तरफ से कतार बना कर हो रहे हैं। भीड़ ज्यादा होने के कारण बस विग्रह के सामने मुश्किल से एक सेकंड ही रुकने का समय मिलता हैं।

मंदिर को कई बड़े आक्रमणों का सामना करना पड़ा और बहुत बार ध्वस्त किया गया। औरंगजेब सनातन धर्म का कट्टर विरोधी था और इसके चलते उसने विश्वनाथ मंदिर को लुटा और ध्वस्त भी करने का कार्य किया। इतिहासकारों के मुताबिक काशी विश्वनाथ मंदिर ध्वस्त करने के बाद 1680 के दशक में इसी जगह ज्ञानवापी मस्जिद का निर्माण हुआ। इस मस्जिद के निर्माण में मंदिरों के अवशेष, बचे हुए कॉलम जैसी चीजें इस्तेमाल की गईं थी।

दर्शन के बाद बाहर आकर हमने काशी की गलियों में सुबह का नाश्ता किया। कुल्हड़ की चाय के साथ गर्मागर्म पूरी और आलू की सब्जी खा कर बड़ी तृप्ति का अनुभव हुआ। और साथ ही साथ गर्म गर्म जलेबी खा कर बड़ा मजा आ गया। यहां मैंने एक बात देखी की प्लास्टिक के बर्तन में खाना नहीं दिया जाता बल्कि मिटटी के बर्तन या फिर सूखे पत्तो के बर्तन ही काम में लिए जाते हैं। यहां उमस के कारण बहुत ज्यादा गर्मी हो जाती है जबकि हम सितम्बर के महीने में आये हैं। दोपहर में घूमना काफी मुश्किल है।

शाम को जब मौसम थोडा ठीक हुआ हम फिर निकल लिए काशी की गलियों में। हम पहले दीना चाट भंडार रुके, और यहां की मुँह में पानी ले आये ऐसी चाट का आनंद लिया। पहली बार टमाटर चाट खाई और आज तक इसका स्वाद मेरी जीभ पर हैं।

अब हमे विशालाक्षी शक्ति पीठ के दर्शन करने थे, पूछने पर पता चला हमे विश्वनाथजी मंदिर के गेट नंबर 1 से पैदल जाना पड़ेगा। गेट नंबर 1 पर ही माँ अन्नपूर्ण का मंदिर हैं, जिन्हें अन्न की देवी कहा जाता हैं। यहां प्रसाद में कच्चे चावल मिलते है जसे हम अपनी रसोई में रख सकते हैं, ताकि हम पर हमेशा माँ अन्नपूर्ण की कृपा बनी रहे।

लोगो से पूछते हम शक्ति पीठ की और चल पड़े, एक गली से दूसरी गली। तंग गलियाँ, दोनों तरफ दुकाने और इतनी भीड़ ऐसा लग रहा था जैसे हम बस टकरा टकरा कर चल रहे हैं। दोनों तरफ यहां की प्रसिद्ध बनारसी साड़ियों और दुपट्टो की दुकाने देखने को मिल रही थी। हर गली में पुलिस काफी सजग तरीके से दिखाई दी। और पूछने पर वह मदद भी कर रहे थे। कही भी लिखा नहीं दिख रहा था की शक्ति पीठ किस दिशा में हैं, बस हम पूछ पूछ कर ही आगे बढ़ रहे थे। काफी देर चलने के बाद कुछ दक्षिण भारतीय महिलाएं दिखने लगी तो मुझे अंदाज़ा लग गया की मंदिर अब पास में ही हैं। यह शक्ति पीठ दक्षिणी राज्यों में बहुत मान्यता रखता हैं। मंदिर छोटा सा और शोर शराबे से दूर शांति का स्थल जैसा अहसास दिलाता हैं। माँ के बड़े सुन्दर दर्शन हुए और थोडी देर वह बैठ कर बड़ा सुकून मिला। अगर ध्यान से देखे तो देवी के विग्रह के पीछे एक और देवी की मूर्ती छुपी हुई है। अगर हमे पहले से पता न हो तो शायद हम न देख पाए। मुझे पता था इसी कारण मैंने ध्यान से देखा और मुझे दोनों मूर्तियों के बड़े अच्छे दर्शन हो गए।

कथाओ के अनुसार सती का कर्ण फूल यहां गिर गया था और तभी से विशालाक्षी शक्ति पीठ बना। यह धर्म, अध्यात्म, भक्ति एवं ध्यान का महत्वपूर्ण स्थान हैं। माँ विशालाक्षी, का श्रृंगार एक दक्षिण भारतीय महिला की तरह किया हुआ था। वैसे इस शक्ति पीठ को लेकर मतभेद है की सक्ति के शरीर का कौनसा हिस्सा गिरा था। कुछ की माने तो कर्ण फूल और कुछ की माने तो उनका चेहरा। ऐसा माना जाता है जो मूर्ति अभी वर्तमान मूर्ति के पीछे छिपी है वही प्राचीन मूर्ति है जो की सती के चेहरे का प्रारूप हैं। विशालाक्षी,

कामाक्षी (कांचीपुरम) और मीनाक्षी (मदुरै) तीनो स्थानों की दक्षिण राज्यों में बहुत मान्यता हैं।

कहते है काशी के दर्शन बिना काल भैरव को हाजिरी दिए अधूरे हैं, जिन्हें काशी का कोतवाल भी कहा जाता हैं। यहां के लोगो की माने तो काल भैरव ही काशी की रक्षा कर रहे हैं। काल भैरव, शिव का ही एक डर पैदा करने वाला रूप है जिनका मुख्य कार्य अपने भक्तो की रक्षा करना है। यहां तक की मौत भी काल भैरव से डर जाती हैं। मंदिर में विग्रह का मुख चांदी का, गले में नर मुंड माला पहने जिनकी सवारी काला कुत्ता हैं।

एक बार ब्रह्मा और विष्णु में बहस छिड़ गयी की उन दोनों में कौन श्रेष्ठ है। विवाद इतना बढ़ गया की शिव को निर्णायक बन दोनों के बीच आना पड़ा। शिव ने अपने आप को अग्नि स्तंभ के रूप में ब्रह्मा और विष्णु के बीच प्रकट किया और बोले जो इसका अंतिम छोर खोज लेगा, वही श्रेष्ठ होगा। ब्रह्मा बड़े दंभ के साथ अपने हंस पर बैठ ऊपर की ओर उड़ पड़े और विष्णु ने वराह का अवतार ले जमीन खोदना प्रारंभ कर दिया। लेकिन किसी को भी छोर नहीं मिल पा रहा था। अंत में हार कर विष्णु ने अपनी हार स्वीकार कर ली परन्तु ब्रह्मा ने स्तंभ से गिरता एक केतकी का फूल देखा। केतकी के फूल से ब्रह्मा ने कहा तुम मेरे साथ चलो और सबको बोल देना कि मैंने इस स्तंभ का अंतिम छोर खोज लिया है। ब्रह्मा ओर केतकी के झूठे बयान पर शिव से क्रोधित हो गए। और उन्होंने भैरव का रूप लेकर ब्रह्मा का पांचवां सिर काट दिया, और केतकी को श्राप दिया की वह उनकी पूजा में वर्जित रहेगा। लेकिन ब्रह्मा का कटा सिर भैरव के हाथ पर चिपक गया। कई वर्षों तक अनेक तीर्थों में भ्रमण करने पर भी वह सिर उन से अलग नहीं हुआ। किंतु जैसे ही उन्होंने काशी की सीमा में प्रवेश किया, ब्रह्महत्या ने उनका पीछा छोड़ दिया और वह कपाल भी अलग हो गया। तभी इस स्थान को कपालमोचन भी कहते हैं। भैरव को इसी जगह ब्रह्महत्या के पाप से मुक्ति मिली और तभी से इस स्थान पर रह गए।

दश
कामख्या देवी (योनी)

स्थान गुवाहाटी (जिला गुवाहाटी)

राज्य असम

"कामाख्ये वर्दे देवी नील पर्वत वासिनि त्वां देवी जगत् माता योनिमुद्रे नमोऽस्तु ते।"

अराधना करने का मूल कारण भक्ति हैं; भक्ति का परमानंद किसी भी नवरस से प्राप्त किया जा सकता है। जब हम सुंदर मूर्ति के सामने पूजा करते हैं, तो इसका मतलब है कि हम सौंदर्य भावना से पूजा कर रहे हैं (श्रृंगार रस)। और कभी हम भयानक, भयंकर रूप की पूजा करते हैं, यानी हम भय भावना से पूजा करते हैं (रौद्र रस)। नवरस के हर रस में अलग अलग भाव छिपे हैं।

श्रृंगार रस का मतलब हम सौंदर्य के माध्यम से प्रेम और भक्ति में डूब जाते है। जब मंदिर में मूर्ति के श्रृंगार को निहारते हैं तब भक्ति सौंदर्य भाव के रूप में अनुभव होती हैं। रास लीला में श्रृंगार रस भरपूर होता हैं, कृष्ण अपने पूरे सौंदर्य में बांसुरी बजाते हैं; राधा और गोपियाँ भाव विभोर हो उनके साथ मिलकर भक्ति में डूब कर नृत्य करती हैं। हम अधिकांशतः भगवान की आराधना उनके सौंदर्य रूप से करते हैं।

हास्य रस जीवन का जरूरी हिस्सा है, क्योंकि इसके बिना जीवन का कोई अर्थ नहीं। खुद पर हंसना या दूसरों को हंसाना मानव शरीर पर सकारात्मक प्रभाव डालता है। जब नटखट कृष्ण अपनी अदाओं से गोकुल वासियों को हंसाते थे तब भोले भाले प्राणी अपना कष्ट कुछ देर के लिए भूल जाते थे।

करुणा रस में दया, उदासी और दुःख का भाव होता है। भगवान राम को जब वनवास का आदेश मिला; माता-पिता और अयोध्या वासियों ने 14 वर्षों तक करुणा रस के भाव के साथ राम का स्मरण किया।

रौद्र रस क्रोध को दर्शाता है, जो विनाशकारी है, लेकिन जब कभी बुद्धिमत्ता के आवेग से बन्धा हो तब संरचनात्मक परिवर्तन लाने में मदद कर सकता है। रुद्र, शिव का विनाशकारी रूप है। हम जब क्रोध को ठीक से प्रबंधित करते हैं, तो यह हमारे जीवन और परिस्थितियों में सकारात्मक परिवर्तन लाता है। माँ काली हमेशा रौद्र रूप में दिखाई देती है, जो बुरे लोगों से निर्दोष लोगों की सुरक्षा करने के लिए धारण

करती हैं। जब सती ने स्वयं को भस्म कर लिया तब शिव ने रौद्र रस में अपनी भावनाएं प्रकट करी।

वीर रस वीरता, साहस, और आत्म-विश्वास को दर्शाता है। अर्जुन और सुभद्रा के पुत्र अभिमन्यु ने युद्ध के समय वीरता से चक्रव्यूह में प्रवेश किया लेकिन उन्हें बाहर निकलना नहीं आता था और वीरगति को प्राप्त हुए। यह वीर रस को चरितार्थ करने वाला प्रसंग हैं।

भयानक रस से भय और चिंता का भाव आता हैं, असहाय की भावना मन में पैदा होती है। जब शिव अपने गणों संग पार्वती से विवाह करने पहुंचे, बारात इतनी भयानक थी कि पार्वती की माँ घबरा गईं और भयानक रस के भाव को प्रदर्शित किया। अघोरी, तांत्रिक को देख सामान्य व्यक्ति के अन्दर इसी रस के भाव पैदा होते हैं।

बीभत्स्य रस घृणा या अप्रिय दृश्य की अभिव्यक्ति है। जब हम किसी अघोरी को कुछ असामान्य करते देखते है तो इस रस का अहसास होता है।

अद्भुत रस जिज्ञासा, रहस्य, और आश्चर्य को प्रतिष्ठित करता है। जब माँ यशोदा अपने कान्हा की लीलाएं देखती तो अद्भुत रस की भावना से ओत प्रोत हो जाती।

शांत रस शांति का भाव हैं, जिसमे मन, शरीर, और ब्रह्मांड के बीच पूर्ण समरस की भावना आ जाती है। शिव शांत रस के स्वरूप हैं, बुद्ध ने शांत रस को प्राप्त किया।

मैंने दिल्ली से अपनी मम्मी और कजिन रेखा के साथ सुबह जल्दी की फ्लाइट ली और दर्शन करके उसी दिन वापिस आने का प्रोग्राम बनाया। इन्टरनेट के द्वारा और कुछ दोस्तों से मिली जानकारी से पता चला मंदिर में बिना किसी ख़ास दिन के भी बहुत भीड़ रहती है और कम से कम चार से पांच घंटे में दर्शन का नंबर आता हैं। उसी दिन वापसी की फ्लाइट और पांच घंटे कतार में लगना अपने आप में बड़ा कठिन कार्य हैं।

मुझे जानकारी मिली की सुबह साढ़े पांच से सात बजे तक VIP टिकट की खिड़की खुलती है और 501/- एक आदमी के हिसाब से टिकट खरीद कर VIP लाइन के द्वारा कम समय में दर्शन किये जा सकते हैं। टिकट वही खिड़की से मिलती और अभी ऑनलाइन बुकिंग चालू नहीं हुई हैं। परेशानी यह थी की हमारी फ्लाइट दस बजे पहुँच रही है और तब तक खिड़की बंद हो जाएगी। मेरी एक दोस्त जिनके रिश्तेदार गुवाहाटी रहते है उन्होंने एक पुजारी का नंबर दिया जिन्होंने हमारे लिए टिकट का इंतज़ाम करवा दिया।

हमारी फ्लाइट सही समय गुवाहाटी एअरपोर्ट उतर गयी। अभी तक सब ठीक चल रहा था। मेरा ऐसा मानना है अगर भगवान हमको दर्शन देना चाहे तो कोई काम मुश्किल नहीं। निर्धारित कार ने हमे एअरपोर्ट से लिया और हम मंदिर के लिए सीधे रवाना हो गया। ड्राईवर ने बताया मंदिर का रास्ता करीब चालीस मिनट का हैं। सच बताऊ तो रास्ते भर दिल में बुरे ख्याल आते रहे क्या हुआ अगर दर्शन न हो पाए और लौटने की फ्लाइट का समय हो जाए, क्या हो अगर पुजारी को हम ढूँढ न पाए। और दूसरी तरफ माँ कामाख्या के दर्शन के विचार से ही मन आनंदित हो रहा था। मैंने माँ कामख्या की बड़ी महिमा सुनी है और आज मैं खुद साक्षात् माँ के दर्शन प्राप्त करने वाली हूँ।

जब से हम गुवाहाटी पहुंचे हैं तभी से धीमी धीमी बारिश की बुँदे गिर रही है जिससे वातावरण बड़ा खुशनुमा हो गया हैं। वैसे भी जब मन प्रसन्न होता है तो सब तरफ अच्छा ही नज़र आता हैं। यह मंदिर नीलांचल पर्वत श्रृंखला पर स्थित है। मंदिर पर ऊपर जाने के लिए कुछ सीढ़ियां चढ़नी पड़ती हैं। मेरे खयाल से पंद्रह से बीस सीढ़ियां है और जिन्हें काफी आसानी से चढ़ा जा सकता हैं।

यहां दुकानदार प्रसाद की टोकरी खरीदने के लिए पीछे पड़ जाते है और इसी कारण हमें खरीदनी पड़ गयी, पर दर्शन के वक़्त लगा अगर हाथ में टोकरी न होती तो ज्यादा सुविधा रहती और दर्शन करने पर ही ज्यादा ध्यान लगा पाती। मंदिर के दरवाज़े पर पुजारी

मिले जिनसे हमने पहले बात कर रखी थी, उन्होंने हमे एक AC हॉल में बिठा दिया जहां हमे कुछ देर इंतज़ार करना था। वही हाल की खिड़की से गर्भ गृह की कतार नज़र आ रही थी। भीड़ देख कर एक बार तो दिल घबरा सा गया। ऐसा लगा ख़ास दिनों में या जब कुछ ख़ास पर्व होते है तब कितनी भीड़ होती होगी।

यह शक्ति पीठ तंत्र साधना का महतवपूर्ण स्थान हैं, अघोरी और तांत्रिक अपनी साधना को सिद्ध करने के लिए आते हैं। तांत्रिक साधना का उद्देश्य सिद्धि से साक्षात्कार करना है। तांत्रिक साधना को करने के दो तरीके हैं, पहला वाम-मार्ग जिसमे साधना का अत्यंत कठिन तरीका हैं। इसमें साधक अपने शरीर को उच्चतम स्तर तक ले जाने में पूर्णतया सक्षम हो जाता है और वह मदिरा, मांस, मत्स्य, बलि से न खुद परहेज करता है अपितु देवता को भी अर्पित करता हैं।

दूसरा दक्षिण-मार्ग जिसमे शराब, मांस का सेवन वर्जित हैं, और सात्त्विक तरीके से देवता की साधना की जाती है। दक्षिण-मार्ग के अभ्यास सामाजिक मानकों के साथ मेल खाते हैं और इसलिए सामान्यत: स्वीकृति प्राप्त होती है।

ऐसा कहना मुश्किल है कौनसा मार्ग बेहतर है या ज्यादा प्रभावशाली है, यह एक साधक पर निर्भर करता है की वो किस मार्ग से साधना कर चेतना के उच्च शिखर को प्राप्त करता है।

तंत्र, मंत्र यन्त्र बोलने और सुनने में एक से लगते है और सभी के द्वारा साधना कि जाती है परन्तु सबका तरीका अलग हैं। इन सभी के द्वारा मन और मस्तिष्क को एक चित कर आध्यात्मिक शक्ति जागृत कर सकते हैं।

मंत्रो का उच्चारण करने से ध्वनि उत्पन होती हैं, और ध्वनि से तरंगे उठती है। फिर यह तरंगे अंतरिक्ष में व्याप्त तरंगो से मिलकर ऊर्जा का संचार करती है। प्राचीन समय में जब गुरुकुल हुआ करते थे, वहां शिक्षक अपने शिष्यों को मौखिक रूप से शिक्षा देते, और

सभी शिष्य मंत्रो को एक साथ एक लय में उच्चारित करके ग्रहण करते थे। यंत्र यानि उपकरण, ज्यामितीय आकृतियाँ, या फिर 2डी 3डी छवि। यंत्र ध्यान लगाने में सहायता करता हैं, यंत्र देवता का प्रतिनिधित्व करते हैं जिसका उद्देश्य ध्यान है। यंत्र में सामान्य रूप से अनेक ज्यामितीय आकृतियाँ, जैसे त्रिकोण, वृत्त, षट्भुज, अष्टभुज और कमल की प्रतीकात्मक पंखुड़ियाँ शामिल होती हैं। श्री यंत्र काफी लोकप्रिय यन्त्र है, जो देवी का प्रतिनिधित्व करता है। तंत्र एक प्रक्रिया है जिसके द्वारा सिद्धि प्राप्त की जा सकती हैं। यह प्रक्रिया मन को एक चित कर ध्यान अवस्था के उच्चतम स्तर पर ले जाने में सहायक होती है। मंत्र-तंत्र-यंत्र में असीम अलौकिक शक्तियां निहित हैं।

खिड़की से बाहर देखा एक पुजारी बकरी के बच्चे को पकड़ कर ले जा रहे थे और उसके जजमान भी साथ चल रहे थे। इस स्थान पर बलि देने का बड़ा महत्व हैं। कुछ लोग कबूतर भी बेच रहे है और पता लगा कि उनकी भी बलि दी जाती हैं। इंसानियत के नाते मेरा मानना है की निर्दोष जानवर को बलि के नाम पर क्यों मारा जाता हैं। जब मैंने उस बकरी के बच्चे को देखा तो बस मेरे मन मैं उस बकरी की माँ का ख्याल आया और मन थोड़ा दुखी हो गया। जो लोग मांसाहार का सेवन करते है मुझे लगता है कोई कैसे किसी को मार कर उसे कष्ट दे कर खा सकता है और कैसे वो भोजन उस मनुष्य के शरीर को फायदा देगा। ऐसे ही बलि देनी है तो हमे अपनी ईर्ष्या की, लालच भरी भावना की, किसी को नुक्सान पहुचाने वाली सोच की देनी चाहिए न की किसी निरीह निर्दोष जानवर की।

घडी में दोपहर के बारह बज गए और अब इस हॉल में हम करीब तीन सौ लोग बैठ कर अपना नंबर आने का इंतज़ार कर रहे हैं। तभी दो सुरक्षा कर्मी आये और उन्होंने हमे कतार में लगने का इशारा किया। हमे हॉल से आगे एक लाइन में ले गए और अब हमे यहां प्रतीक्षा करनी है। इस जगह प्रतीक्षा करना काफी मुश्किल है, क्योकि यह

जगह हवादार नहीं है और उमस और भीड़ के कारण घुटन लग रही हैं। और तो और यह एक लोहे से बने पिंजरेनुमा स्थान है जिसमे आगे पीछे दोनों दरवाजों पर कर्मी ने ताला लगा दिया। यह तब हैं, जब हमारे पास VIP टिकट है, सामान्य लाइन का तो बड़ा बुरा हाल हैं। मुझे थोड़ी चिंता मेरी मम्मी की हो गयी, क्योंकि एक ही स्थान पर खड़े रहना और उमस के कारण बहुत ज्यादा गर्मी से घबराहट होने लगी और फिर यह भी नहीं पता की कितनी देर खड़े रहना हैं। मुझे लगा अगर कुछ हो गया तो ताला लगा होने से हम बाहर भी नहीं निकल पायेंगे। मंदिर प्रशासन को इस अनदेखी पर विचार करना चाहिए।

बीस पच्चीस मिनट के बाद आगे का दरवाज़ा खुल गया और अब हम दुसरे पिंजरे में आ गए। बस इतना अंतर है कि इसमें एक तरफ संकड़ी बेन्च हैं जिसपर बैठा जा सकता है और AC होने से उमस और गर्मी से रहत मिल गयी। यहां हमे करीबन चालीस मिनट की प्रतीक्षा करनी पड़ी। कुछ देर बाद आगे का दरवाज़ा खुल गया और धीरे धीरे कतार आगे चले लगी। अभी भी पता नहीं चल पा रहा था की बस दर्शन का नंबर आ गया या फिर अभी और प्रतीक्षा बाकी हैं। कुछ लोग बोल रहे थे मंदिर एक बजे बंद हो जाता है तो लगा अभी और प्रतीक्षा करनी पड़ेगी। बाहर अभी भी हलकी बारिश गिरते दिख रही थी। लाइन आगे बढ़ते मेरी नज़र छत की तरफ गयी तो शरीर में सिहरन पैदा हो गयी। बिजली के खुले तार लटक रहे थे और बारिश का पानी उनपर से टपक रहा था। मन में डर बैठ गया की क्या हो अगर अभी कुछ हादसा हो जाये। और बचना नामुमकिन है, क्योकि हम एक बंद पिंजरे में हैं।

मंदिर काफी विशाल और प्राचीन हैं। यह काले पत्थर का बना है और नज़दीक से देखने पर पता चलता है कि एक पत्थर दुसरे पत्थर पर बिना सीमेंट बजरी के रखा गया है। वर्तमान संरचना और मूर्तिकला से इसके अति प्राचीन होने की जानकारी मिलती हैं। मंदिर की

वास्तु शैली को नीलाचल कहा जाता है जो की एक मिश्रित शैली हैं। इसमें मंदिर के आधार का डिजाईन क्रूसिफ़ॉर्म की तरह है और ऊपर अर्धगोलाकार गुंबद नज़र आता हैं।

हम दो तीन सीढ़ी उतर कर एक काफी बड़े गुफानुम कमरे में आ गए लगा यही गर्भ गृह हैं। तभी हमे हमारे पुजारी दिख गए, उन्होंने बताया यह देवी की चल मूर्ति है, जो उनके नाम की व्याख्या करती है। हमने जो बाहर से गुम्बद देखा था हम इस समय वही उपस्थित थे। यहां से छत देखने में बहुत ऊँची गुम्बद जैसी दिख रही हैं। पुजारी ने कहा गर्भ गृह अभी बीस फीट और नीचे हैं। यहां कोई मूर्ति नहीं बल्कि सती की योनी गिरी थी, और उसकी पूजा होती हैं। इधर दर्शन आँखों से नहीं बल्कि देवी माँ को छु कर किये जाते हैं। पुजारी ने बताया की देवी की योनी जिसे महा मुद्रा कहते है उससे जल आ रहा है और जब हम गर्भ गृह पहुंचे तो जल को छुकर माँ का आशीर्वाद ले।

शिखर के भीतर का आंतरिक गर्भगृह, जमीनी स्तर से नीचे व बेहद छोटा हैं। यहां बिलकुल अंधेरा रहता है और साथ ही पत्थर भी काला होने से कुछ नज़र नहीं आ रहा। गिर ना जायें इस डर से पैर को सरका कर ही चलते रहे उपर से पत्थर की सीढ़ियों काफी संकरी और उबड़ खाबड़ थी। महामुद्रा को लाल चुंदरी से ढक कर रखते है। एक छोटा सा चोकोर पवित्र कुंड जिसमें महा मुद्रा के दर्शन होते हैं, और वही से लगातार जल आ रहा है और फिर यह जल कहा जा रहा है कुछ पता नहीं। जैसे ही मैं नीचे गर्भ गृह पहुंची मुझे एक दिव्य अनुभव हुआ। ऐसा लगा जैसे देवी ने आलिंगन में ले लिया। ऐसी ऊर्जा शरीर में दौड़ पड़ी जिसका वर्णन करने के लिए मैं अपने आप को असमर्थ पा रही हूँ।

मैंने पवित्र जल में हाथ डाल कर माँ शक्ति का आशीर्वाद लिया। वह दिव्य स्पर्श मेरे शरीर के हर पोर ने महसूस किया और वह क्षण हमेशा के लिए मेरी स्मृति में अमिट छाप छोड़ गया। अन्दर केवल एक दिए की रोशनी का ही उजाला था। वहां बैठे पुजारी ने

थोड़ा जल मुझ पर छिड़क कर मुझे प्रसाद के रूप में माँ की लाल चुंदरी दे दी।

माँ शक्ति को स्पर्श कर हम बाहर आये। मंदिर परिसर में हमने दस महाविद्याओं के दर्शन किये। मंदिर के पास ही पवित्र नदी ब्रह्मपुत्र बह रही है और यह एकमात्र पुरुष नदी है बाकी सब नदियाँ माँ स्वरुप में पुजनीय हैं।

माँ कामाख्या जब रजस्वला रहती है उसे अम्बुबाचि पर्व के रूप में मनाया जाता है। हर साल जून जुलाई के महीने में अम्बुबाचि पर्व के दौरान गर्भ गृह के कपाट तीन दिन तक बंद हो जाते हैं और दर्शन निषेध हो जाते हैं। पूरा ब्रह्माण्ड माँ की शक्ति के आगे नत मस्तक हो जाता हैं। इस दौरान समूचे इलाके के सभी पवित्र स्थलों को और विग्रह को ढक दिया जाता हैं। किसी भी पथ का अनुसरण करने वाले साधक के लिए यह दिन बहुत महतवपूर्ण होते हैं। यह वो समय है जब देवी अपनी शक्तियों को संगृहीत करती हैं। संसार की उत्पत्ति देवी भगवती की योनि से हुई जो कामाख्या देवी के रूप में है। तीन दिनों के उपरान्त माँ कामाख्या की रजस्वला समाप्ति पर उनकी विशेष पूजा एवं साधना की जाती है। देवी के रजस्वला होने के दौरान महा मुद्रा के पास सफेद कपड़ा बिछा दिया जाता है। तीन दिन बाद जब मंदिर के दरवाजे खोले जाते हैं, तब वह वस्त्र माता के रज से लाल रंग से भीगा होता है और इस अम्बुबाचि वस्त्र कहते है जो बाद में भक्तो को प्रसाद रूप में दिया जाता हैं।

पौराणिक कथा के अनुसार असुरो के राजा नरकासुर को अपने बलशाली होने का बहुत घमंड था। घमंड में चूर उसने माँ कामाख्या को अपनी पत्नी बनाने का दुसाहस कर बैठा। कामाख्या महामाया ने नरकासुर को समझाने की कोशिश की। परन्तु वो अपनी जिद्द पर अड़ा रहा। कामाख्यां ने शर्त रखी, अगर तुम एक रात में नील पर्वत पर चार तरफ पत्थर के सोपान पथों का निर्माण कर एक मंदिर बना दो, तो मैं तुम्हारी इच्छानुसार पत्नी बन जाऊँगी और यदि

तुम ऐसा न कर पाये तो तुम्हारी मौत निश्चित है। घमंड में चूर असुर ने पथों के चारों सोपान सुबह होने से पहले ही पुरे कर दिये और मंदिर का निर्माण कर ही रहा था कि महामाया के एक मायावी मुर्ग द्वारा रात्रि समाप्ति की सूचना दी गयी, जिससे नरकासुर ने क्रोधित होकर मुर्ग का वध कर डाला। महामाया ने नरकासुर असुर का वध कर दिया। नरकासुर की मृत्यु के बाद उसका पुत्र कामरूप का राजा बना।

इस स्थान को कामरूप के नाम से भी जाना जाता हैं। पुराणों में अंकित एक और कहानी के अनुसार जब कामदेव ने शिव की तपस्या भंग की तब शिव अत्यधिक क्रोधित हुए और उन्होंने कामदेव को अपने क्रोध कि ज्वाला से भस्म कर दिया। बाद में इसी नीलांचल पर्वत पर कामदेव को वापिस जीवन मिला और तभी से यह स्थान कामरूप के नाम से जाना गया।

एकवीरिका देवी (दायाँ कन्धा)

स्थान महुर (जिला नांदेड)

राज्य महाराष्ट्र

मेरी दोस्त अलका के साथ कई बार मेरी आध्यात्मिक चर्चा होती रहती हैं। अलका का महावास्तु और आध्यात्मिक ऊर्जा के विषय में गहन अध्यन है, और मेरी रूचि इन विषयो में हमेशा से हैं। एक बार चर्चा के दौरान उसने मुझे किस तरफ पूजा करनी चाहिए और इसके पीछे के कारण के विषय में बड़ी रोचक जानकारी दी। उसने

मुझे गणेश चतुर्थी पर उसके द्वारा की गयी पूजा कि तस्वीर भेजी, जो मैंने इस अध्याय में लगाई हैं। उसने हल्दी से गोल प्लेट में गणेश बनाये और पानी, दीपक, फूल, अगरबत्ती रख पूजा करी। पूजा हमेशा पञ्च तत्व की उपस्थिति में करनी चाहिए, यहां दीपक अग्नि तत्व, लोटे में लिया जल स्वयं जल तत्व, फूल और अगरबत्ती/ धुप वायु तत्व, हल्दी पृथ्वी तत्व, और गोलाकार पूजा थाली आकाश को दर्शाती है। हल्दी, पृथ्वी तत्व के रूप में मानी जाती हैं क्योंकि हल्दी की गाँठ जमीन के अन्दर पैदा होती है।

हमारी परंपरा में आरती की थाली को घडी की सुई की दिशा में यानि दक्षिणावर्त घुमाया जाता हैं। ऋषियों ने इसके पीछे की वैज्ञानिकों व्याख्या इस तरह की, जब सौरमंडल का निर्माण हुआ, तभी से ब्रह्माण्ड में उपस्थित तारे, सूक्ष्म कण, उल्का पिंड और सभी ग्रह दक्षिणावर्त घूम रहे हैं। यही कारण है कि जब विग्रह के समक्ष थाली दक्षिणावर्त घुमाते है तो हम आकाश तत्व को साक्षी मानते है। इसी तरह हिन्दू विवाह मैं हर रीति रिवाज़ पञ्च तत्व को साक्षी मान किया जाता हैं।

महुर, रेणुका देवी के लिए ज्यादा जाना जाता हैं, और मैंने देखा एकवीरिका माता के मंदिर के बारे में कम जानकारी हैं। दोनों मंदिरों के बीच मात्र दस मिनट की कार द्वारा दूरी हैं। एकवीरिका मंदिर अष्ट दशा शक्ति पीठ में आता है और अगर हम आदि शंकराचार्य का स्तोत्रम ध्यान से पढ़े तो उसमे इस स्थान पर इसी मंदिर का वर्णन हैं। यहां सती का दायां कंधा गिरा था, और एकवीरिका माँ रेणुका देवी की बड़ी बहन हैं। यह मंदिर नांदेड से 125 किलोमीटर व नागपुर से 225 किलोमीटर दूर हैं।

यहां से महाभारत काल का भी वर्णन मिलता है, जब पांचो पांडव द्रौपदी संग अपने 14 साल का वनवास व्यतीत कर रहे थे तब उन्होंने देवी के मंदिर का निर्माण किया था। देवी ने उन्हें स्वपन में दर्शन देकर मंदिर के निर्माण की आज्ञा दी थी। और कहा जाता है उन्होंने एक ही रात में मंदिर का निर्माण कर दिया था।

जब मैंने रेणुका देवी और एकवीरिका में से कौनसा मंदिर शक्ति पीठ में आता है, को लेकर अलग अलग राय सुनी तो थोड़ी और गहराई में जाकर इन्टरनेट और किताबो में पढ़ा। महाराष्ट्र में कुल साढ़े तीन (3 ½) शक्ति पीठ हैं।

यह चार देवी के मंदिर हैं

1. महालक्ष्मी मंदिर, कोल्हापुर

2. तुलजा भवानी मंदिर, तुलजापुर

3. एकवीरिका मंदिर, महुर

4. सप्तश्रुंगी मंदिर, वाणी - यह आधा शक्ति पीठ माना जाता हैं।

मेरी देवी के प्रति विश्वास और भक्ति इस मतभेद से ऊपर है और जहां भी देवी माँ का स्थान हैं वह दर्शनीय और पुजनीय हैं। मैंने महुर में दोनों मंदिरों के दर्शन किये।

मंदिर में पहुचने के लिए तकरीबन 500 सीढियाँ चढनी पड़ती हैं। यहां मंदिर के चारों और कार्ला गुफाएं है, जो अब भारतीय पुरातत्व सर्वेक्षण के तहत एक संरक्षित स्मारक है। ये गुफाएँ ऐतिहासिक रूप से बौद्ध धर्म से जुड़ी हुई थीं, जिनकी इस क्षेत्र में बहुत लोकप्रियता थी। गुफाओं दूसरी शताब्दी ईसा पूर्व के समय की निर्मित हैं।

मंदिर में देवी का चेहरा समान्य से काफी बड़ा और आकर्षक है। देवी का सोने के गहनों से श्रृंगार किया हुआ हैं, और उनको नाक में बहुत बड़ी सोने की बाली पहना रखी है, वैसे ही जैसे मराठी महिलाएं पारंपरिक वेशभूषा में श्रृंगार के दौरान पहनती हैं। देवी ने बहुत सुन्दर और काफी बड़ा चांदी का मुकुट पहन रखा हैं। यहां देवी की आँखें काफी बड़ी हैं। स्थानीय लोगो ने बताया, देवी माँ ने पांडवो को वरदान दिया था की अज्ञातवास के दौरान उन्हें कोई भी ढूंढ नहीं पायेगा और पांडव अपने एक साल का अज्ञातवास सफलतापूर्वक संपन्न कर लेंगे। कोली संप्रदाय की यह कुल देवी है। हर साल कोली समाज देवी

के लिए एक बड़े पर्व का आयोजन करता हैं। कोली समाज के लोग महाराष्ट्र, गुजरात, आंध्र प्रदेश और भारत के कई हिस्सों में बसे हुए हैं। कोली समाज ज्यादातर मछली का व्यापार करता हैं।

यहां का प्रसाद बड़ा निराला हैं, प्रसाद में पान पत्ता और सुपारी को पीस कर पेस्ट बनाया जाता और फिर देवी माँ को इसका भोग लगता हैं। दर्शन करके हम रेणुका देवी के दर्शन के लिए रवाना हो गए।

रेणुका माता एक क्षत्रिय की पुत्री और ब्राह्मण की पत्नी थी। चंद्रवंशी राजा रेणु को यज्ञ की अग्नि से पुत्री प्राप्त हुई जिसका नाम रेणुका रखा गया। रेणुका एक प्रतिभाशाली और बेहद सुन्दर राजकुमारी थी। राजा रेणु ने अपने गुरु अगस्त्य की सलाह से अपनी बेटी का विवाह ब्राह्मण जमदाग्नि से करा दिया। रेणुका ने पांच पुत्रों को जन्म दिया जिसमे राम उनके सबसे छोटे पुत्र थे। राम ने कठोर तपस्या कर शिव को खुश किया और उन्हें एक फरसा (परशु) प्रदान किया गया और तभी से उनका नाम परशुराम हुआ। परशुराम को विष्णु का छठा अवतार माना जाता हैं।

रेणुका माँ और ऋषि जमदाग्नि अपने परिवार के साथ हंसी खुशी रहते थे। यह स्थान पहले सब तरफ जंगल से घिरा था। यहां अभी भी मोर बहुत देखे जाते हैं। रेणुका माँ के पास श्वेत कामधेनु गाय थी। कामधेनु समुद्र मंथन से निकली इच्छा पूर्ति गाय है। कामधेनु रेणुका माँ की सारी इच्छाओं की पूर्ती करती थी। एक बार उनके आश्रम राजा कार्तवीर्य अर्जुन पधारे और ऋषि जमदाग्नि के सत्कार से बहुत प्रभावित हुए। उन्हें पता चला की ऋषि के पास दिव्य गाय है और अब उन्हें वह गाय अपने राज महल में चाहिए थी। परन्तु ऋषि जमदाग्नि ने गाय देने से इनकार कर दिया। राजा ने अपनी सेना को आश्रम भेजा और आदेश दिया की अगर ऋषि परिवार न माने तो जबरदस्ती गाय को ले आया जाये। जब सेना आश्रम पहुंची उस वक्त परशुराम वहां नहीं थे और राजा की शक्तिशाली सेना ने ऋषि और उनकी पत्नी का मार कर गाय अपने साथ ले गए।

परशुराम जब घर लौटे उन्हें सारी स्थिति ज्ञात हुई, वह गुस्से और शोक की पीड़ा से जल उठे। परशुराम ने विनाशकारी युद्ध लड़ा और राजा का सिर धड से अलग कर दिया। इतिहास के अनुसार परशुराम वह ब्राह्मण हैं जिन्होंने पृथ्वी को इक्कीस बार घमंड और क्रूर क्षत्रियों से मुक्त किया। परशुराम का वर्णन त्रेता युग और द्वापर युग दोनों में मिलता हैं। परशुराम ने ही गंगापुत्र भीष्म, आचार्य द्रौण और अंग राज कर्ण इन तीनो को शिक्षा दी थी। वह हर युग में वीरता, साहस, न्यायशील और कर्तव्य परायणता के महारथी रहे हैं।

द्वादश
महालक्ष्मी देवी (आँख)

स्थान कोल्हापुर (जिला कोल्हापुर)

राज्य महाराष्ट्र

"ओ3म् करवीर निवासिनीये नमः ओ3म् शेष वासुकि संसेव्या नमः"

यह 1300 साल पुराना प्राचीन मंदिर जिसे 634 BC में चालुक्य शासनकाल में राजा कर्णदेव द्वारा बनाया गया था। स्थानीय मराठी लोग इसे अम्बाबाई मंदिर के नाम से पुकारते हैं। अंबाबाई मंदिर माँ लक्ष्मी को समर्पित है और शक्ति सर्वोच्च माता महालक्ष्मी के रूप में निवास करती हैं। महालक्ष्मी त्रिदेवियों का हिस्सा है जिन्हें पार्वती या महाकाली, लक्ष्मी या महालक्ष्मी और सरस्वती या महासरस्वती कहा जाता है।

मंदिर का स्थापत्य अत्यंत भव्य और प्रभावशाली है। महालक्ष्मी का विग्रह काले पत्थर का 3 फीट ऊंचा है, मुकुट में पांच सिर वाला सांप और पैर सुनहरे रंग के है। देवी की चार भुजाएं जो गदा, ढाल, खट्टा फल और एक पानपत्र (पीने का कटोरा) पकडे है। कोल्हापुर का प्राचीन नाम करवीर था और "ओ३म् करवीर निवासिनीये नमः ओ३म् शेष वासुकि संसेव्या नमः" मंत्र में देवी को करवीर निवासी के रूप में *संबोधित किया जाता* हैं।

वैसे ज्यादातर मंदिर में विग्रह उत्तर या पूर्व दिशा की और मुख करते हैं, परन्तु यहां देवी पश्चिम की तरफ देख रही हैं। साल के कुछ ही दिन मंदिर के पश्चिमी दीवार में बनी एक छोटी सी खिड़की के द्वारा सूर्य की किरणे देवी के दर्शन करके देवी के चरणों को छू कर निकल जाती हैं।

हम सुबह की फ्लाइट से कोल्हापुर पहुँच गए। नवम्बर के महीने में मौसम काफी सुहावना था। एअरपोर्ट से मंदिर पहुचने में हमे लगभग आधा घंटे का समय लगा। प्रोग्राम बनाते समय ध्यान नहीं दिया और आज जब हम मंदिर पहुंचे तो शुक्रवार था और हमारी सोच से कही ज्यादा भीड़ दिख रही थी। मंदिर के पास पहुँच कर देवी माँ के लिए हमने साड़ी और पूजा की टोकरी खरीद ली। दुकानदार से पता चला अगर हम साधारण लाइन में लगते है तो आधा दिन बीत जाएगा। आज किसी कारण से VIP दर्शन भी संभव नहीं थे। दुकानदार बोला अगर कतार में नहीं लगना और समय कम है तो मुख दर्शन करे जा सकते है। मुख दर्शन करीब 300 फीट दूर से करने पड़ते है, और जिसमे अच्छे से दर्शन होना संभव नहीं हैं। मैंने मुख दर्शन कर तो लिए परन्तु विग्रह की छवि नहीं देख पायी। सच बोलु तो मुझे मन ही मन रोना सा आ गया। मैं बहुत दूर से दर्शन के लिए आयी और जब माँ ने दर्शन नहीं दिए तो लगा ऐसा क्या हुआ। मन ही मन मैं देवी से दर्शनों की आज्ञा मांगने लगी। तभी मैंने सामने से एक सुरक्षा कर्मी को आते देखा। उसे

अपनी व्यथा बतायी और आग्रह किया अगर वह किसी तरह हमे दर्शन करवा दे। पहले तो उसने साफ़ इनकार कर दिया। वह बोला आज कुछ निरिक्षण चल रहा है और दर्शन करवाना संभव नहीं। उसके मुताबिक कतार में ही लगना पड़ेगा। मेरे बहुत आग्रह करने पर उसने कहा की हम इंतज़ार करे वह अभी देख कर आता है की क्या हो सकता हैं। बीस मिनट के बाद वह लौट आया और उसने बिल्कुत गर्भगृह के सामने से हमे मंदिर में प्रवेश करा दिया।

बस अब हमारे आगे कुछ दस लोग थे। महिलाओ और पुरुषो को अलग कतार में लगना होता हैं। जैसे ही मैं महालक्ष्मी के समक्ष पहुंची, मैं बस मंत्रमुग्ध हो कर रह गयी। ऐसा प्रतीत हुआ जैसे मुझ पर किसी ने जादू की छड़ी घुमा दी, मैं बस एकटक देवी माँ को निहारती रही। बेशकीमती जेवर से किये श्रृंगार में देवी ऐसे लग रही थी जैसे किसी अमीर राज्य की पटरानी हो। सोने और कीमती रत्नों के जेवर पारंपरिक मराठी तरीके के बने है। उन्होंने अद्वितीय पारंपरिक कोल्हापुरी साड़ी पहन रखी थी, जिसमें बड़ा जरी बॉर्डर था, उनकी शान में कुछ कहने लायक हर शब्द बहुत छोटे प्रतीत हो रहे हैं। कोल्हापुरी साड़ी को नौवारी साड़ी कहते है जो की एकल कपडे से बनी 9 गज लम्बी होती हैं।

यहां मंदिर में थोड़ी थोड़ी देर में माँ का श्रृंगार बदलता रहता हैं। मैंने भी माँ को लाई साड़ी, कुमकुम, हल्दी, नारियल और चूड़ियों अर्पण किया, और अपने परिवार की सुख शांति के लिए आशीर्वाद माँगा।

मंदिर प्राचीन और आधुनिक वास्तुकला का मिश्रण है। जब मैंने मंदिर परिसर के मुख्य दरवाज़े से प्रवेश किया तब पत्थर की संरचना का आधार दिखाई दिया जिसे देखते ही इसके अति प्राचीन होने का पता चल जाता हैं। दीवारों पर छोटी बड़ी बहुत सारी मूर्तियाँ पत्थर पर उकेरी गयी हैं। काफी मूर्तियाँ टूट गयी है या बिलकुल नष्ट हो गयी

हैं। आधार को देख कर ही लगता है यह 1300 से 1500 साल पुराना हैं। पत्थर को आपस में बिना सीमेंट के जोड़ा गया हैं। शिखर आकार में त्रिकोणीय संरचना है, देखकर ही लगता है जैसे अभी नया बना है, और बहुत अच्छे तरीके से प्राचीन और आधुनिक वास्तुकला का यह संयोजन हैं। इस मंदिर में पांच शिखर हैं।

सबसे ऊँचे शिखर के नीचे महालक्ष्मी का गर्भ गृह हैं। उत्तर में स्थित शिखर के नीचे महाकाली और दक्षिण के नीचे महासरस्वती का गर्भ गृह हैं। महालक्ष्मी के गर्भ गृह के ठीक सामने एक हॉल हैं जिसे कूर्म मंडप कहते हैं, और इसमें एक छोटा सा गणेश मंदिर हैं जो महालक्ष्मी के ठीक आँखों के सामने हैं।

मुख्य प्रवेश द्वार, महा द्वार के नाम से जाना जाता हैं। परिसर के चारो और चार दरवाज़े हैं और सभी जगह से प्रवेश किया जा सकता हैं। इधर माता सती की आँखें गिरी थी। कोल्हापुर, पंचगंगा नदी के तट बार बसा एक प्राचीन शहर है जो अपने मंदिरों के लिए प्रसिद्द हैं। इस शहर का नाम असुर कोल्हासुर के नाम पर रखा गया जिसे देवी ने मार डाला था। कोल्हासुर भोली भली निर्दोष जनता और ऋषि मुनियों को बहुत परेशान करता था। ऋषियों ने घोर तपस्या कर शक्ति को प्रसन्न किया। शक्ति ने महालक्ष्मी का अवतार ले कोल्हासुर का वध कर दिया। कोल्हासुर की आखिरी इच्छा थी इस स्थान का नाम उसके नाम पर रखा जाए और तभी से इसका नाम कोल्हापुर हो गया।

ऐसी मान्यता है कि कोल्हापुर में देवी महालक्ष्मी के दर्शन के बिना आंध्र प्रदेश के तिरुमाला में **श्री बालाजी के दर्शन अधूरे हैं। बालाजी, विष्णु के अवतार है और महालक्ष्मी उनकी पत्नी है। एक बार महालक्ष्मी विष्णु से नाराज़ हो कर इधर आ गयी और तभी से इस स्थान पर उनकी उपस्थिति हैं।**

यहां का सबसे बड़ा त्यौहार किरणोत्सव के रूप में मनाया जाता हैं। **यह एक भव्य आयोजन होता है जब उगते और ढलते सूर्य की**

किरणें सीधी देवी को स्पर्श करती हैं। हर वर्ष कुछ ख़ास दिनों में सूर्य भगवान स्वयं देवी श्रद्धा अर्पित करते है।यह समय सामान्यत: जनवरी में जब सूर्य मकर राशि में होता है, और नवम्बर में जब सूर्य तुला राशि से गुजरता है। सटीक तिथियाँ हिन्दू पंचांग के अनुसार भिन्न होती हैं। यह केवल साल के 365 दिन में केवल 6 बार होता है जब सूर्य की किरण देवी तक पहुँच पाती है और बाकी दिन सूर्य गर्भ गृह में प्रवेश नहीं कर पाते। इसे एक इंजीनियरिंग चमत्कार कह सकते है और इसके लिए वास्तुशिल्प, ध्रुवीय झुकाव, खगोलीय और गणितीय सटीकता की जरूरत होती है और यह देख कर गर्व होता है की हमारे पूर्वज कितने ज्ञानी और मेहनती थे। जनवरी और नवम्बर के महीने में तीन दिनों के दौरान, सूर्य की किरणें देवी के विभिन्न हिस्सों को स्पर्श करती हैं - एक दिन पैरों को, अगले दिन हृदय, और तीसरे दिन मस्तिष्क, फिर किरणें गर्भ गृह से निकल जाती हैं। यह अद्भुत घटना कोल्हापुर में महालक्ष्मी का मंदिर बनाने वाले प्राचीन वास्तुकला के प्रति उत्कृष्ट प्रमाण है। यह एक आश्चर्यजनक और मोहक दृश्य है जो आज भी देखा जा सकता है, जिससे हैरत और आश्चर्य की भावना उत्पन्न होती है। श्रद्धालु इस असाधारण और दैवीय क्षण को अनुभव करने के लिए किरणोत्सव में भारी संख्या में आते हैं।

मंगलवार और शुक्रवार को काफी भीड़ रहती हैं, इस कारण दर्शन में काफी ज्यादा समय लग जाता हैं। मंदिर सुबह 4:30 बजे खुल जाता है और तभी से लोगो का आना शुरू हो जाता हैं। मोबाइल मंदिर में ले जा सकते है पर फोटो खींचने की पाबन्दी हैं। मंदिर के पास पार्किंग की भी काफी समस्या है। यहां बाहर भी सड़को पर काफी भीड़ भाड रहत्ती है।

इधर मेरी निगाह एक अनोखे स्तम्भ पर पड़ी, जो इससे पहले मैंने नहीं देखा था। इसे दीपज्योति स्तम्भ कहते है जो वास्तुकला संरचना का एक अनूठा नमूना है और आमतौर पर महाराष्ट्र के काफी मंदिरों में पाए जाते हैं। जैसा कि नाम से ही पता चल रहा

है, दीप का अर्थ है दीपक/ दीया, ज्योति का मतलब प्रकाश और स्तंभ। ऐसे स्तंभ मंदिर परिसर के भीतर बनाए जाते हैं, जिन्हें विशेष अवसरों पर दीयों से रोशन किया जाता है। इसमें बहुत सारे दीपक एक साथ जलते हैं। स्तम्भ की उच्चाई 50 फुट या उससे भी ज्यादा होती हैं।

त्रयोदश
बिरजा देवी (नाभि)

स्थान जाजपुर (जिला कटक)

राज्य ओडिशा

शिव और शक्ति सर्वव्यापी दिव्य चेतना की अभिव्यक्ति हैं। दिव्य शक्ति, पार्वती ऊर्जा है, और शिव, चेतना का प्रतिनिधित्व करते है। जब शिव और शक्ति का मिलन होता हैं तभी सृजन हो सकता है। जब तक ऊर्जा चेतना से नहीं मिलती तब तक वह अज्ञानी, अव्यवस्थित और लक्ष्यहीन होती है। अकेले ऊर्जा कुछ भी उत्पन्न नहीं कर सकती; चेतना इसे दिशा प्रदान करती है। इसके विपरीत, ऊर्जा के बिना चेतना सुप्त शक्ति, सोई हुई ऊर्जा है, और अपने आप में किसी भी चीज़ का कारण बनने में असमर्थ है। शिव के बिना

शक्ति कार्य करने में असमर्थ है, और वैसे ही, शक्ति के बिना शिव भी कुछ भी बनाने में असमर्थ है या कह सकते है शव समान हैं। शक्ति (ऊर्जा) जब शिव (ब्रह्मांडीय चेतना) के साथ एकजुट होती है तभी पूर्ण होती है।

जब विष्णु ने सुदर्शन चक्र से सती के टुकड़े किये तब इधर सती की नाभि गिरी थी। यह स्थान जाजपुर के वैतरणी नदी के किनारे स्थित है, जो की कटक से लगभग 78 किलोमीटर की दूरी पर और भुवनेश्वर से 125 किलोमीटर की दूरी पर स्थित हैं। मंदिर चारो और से ऊँची दीवारों से घिरा, एक छोटे दुर्ग के समान प्रतीत होता है। श्वेत रंग के मंदिर के शिखर के ऊपर रंग बिरंगे कारीगिरी हुई हैं। शिखर पर एक सुनहरे रंग का चक्र और लाल रंग की चुंदरी लहरा रही हैं। मुख्य मंदिर के चारों ओर इसी प्रकार के कई और छोटे मंदिर थे।

ओडिशा राज्य छह प्रमुख नदियों का घर हैं, उसमे से वैतरणी नदी, को सबसे पवित्र नदी मानी गयी है, इसे "ओडिशा की गंगा" के रूप में पूजा जाता हैं, जो आखिर में बंगाल की खाड़ी में मिलती है। वैतरणी, महानदी और ब्राह्मणी नदी के साथ उपजाऊ डेल्टा बनाती हैं। मंदिर वैतरणी के किनारे बना एक प्राचीन संरचना हैं। हिन्दू मान्यता के अनुसार जो वैतरणी में डुबकी लगा लेता है वह मृत्यु के पश्चात आसानी से मोक्ष प्राप्त कर लेता हैं।

जाजपुर, संस्कृत शब्द याजपुर / यज्ञपुर से आया है। इस स्थान पर ब्रह्मा ने अश्वमेध यज्ञ किया था। 8 वीं. सदी से 10 वीं. सदी के मध्य जाजपुर कलिंग की राजधानी थी। तत्पश्चात ओडिशा की राजधानी अनेक स्थानों से स्थानांतरित होते हुए भुवनेश्वर बन गयी। कलिंग ओडिशा राज्य का प्राचीन नाम हैं, जिसका महत्त्व प्राचीन काल से है। इतिहास में कलिंग युद्ध एक भीषण युद्ध और नरसंहार के रूप में दर्ज है, जिसमे सम्राट अशोक ने मौर्य साम्राज्य का नेतृत्व करते हुए कलिंग राज्य के खिलाफ लड़ा। कलिंग एक समृद्धशाली क्षेत्र था, और इसके राजा ने अशोक की मांगों के सामने आत्मसमर्पण करने से इनकार कर दिया था। हालांकि, अशोक ने युद्ध में विजय

प्राप्त कर ली परन्तु युद्ध की बर्बरताओ, सब तरफ मौत के तांडव ने अशोक को अन्दर तक झकझोर दिया। अशोक ने खुद से वादा किया कि वह कभी भी हिंसा के रास्ते पर नहीं चलेगा। उसने साम्राज्य के सैन्य विस्तार को समाप्त कर दिया और बौद्ध धर्म अपनाने का फैसला किया।

बिरजा देवी को आद्या अर्थात मूल देवी माना जाता है क्योंकि ऐसी मान्यता है कि इधर चंपक वन में ब्रह्मा द्वारा किये गए यज्ञ में से उनकी उत्पत्ति हुई थी। यद्यपि उन्हे इस क्षेत्र में बिरजा देवी कहा जाता है, किन्तु आदि शंकराचार्य तथा अन्य शास्त्र उन्हे गिरिजा पुकारते हैं, गिरिजा माता पार्वती का ही एक नाम हैं। बिरजा देवी की खड़ी प्रतिमा दो हाथ धारी है। उन्होंने बाएं हाथ से महिषासुर की पूंछ पकड़ी हुई है तथा दायें हाथ से त्रिशूल द्वारा उसका वध कर रही है। ज्यादातर देवी की प्रतिमा में चार हाथ होते हैं पर यहां उन्हें दो हाथ के साथ दर्शाया हैं। देवी का एक पैर शेर पर और दूसरा महिषासुर के उपर। बिरजा देवी के मुकुट पर गणेश, नागराज वासुकि, शिवलिंग, चंद्र इत्यादि की सूक्ष्म प्रतिमाएं हैं। मंदिर के निर्माण के सही समय को लेकर मतभेद है परन्तु 13 वी शताब्दी में इसका जीर्णोद्धार किया गया। बिरजा देवी त्रिशक्ति महाकाली, महासरस्वती और महालक्ष्मी को दर्शाती हैं।

इधर मैंने दो बड़े कक्ष देखें जिनमे हर आकार के छोटे बड़े शिवलिंग ही शिवलिंग थे। इनमें से कई सहस्त्रलिंग भी हैं, अर्थात एक लिंग पर अनेक सूक्ष्म लिंग बने हैं। मुझे यहां एक पंडित ने बताया कि जाजपुर करोड़ लिंगों अर्थात कोटी लिंगों की भूमि है। आज भी जब भूमि की खुदाई की जाती है तब भूमि से लिंग प्राप्त होते हैं। ऐसी मान्यता है कि ये सभी लिंग अपनी अर्चना करवाने के लिए यहां प्रकट हुए हैं। मंदिर परिसर में स्थित लिंगों की विशाल संख्या देख मन स्वतः श्रद्धा से भर जाता हैं।

मंदिर में दीवारों पर सप्तमातृका की पेंटिंग बनी हुई हैं। मातृका का अर्थ माँ से होता हैं। माना जाता है कि यह सात माँ, वह शक्ति है

जो मातृ गुणों का प्रतीक है और इस ब्रह्मांड की सभी शक्तियों की रक्षक, प्रदाता और पालनकर्ता भी है। जैसे पृथ्वी, सूर्य से अपनी ऊर्जा प्राप्त करती है, वैसे ही ब्रह्माण्ड को ऊर्जा, सप्तमातृका से प्राप्त होती हैं। वह अपने सूक्ष्म रूप में हर जगह उपस्थित है और प्रकट रूप में ब्रह्मांड में शासन करती है। इन मातृकाओं की संख्या को लेकर भी अलग अलग मत हैं, एक मत के अनुसार इनकी संख्या सात हैं जिनके आधार पर इन्हें सप्तमातृका कहा जाता है। ये सात देवियां अपने पतियों और वाहन तथा आयुध के साथ उपस्थित हैं। यह सात देवियां हैं ब्रह्माणी (ब्रह्मा की पत्नी), माहेश्वरी (शिव की पत्नी), कौमारी (कुमार की पत्नी), वैष्णवी (विष्णु की पत्नी), वाराही (विष्णु अवतार वराह की पत्नी), इन्द्राणी (इन्द्र की पत्नी) व यमी (यम की पत्नी)। इन सात के साथ जब चामुण्डा को मातृकाओं की गणना में शामिल कर लिया जाता है तो यह संख्या आठ हो जाती हैं।

पुरुहुतिका शक्ति पीठ के दौरान मैंने गयासुर की कहानी का वर्णन किया था, और यहाँ उसकी नाभि का हिस्सा माना जाता हैं। इस मंदिर में एक कुआं है जिसे नाभि गया कहा जाता है। ऐसी मान्यता है कि यह गयासुर का मध्य भाग है जिसका शीष बिहार के गया में तथा निचला भाग आंध्र प्रदेश के पिथापुरम में है। यहां भक्तजन अपने पूर्वजों का पिंड दान करने आते हैं। इस कुएं की गहराई 4 से 5 फीट है और लोगो का मानना है इसका पानी कभी नहीं सूखता।

गढ़कालिका (उपरी होठ) और महाकाल ज्योतिर्लिंग

स्थान उज्जैन (जिला उज्जैन)

राज्य मध्य प्रदेश

तीन सबसे शक्तिशाली शक्ति पीठ में कामख्या और मंगला गौरी के साथ गढ़कालिका का नाम आता हैं। यह मंदिर भी तंत्र साधना के लिया जाना जाता है और द्वापर युग के महाभारत समय में मंदिर

की स्थापना हुई। जबकि देवी का विग्रह सतयुग काल से इसी स्थान पर हैं। प्राचीनकाल में राजा हर्षवर्धन ने इसका जीर्णोद्धार करवाया और कुछ समय पहले ग्वालियर के महाराजा द्वारा भी इस मंदिर को ठीक करवाया गया।

उज्जैन में गढ़कालिका और हरसिद्धी मंदिर को लेकर लोगो के बीच भ्रम है की कौनसा शक्ति पीठ हैं और कौनसा नहीं। दोनों मंदिर ही शक्ति पीठ है परन्तु गढ़कालिका अष्ट दशा शक्ति पीठ में आता है और इधर सती के ऊपरी होठ गिरे थे। और हरसिद्धी शक्ति पीठ यहां सती की कोहनी गिरी थी।

गढ़कालिका, उज्जैन शहर से थोडा बाहर एक छोटा सा मंदिर हैं, और काल भैरव मंदिर के काफी नज़दीक ही स्थित है। स्थानीय लोगों आदरपूर्वक महाकाली के नाम से मंदिर को जानते है। गढ़ नामक गाँव के नज़दीक होने के कारण, इसे 'गढ़कालिका' के नाम से जाना जाता हैं। मंदिर का वातावरण शांत और पवित्र है, और प्रवेश करते ही सकारात्मक ऊर्जा का आभास होता हैं। कालिका माँ को पारंपरिक रूप में काले रंग से दर्शाया जाता हैं, लेकिन इधर माँ भव्य केसरिया रंग में शोभायमान हैं। माँ की दिव्य उपस्थिति उनके पूर्ण श्रृंगार में किसी को भी मोहित कर देती हैं; और मैंने जब देखा तो लगा जैसे साक्षात् देवी सामने खड़ी हैं।

देवी ने चांदी का मुकुट और एक उत्कृष्ट चांदी की नाक की बाली धारण कर रखी हैं, और उनके बड़े नेत्र उस पर बड़ी और श्रृंगार सहित भोहे बहुत आकर्षक लग रही हैं। देवी के विग्रह की आँखों में देखने से लगा जैसे वो मुझे ही प्यार और ममता से देख रही हैं। मंदिर के प्रवेश द्वार पर देवी के वाहन शेर की मूर्ति खड़ी है। यह मंदिर मराठा शैली से प्रेरित है और दीपज्योति स्तम्भ का मंदिर परिसर में होना इसका प्रमाण हैं।

देवी को खट्टे फल पसंद है और मैंने देखा काफी भक्गण नींबू की माला देवी को अर्पित कर रहे हैं। पूछने पर पता चला 108 नींबू की माला देवी को अर्पित की जाती हैं। आज भीड़ न होना और पार्किंग

भी आसानी से मिलने के कारण हमे काफी आराम से और बहुत अच्छे दर्शन हो गए।

महाकवि कालिदास गढ़ कालिका देवी के उपासक थे। कालिदास को देवी के समक्ष ज्ञान प्राप्त हुआ और उन्होंने कई महाकाव्यों की रचना कर दी और उन्हें महाकवि की उपाधि मिल गयी।

सभी शक्ति पीठो की रक्षा या तो स्वयं शिव करते है या फिर उन्ही का अवतार भैरव। भैरव, सदाशिव का ही अवतार है और अपने भक्तो के रक्षा करने के लिए यह उग्र रूप लेते हैं। उनका कार्य है शिव और शक्ति के स्थल की रक्षा करना और दुष्टों को पकड़ कर दंड देना, इस काम में उनकी मदद उनका वाहन कुत्ता करता हैं। अगर सरल भाषा में कहे तो जो काम कोतवाल का होता है वही काम भैरव का होता हैं। तंत्र शास्त्र में अष्ट भैरव का उल्लेख मिलता हैं और जो ब्रह्माण्ड की अष्ट दिशाओ की रक्षा करते हैं।

हम देवी माँ के दर्शन के बाद काल भैरव के दर्शन के लिए आ गए। वर्तमान मंदिर प्राचीन अवशेषों पर बना हैं। यह स्थान भैरवगड के नाम से जाना जाता हैं। मंदिर के चारो और दुर्ग जैसे ऊँची दीवारें हैं। स्कन्द पुराण के अवन्ती खंड में इस मंदिर का वर्णन मिलता हैं।

मंदिर करीबन 6000 साल पुराना माना जाता है। प्राचीन समय में केवल तांत्रिक ही इस मंदिर में साधना कर सकते थे पर वर्तमान में अब सब को जाने की अनुमति हैं। काल भैरव तामसिक प्रवृति के देवता माने जाते हैं। इसलिए यहां उन्हें शराब का भोग लगाया जाता है। मंदिर के पुजारी भक्तों के द्वारा चढ़ाए गए प्रसाद को एक प्लेट में उढ़ेल कर भगवान के मुख से लगा देते हैं और देखते ही देखते भक्तों की आंखों के सामने ये प्रसाद बाबा भैरव पी जाते हैं।

काल भैरव मंदिर परिसर में भी मैंने दीपज्योति स्तंभ देखा और इससे लगा यहां भी मराठी वास्तुकला का प्रभाव रहा होगा। श्रद्धालुओं द्वारा दीपस्तंभ में सरसों के तेल का दीपक जलाने की पंरपरा है।

काल भैरव को उज्जैन नगर का सेनापति भी कहा जाता है। मराठा काल में सिंधिया घराने ने युद्ध में विजय प्राप्ति के लिए काल भैरव को अपनी पगड़ी अर्पित की थी। और युद्ध में विजयी होने के पश्चात मंदिर का जीर्णोद्धार कराने का प्रण किया। कालभैरव की कृपा से सिंधिया महाराज युद्धों में विजय हासिल करते चले गए। इसके बाद उन्होंने मंदिर का जीर्णोद्धार करवाया। तब से सिंधिया घराने की पगड़ी भगवान कालभैरव के शीश पर पहनाई जाती है।

राजा विक्रमादित्य देवी हरसिद्धी के अनन्य भक्त थे। हरसिद्धी मंदिर, महाकाल के पास राम घाट के बिलकुल समीप स्थित हैं और मंदिर का जीर्णोद्धार मराठा काल के दौरान हुआ हैं। मराठा वास्तुकला का प्रभाव दो दीप ज्योति स्तम्भ के रूप में देखने को मिलता है। दोनों स्तम्भ शाम 7 बजे दिन ढलने के पश्चात आरती के साथ जलाये जाते है, मैंने भी इस अध्भुत दृश्य को अपनी आँखों में संजोया जब आरती की घंटी, ढोल, शंख के साथ चार लोगो ने चढ़ कर दो से तीन मिनट में 1100 दिए एक साथ जला दिए। ऐसा माना जाता है सती की कोहनी इधर गिरी थी।

हरसिद्धी माँ के भारत में दो मंदिर है एक तो यहां उज्जैन और दूसरा द्वारका, गुजरात में स्थित हैं। महाराजा विक्रमादित्य ही देवी को द्वारका से उज्जैन लाये। सुबह की आरती द्वारका और शाम की उज्जैन में होती हैं। मंदिर परिसर में कर्कटेश्वर महादेव, चिंता हरण गणेश और बाल हनुमान के मंदिर भी हैं।

शिव की कोई सीमा नहीं; न उनका अंत पाया जा सकता है और ना ही शुरुआत। ना वह पैदा हुए और ना ही मौत उन्हें छु सकती हैं। जैसे समय शाश्वत वैसे ही शिव शाश्वत सच हैं। शिव सम्पूर्ण है, सत्य है, अनंत है, अनादि है, ओंकार है, ब्रह्म है, शक्ति है, भक्ति है। सम्पूर्ण स्थायी होने पर शून्य का अहसास होता हैं और अगर कोई शून्य से परे जा पाए तो शिव को पा सकेगा।

"शिवतत्व" में शिवतत्व और शक्तितत्व दोनो का अंतर्भाव होता है। प्रकाश रूप को शिवतत्व और विमर्श रूप को शक्तितत्व कहते हैं। बिना विमर्श या शक्ति के शिव को अपने प्रकाश का ज्ञान नहीं होता। शिव तत्व सृष्टि का वो रहस्य है, जो प्रकृति और पुरुष के अंतर को मिटाकर उसकी एकरूपता को स्थापित करता है। शिव ही ब्रह्मा के रूप मे सृष्टि का निर्माण, विष्णु के रूप मे रूप मे उसमे जीवन का संचार, और शंकर के रूप मे इस सृष्टि का अंत करते है। इसीलिये शास्त्रों मे ब्रह्मा, विष्णु और महेश का एक रूप मे प्रगट होना ही शिव कहा गया है, इसलिये शिव को जानने के बाद कुछ भी जानना शेष नहीं रहता है। वर्तमान में वैज्ञानिको के अनुसार हर चीज डार्क मैटर से आती है साथ ही डार्क एनर्जी की भी बात होती रहती हैं। यहां शिव ही वो डार्क मैटर है, और डार्क एनर्जी यानि शक्ति जिसके कारण डार्क मैटर चलायमान स्थित में आता हैं।

उज्जैन महाकाल, ऊर्जा का भण्डार है और दर्शन से पहले मैंने अपने आप को आध्यात्मिक रूप से तैयार किया ताकि मैं ऊर्जा को ग्रहण कर पाने में समर्थ हूँ। मेरा मानना है, मंदिर की शक्ति को अनुभव करने के लिए हमारी चेतना का स्तर भी ऊँचा होना चाहिए। कालों के काल महाकाल शिव अपने सभी वैभव में, उज्जैन में शाश्वत शासन करते हैं। शिव योगी है, वही पार्वती और कार्तिकेय और गणेश के साथ परिवार में भी रहते हैं, और जब असुर का विनाश की बात आये तब वह उग्र और भयंकर रूप धारण कर लेते है, और जब आनंद में होते है तब आनंद तांडव से अपनी प्रसन्नता को जाहिर करते हैं।

मालवा क्षेत्र में महाकाल शिप्रा नदी के किनारे बना करीबन 7000 साल पुराना मंदिर है। अलग-अलग सदियों में उज्जैन को विभिन्न नामों से जाना गया – अवंतिका, अमरावती, कुशस्थली। इस शहर में 84 लिंगम हैं, प्रत्येक शिव के विभिन्न रूप को दर्शाता हैं। यह नगर राजा विक्रमादित्य के साम्राज्य की राजधानी रह चुकी हैं, और यही से विक्रमादित्य कैलेंडर जिसे विक्रम संवत कहा जाता है, की शुरुआत हुई थी।

महाकाल की मूर्ति दक्षिणमुखी होने के कारण दक्षिणामूर्ति मानी जाती है, जो की मृत्यु की दिशा मानी जाती हैं। महाकाल गर्भगृह, पहली मंजिल पर स्थित है और ठीक ऊपर दूसरी मंजिल पर ओंकारेश्वर शिव की मूर्ति प्रतिष्ठित है। तीसरी मंजिल पर नागचंद्रेश्वर की मूर्ति है और इस मंदिर के कपाट साल में केवल एक बार नागपंचमी के दिन दर्शन के लिए खुलते हैं। महाकाल गर्भगृह के पश्चिम, उत्तर और पूर्व में गणेश, पार्वती और कार्तिकेय विग्रह स्थापित हैं। दक्षिण में नंदी की प्रतिमा है।

हमने जानकारी के द्वारा एक पंडितजी से बात कर रात 10:30 बजे की शयन आरती बुक कर ली थी। ठीक समय हम मंदिर पहुँच गए और साढ़े नौ बजे मंदिर में प्रवेश कर लिया। मंदिर में दर्शन का कोई शुल्क नहीं हैं फिर भी VIP टिकट लेने से आसानी हो गयी और हमे भीड़ में नहीं लगना पड़ा। अभी थोड़ा समय था तो हमने मंदिर के अन्दर बने सभी छोटे-छोटे मंदिर के दर्शन कर लिए। लाउड स्पीकर पर बहुत सुन्दर महा मृतुन्जय मंत्र चल रहा था और वातावरण बहुत ही पवित्र और शिवमय था।

इतने में शयन आरती का समय हो गया और हम कतार में लग गए। भीड़ और असुविधा ज्यादा होने के बावजूद सबका लक्ष्य शिव के दर्शन था, और कुछ देर में हमे अन्दर गर्भ गृह के सामने बैठने का स्थान मिल गया। गर्भ गृह के ठीक ऊपर बहुत बड़े TV स्क्रीन पर भी लाइव प्रसारण हो रहा था। मुख्य पंडित ने शिवलिंग का श्रृंगार बदला और भक्तो के द्वारा लाये गए प्रसाद का भोग लगाया

और फिर डमरू, ढोल, घंटियों के साथ आरती संपन्न हुई। आरती के पश्चात 11 बजे मंदिर के द्वार भगवान के विश्राम के लिए बंद हो गए।

हम अपने होटल लौट आये और थोडा आराम कर भस्म आरती के लिए तैयार हो गए। भस्म आरती के लिए स्त्रियों को साड़ी पहनना अनिवार्य हैं। आरती का समय सुबह 4 बजे का है, परन्तु कतार में रात के 1:30 बजे ही लगना पड़ता हैं। भस्म आरती में कुछ सिमित लोग ही सम्मिलित हो पाते हैं, जिसके लिए पहले पंजीयन कराना जरुरी है। हमने भी ऑनलाइन पंजीयन करवा रखा था। अत्यधिक भीड़ और व्यवस्था बनाये रखने के लिए समय पर ही पहुंचना सही हैं। मंदिर प्रशासन की तरफ से आरती की टिकट और सरकारी ID दिखा कर ही मंदिर में प्रवेश मिला। अन्दर फ़ोन या बड़े बैग ले जाने की मनाही हैं। अन्दर आकर हम सभी को एक प्रतीक्षा कक्ष में सुबह चार बजे तक इंतज़ार करना हैं। रात का समय, आँखों में नींद और ठण्ड के कारण समय बिताना काफी मुश्किल हो रहा था पर जब भक्ति और भगवान के प्रति निस्वार्थ प्रेम हो तो सब काम आसान लगने लगते हैं।

जैसे ही घडी में 4 बजे दरवाज़ा खुल गया और सभी लोगो गर्भ गृह की तरफ भागे। सबको अच्छा स्थान चाहिए ताकि वह अच्छे से दर्शन कर सके। मंदिर की सेवा करने वाले पंडित ने चांदी के दरवाज़े को पानी से धो कर और ताली बजा कर, जय महाकाल का उद्घोष कर भगवान को जगाया। गर्भ गृह में बहुत सारे पंडित दिख रहे है, लग रहा है हर काम के लिए अलग पंडित हैं। एक मुख्य पंडित आसन बिछा कर शिवलिंग के पास बैठे है, और बहुत आराम से रात का श्रृंगार हटा रहे हैं। अब उन्होंने शिवलिंग पर पंचामृत अर्पण करने से पहले एक फूल शिवलिंग पर रखा फिर दूध, दही, गंगाजल, शहद, घी से बारी-बारी अभिषेक कियाा। मैंने बाद में पंडित से पूछा तो पता चला क्योंकि महाकाल इस ब्रह्माण्ड के राजा है तो उनका सिर खली नहीं रह सकता इसलिए पंडित हर अभिषेक के बाद एक फूल मुकुट की तरह शिव के शीश पर रख रहा हैं। अभिषेक के बाद एक प्रथा के

अनुसार बारी-बारी से हर दिन मंदिर के सेवाकर्मियों को जल चढाने का सौभाग्य मिलता हैं।

शिव की अति प्रिय भांग से आज उनका श्रृंगार हो रहा हैं। भांग को आटे की तरह गूंथ कर भगवान को उसका तिलक लगाया, यह गहरे हरे रंग का दिख रहा था। फिर तिलक पर बड़ी तसल्ली से पंडित ने बैठ एक-एक बादाम चिपकाए। फिर उन्होंने सुन्दर आँखे, होठ और बाकी श्रृंगार किया। शिवलिंग पर चांदी का बहुत बड़ा छत्र लगा हुआ हैं। शिवलिंग पर आक के फूलों की माला बड़ा अच्छे तरीके से पहनाई गयी।

इस बीच दो पंडित हम सबके पास आकर पूछने लगे अगर कोई चढाने ले लिए कुछ लाया है तो उनको दे देवे। भक्त सूखा मेवा, मिठाई, वस्त्र, फूल अपनी श्रद्धा से लाये थे। अच्छी बात जो मुझे लगी की हमारी आँखों के सामने ही भक्तो द्वारा लाया सारा सामान भगवान को चढ़ाया गया। हमे नहीं पता था वर्ना हम भगवान के लिए प्रसाद या वस्त्र लेकर जरूर आते। अब शिवलिंग पर भस्म चढने का समय हो गया। सभी स्त्रियों को घूँघट करने का कहा गया। ऐसा माना जाता है जब भस्म चढ़ती है तब शिव निराकार से साकार रूप में आ जाते हैं। और भस्म चढ़ते इस रूप को महिलाओ को देखना वर्जित हैं। भस्म चढाने का काम एक अघोरी करता हैं। हजारो हज़ार साल से ऐसे ही भस्म चढ़ती आ रही हैं।

शिव शमशान के साधक है, और भस्म उनका श्रृंगार आभूषण माना जाता हैं। श्मशान, जिसे उज्जैन में चक्र तीर्थ कहा जाता हैं, में जलने वाली सुबह की पहली चिता से शिव का श्रृंगार किया जाता है। वैसे भस्म कहाँ से आती है इस लेकर मतभेद हैं। मैंने बहुत लोगो से मंदिर में पूछा और इन्टरनेट पर भी ढूंढा पर हर जगह अलग बात कही गयी हैं। कुछ का मानना हैं, की गाय के गोबर से बने उपले की भस्म चढ़ाई जाती हैं।

पौराणिक कथाओ के अनुसार जब महाभारत के युद्ध में कर्ण को मृत्यु प्राप्त हुई तब अपनी आखिरी इच्छा में उन्होंने भगवान कृष्ण से ऐसी जगह अपनी चित्ता जलाने को कहा जहां से सीधा उन्हें मोक्ष प्राप्त

हो जाए। कृष्ण ने उज्जैन में इसी स्थान पर अपने सुदर्शन चक्र से कर्ण का अंतिम संस्कार किया और तभी से यह शमशान घाट चक्र तीर्थ के नाम से जाना गया।

आखिर में घंटो, डमरू, ढोल, ताशे व मंत्रो की तेज ध्वनि के साथ आरती होती हैं। सबसे मोहक दृश्य तो तब होता है जब गर्भ गृह में बिलकुल अँधेरा कर दीये की तेज लौ में शिव लिंग के पास ला कर आरती की जाती हैं। यह वो क्षण हैं जब लगता है समय बस यही रुक जाए और हम ऐसे ही भगवान को निहारते रहे। ऐसा दिव्य अनुभव मुझे अपनी ज़िन्दगी में आज तक नहीं हुआ और शायद न ही कभी होगा।

महाकाल में एक दिन में 6 बार आरती होती है। हर आरती में शिव के एक नए स्वरूप के दर्शन होते हैं। सबसे पहले भस्म आरती, फिर दूसरी आरती में भगवान शिव घटा टोप स्वरूप दिया जाता है। तीसरी आरती में शिवलिंग को हनुमान जी का रूप दिया जाता है। चौथी आरती में भगवान शिव का शेषनाग अवतार देखने को मिलता है। पांचवी में शिव भगवान को दुल्हे का रूप दिया जाता है और छठी आरती शयन आरती होती है। इसमें शिव खुद के स्वरूप में होते हैं।

उज्जैन में शिप्रा नदी पर हर 12 साल में जब बृहस्पति सिंह राशि में और सूर्य मेष राशि में प्रवेश करता है तब कुम्भ मेला आयोजित किया जाता हैं।

शिव पुराण के अनुसार अवंतिका नगरी के राजा चंद्रसेन, शिव के अनन्य भक्त थे। उनके शासन काल में प्रजा बहुत सुखी और समृद्ध थी। ऋषि, मुनि यज्ञ, हवन, आध्यात्मिक चर्चाओ में व्यस्त रहते थे। पड़ोसी राजा, अवंतिका नगरी के वैभव, सुख शान्ति से बहुत ईर्ष्या रखने लगे। पड़ोसी राजा रिपुदमन और सिंघदित्य ने संधि कर ली और राक्षस दूषण से चंद्रसेन को हराने में मदद मांगी। दूषण, ब्रह्मा की कठोर तपस्या कर बड़ा शक्तिशाली हो गया था। दूषण ने अवंतिका नगरी में तबाही मचा दी थी। ऋषियो ने शिव से दूषण के

प्रकोप को दूर करने की विनती की। शिव ने दूषण को चेतावनी दी लेकिन वो नहीं माना। क्रोधित शिव, महाकाल के रूप में प्रकट हुए और क्रोध से दूषण को भस्म कर दिया। और इसी भस्म से अपना श्रृंगार किया। और तभी से शिव का श्रृंगार भस्म से किया जाने लगा।

एक मान्यता के अनुसार जब सती ने अपने आप को भस्म कर दिया तो शिव ने क्रोधित और दुखी अवस्था में सती की भस्म को उनकी अंतिम निशानी मान अपने शरीर पर लगा ली। भस्म यानि राख विरक्ति को दर्शाती हैं। शिव परिवार में रहते हुए मोह माया से बहुत दूर हैं, और भस्म उसी का प्रतीक हैं। अगर हम दार्शनिक अर्थ समझे तो शिव का भस्म लगाने के पीछे यह पर्याय है की जिस शरीर और सुन्दरता पर मानव को घमंड हैं वन शरीर क्षणभंगुर है और एक क्षण में भस्म हो जाता हैं।

नागा साधू अघोरी और भी शिव उपासक शरीर पर भस्म रमा कर रहते हैं, भस्म न केवल शरीर की कीटाणुओं से रक्षा करती है बल्कि सर्दी में शरीर को गरम और गर्मी में ठंडा भी रखती हैं।

साल 1234, में सुल्तान शम्स उद-दिन इल्तुमिश ने मंदिर को लूटा और आग लगा दी। 1734 से 1745 के बीच मराठा साम्राज्य के मंत्री रामचंद्र सुखातंकर ने मंदिर के जीर्णोद्धार का कार्य करवाया और 500 साल बाद वापिस शिवलिंग की स्थापना की।

वर्तमान सरकार ने मंदिर के आसपास एक भव्य मंदिर परिसर का निर्माण करवाया हैं। यहां दिव्य स्तंभों की भव्य शृंखला, एक विशाल प्रवेश द्वार, मंदिर के चारों ओर निःशुल्क घूमने का स्थान और शिव पुराण की कहानियों के चित्रित भित्तिचित्र शामिल हैं। इस परिसर में एक संग्रहालय भी है, जो शिव के जीवन और पौराणिक कथाओं को प्रदर्शित करता हैं।

ज्वाला देवी (जीभ)

स्थान ज्वालामुखी (जिला काँगड़ा)

राज्य हिमाचल प्रदेश

इस स्थान का नाम ज्वालामुखी शक्ति पीठ के नाम पर ही पड़ा हैं। काँगड़ा से इसकी दुरी मात्र 26 किलो मीटर और धर्मशाला से 50 किलोमीटर हैं। पठानकोट एक बड़ा शहर है और इसकी दूरी 100 किलो मीटर हैं। यह मंदिर जोता वाली के नाम से भी जाना जाता हैं। हरिद्वार की तरह यहां भी हिन्दू वंशावली बहीखाता बनाया जाता

है। ये खाता परिवारों के बहुत महत्वपूर्ण दस्तावेज होते हैं, जिन्हें ब्राह्मण पंडित बनाता और संभाल कर रखता हैं। यह ब्राह्मण पेशेवर वंशावली ग्रंथकार के रूप में कार्य करते हैं, और हर परिवार का अपना ब्राह्मण/ पंडा होता हैं। वे उस विशेष परिवार से संबंधित सभी जानकारी का रिकॉर्ड रखते हैं जैसे विवाह, संतान, किसी सदस्य की मृत्यु और उनके परिवार का वृक्ष चित्र। हरिद्वार में भी बड़ी संख्या में परिवार वंशावली बनाई जाती हैं। इन दस्तावेजों को स्थानीयता में 'बही' कहा जाता है।

इस शक्ति पीठ में सती की महाजिह्वा गिरी और देवी शाश्वत ज्वाला के रूप में प्रकट हुई। इतिहास की माने तो राजा भूमिचंद देवी माँ के अनन्य भक्त थे, और एक रात उन्हें सपने में देवी का यह स्थान दिखा। राजा को इस बात की जानकारी मिली कि इस क्षेत्र में सती की जीभ गिरी थी। राजा ने अपने सभी सैनिक इस स्थान को खोजने के लिए रवाना कर दिया और आखिरकार स्थान मिल गया। राजा ने इस स्थान पर देवी का भव्य मंदिर बनवाया। मंदिर का गुम्बद सोने का बना है और गर्भ गृह का दरवाज़ा चांदी का। मंदिर धौलाधर पहाड़ी श्रंखला पर बसा हैं। यहां माता ज्वाला के रूप में विराजमान हैं और भगवान शिव यहां उन्मत भैरव के रूप में स्थित हैं।

ज्वाला देवी मंदिर में बिना घी/तेल और बाती के नौ ज्वालाएं जल रही हैं, जो माता के 9 स्वरूपों का प्रतीक हैं। मंदिर की सबसे बड़ी ज्वाला, वह ज्वाला माँ हैं और अन्य आठ ज्वालाओं के रूप में मां अन्नपूर्णा, विंध्यवासिनी, चण्डी, महालक्ष्मी, हिंगलाज, सरस्वती, अम्बिका एवं अंजी के रूप में विद्यमान हैं। किसी को नहीं पता यह ज्वाला कितनी सदियों से और कैसे जल रही हैं। ज्वाला का स्थान ज़मीन से करीब 3 फीट नीचे है और प्रसाद लगाने पर भी यह नहीं बुझती। देवी साक्षात् ज्वाला के रूप में स्वयं उपस्थित हैं।

पुजारी और स्थानीय लोगो का मानना है जब कभी ज्वाला का रंग बदल जाता है तो स्वयं देवी कुछ संकेत देती हैं; जैसे अगर लाल हो

गयी तो मतलब देवी क्रोधित है और नीला या पीला होना दर्शाता है देवी शांत है और यह समृद्धि का प्रतीक हैं।

दर्शन के समय पुजारी चरणामृत देते है; चरणामृत जब देवी को अर्पित कर मेरे हाथ में दिया मुझे लगा जैसे चरणामृत में आग की लौ है, और लेते वक़्त मैंने सोचा बहुत जलता हुआ होगा परन्तु हथेली में आते ही बिलकुल ठंडा था। देवी को यहां रबड़ी का भोग लगता हैं। मुख्य आकर्षण आरती का हैं जो दिन में पांच बार होती हैं। भक्त देवी को लाल चुंदरी चढाते है और प्रसाद स्वरुप अपने सिर या गले पर बाँध जय माता दी का जयकारा लगाते दिख जाते हैं। इस मंदिर में कराया यज्ञ कही और कराये 10,000 यज्ञ के बराबर हैं।

पौराणिक कथा के अनुसार, गोरखनाथ मां ज्वाला के बहुत बड़े भक्त थे। एक बार गोरखनाथ ने मां से कहा कि आप पानी गर्म करके रखें तब तक मैं भिक्षा मांगकर आता हूं, लेकिन गोरखनाथ वापस लौटकर नहीं आया। मान्यता है कि वही ज्वाला जो मां ने जलाई थी आज भी गोरखनाथ टिब्बी में कुछ ही दूरी पर बने कुंड के पानी से भाप के रूप में निकलती प्रतीत होती है। मान्यता है कि कलयुग के अंत में गोरखनाथ मंदिर वापस लौटकर आएंगे और तब तक ज्वाला जलती रहेगी।

15 वी शताब्दी में मुगल बादशाह अकबर को जब इस मंदिर कि महिमा का पता चला तो उसने ज्वाला को बूझाने का प्रयास किया। यहा तक की नदी का बहाव बदल कर मंदिर की तरफ कर दिया ताकि ज्वाला बुझ जाए। लेकिन ज्वाला की लपटों ने इन सभी प्रयासों को विफल कर दिया। तब अकबर को दिव्य ताकत का अहसास हुआ और उसने देवी को 51 किलो स्वर्ण का छत्र भेंट किया और क्षमा याचना की। हालाँकि, देवी की सामने अभिमान भरे वचन बोलने के कारण देवी ने सोने के छत्र को अस्वीकार कर एक विचित्र धातु में तब्दील कर दिया, जो आज तक यह ज्ञात नहीं हुआ की यह कौनसी धातु है। छत्र मंदिर में देखा जा सकता हैं।

1835 में महाराजा रणजीत सिंह और राजा संसार चंद ने इसका पुननिर्माण करवाया। ब्रिटिश साम्राज्य के दौरान ज्वाला कैसे जल रही है, जानने के लिए जमीन के नीचे दबी ऊर्जा का पता लगाने के लिए काफी कोशिश की गई लेकिन उनके हाथ कुछ नहीं लगा। आजादी के बाद भी कई भूगर्भ वैज्ञानिक ज्वाला की जड़ का पता लगाने की कोशिश कर रहे है, लेकिन कोई कुछ पता नहीं लगा सका।

षोडश
शारदा देवी (दायाँ हाथ)

स्थान शारदा (जिला नीलम घाटी) - आजाद कश्मीर

ज्ञान और विद्या एक जैसे प्रतीत होते हैं, परन्तु दोनों का मतलब बहुत भिन्न हैं। एक इंसान पढ़ लिख कर विद्या अर्जित कर सकता जैसे डॉक्टर, वकील, इंजिनियर या किसी भी विषय की। और इस द्वारा विद्या अपने विषय में महारथ भी हासिल कर सकते हैं।

दूसरी ओर, ज्ञान शब्द से तात्पर्य एक निश्चित जानकारी अथवा वह जो ज्ञात है, से है। ज्ञान प्राप्त करने के लिए विचार, चिंतन, मनन, मंथन, और अनुभव प्राप्त करने की पर्याप्त शक्ति होनी चाहिए, जो केवल हम मनुष्य के पास है। आत्म-ज्ञान का संबंध हमारे अस्तित्व, सार्थकता, स्वयं की आत्मा और परम चेतना की प्रकृति को समझने से है। यानि, आत्मज्ञान का अर्थ है स्वयं को गहरे स्तर पर समझना। यह यात्रा आध्यात्मिक है और एक गहरे आत्म-साक्षात्कार की ओर बढ़ती है।

ज्ञान का सीधा सम्बन्ध विद्या से नहीं हैं, एक अशिक्षित व्यक्ति भी ज्ञानी हो सकता हैं। और वही शिक्षित व्यक्ति अज्ञानता पूर्वक बात कर सकता हैं। आध्यात्मिक यात्रा और मंथन, ज्ञानता अर्जित करने में मदद करता हैं।

मां सरस्वती, ज्ञान और बुद्धि की देवी, व्यक्ति को ज्ञानी बनाने में महत्वपूर्ण भूमिका निभाती हैं। जब हमे सरस्वती की कृपा मिलती है, तो दुर्गा (बल) और लक्ष्मी (समृद्धि), स्वत: हमारे जीवन में आ जाती हैं। सरस्वती ज्ञान प्रदान करती है, लक्ष्मी जीवन में संसाधन प्रदान कर यात्रा को सुगम बनाती है, और दुर्गा व्यक्ति के कौशल और योग्यताओं को बढ़ाती हैं।

यह शक्ति पीठ 5000 साल पुराना है और यहां सती का दायां हाथ गिरा था। मंदिर, भारत पाकिस्तान के विभाजन के समय से खंडहर स्थिति में हैं। 70 साल से ज्यादा समय से यहां पूजा पाठ नहीं हुई है। जब मैंने सभी अष्ट दशा शक्ति पीठ के दर्शन का मन बनाया तभी से इस मंदिर में दर्शन ना होने की मुझे टीस रह गयी।

शारदा पीठ शिक्षा का प्राचीन केंद्र है; 6वीं और 12वीं शताब्दी के बीच, यह भारतीय उपमहाद्वीप के सबसे प्रमुख मंदिर व विश्वविद्यालयों में से एक था। इस विश्वविद्यालय में 5000 से भी ज्यादा शिष्य एक समय में एक साथ पढ़ते थे। नालंदा और तक्षशिला की भांति यह भी एक प्रमुख शिक्षा स्थल, जहां सभी विषयों जैसे इतिहास, भूगोल, विज्ञानं, चिकित्सा आदि पर शिक्षा दी जाती थी। इसने शारदा लिपि के विकास और लोकप्रियकरण में महत्वपूर्ण भूमिका निभाई, जिससे इस लिपि का नाम और कश्मीर का नाम शारदा देश हुआ, जिसका अर्थ है शारदा का देश। मार्तंड सूर्य मंदिर और अमरनाथ मंदिर के साथ-साथ शारदा पीठ कश्मीरी पंडितों के तीन सबसे पवित्र तीर्थ स्थलों में से एक है।

मुगलों का आक्रमण और लूटपाट मंदिर की दुर्गति के मुख्य कारण रहे। शारदा पीठ श्रीनगर से 130 किलोमीटर दूर है। हरमुख पर्वत घाटी, मधुमती और किशनगंगा (पाकिस्तान में इसे नीलम नदी कहते हैं) के संगम किनारे, व नियंत्रण रेखा से 10 किलोमीटर की दूरी पर शारदा पीठ स्थित है।

यह मंदिर कश्मीरी स्थापत्य शैली में लाल बलुआ पत्थर से बना है। ब्रिटिश पुरातत्ववेत्ता ऑरेल स्टीन द्वारा 19वीं सदी के अंत में दिए गए एक लेख में मंदिर की दीवारों को लगभग 20 फीट की ऊंचाई तक अखंडित, और इसके स्तंभ लगभग 16 फीट ऊंचे हैं।

यह कश्मीर में शक्ति पूजा को समर्पित सबसे पहला मंदिर है। इसने कश्मीरी पंडितो में ज्ञान और शिक्षा के महत्व को भी आगे बढ़ाया, जो कश्मीरी पंडितों में आज तक कायम हैं। कश्मीरी पंडितों का मानना है कि शारदा पीठ में जिस देवी की पूजा की जाती है, वह देवी शक्ति का त्रिगुण अवतार है; शारदा (विद्या की देवी), सरस्वती (ज्ञान की देवी), और वाग्देवी (वाणी की देवी, जो शक्ति को व्यक्त करती है)।

1422 ई. में कश्मीरी मुस्लिम सुल्तान ज़ैन-उल-अबिदीन, को शारदा देवी के साक्षात् दर्शन करने का विचार आया और वह इस तलाश में मंदिर पंहुचा, लेकिन देवी के दर्शन न होने से वह हताशा हो, वही

मंदिर के प्रांगण में सो गया, जहां उसे सपने में शारदा देवी ने दर्शन दिए। इसका वर्णन उस समय की एक किताब में मिलता हैं। मुगल शासक अकबर के वजीर अबुल-फ़ज़ल इब्न मुबारक ने शारदा पीठ को "पत्थर का मंदिर" के रूप में वर्णित किया। उन्होंने मंदिर में चमत्कारों के बारे में लोकप्रिय धारणा का भी वर्णन किया: उन्होने लिखा "ऐसा माना जाता है कि महीने के शुक्ल पक्ष के हर आठवें दशमांश पर, यह हिलना शुरू कर देता है और सबसे असाधारण प्रभाव पैदा करता है"।

एक कहानी के अनुसार, महान ऋषि कश्यप का पोता शांडिल्य दर्शन शास्त्र का प्रकांड पंडित था। शांडिल्य ने शांडिल्य उपनिषद् की भी रचना की। शांडिल्य, देवी शारदा का बहुत बड़ा भक्त था। एक बार देवी उसकी भक्ति से प्रसन्न हो प्रकट हुई और पुरस्कार स्वरुप अपना वास्तविक, दिव्य रूप दिखाने का वादा किया। देवी ने उन्हें शारदा वन जाने की सलाह दी और इस यात्रा से शांडिल्य को चमत्कारी अनुभवों प्राप्त हुए। रास्ते में उन्हें एक पहाड़ी पर भगवान गणेश के दर्शन हुए। जब वह नदी किशनगंगा (नीलम) पर पहुंचे, और उसमें स्नान किया तो उनका आधा शरीर सुनहरा हो गया है। देवी ने अपने त्रिगुण रूप शारदा, सरस्वती और वाग्देवी के रूप में उन्हें दर्शन दिए।

यह मंदिर राजनीतिक रूप से महत्वपूर्ण बना हुआ है, कश्मीरी पंडित संगठन काफी सालो से मंदिर तक कॉरिडोर खोलने की सरकार से अपील कर रहे हैं। तीतवाल गाँव जो कि नियंत्रण रेखा से काफी नज़दीक है, यहां शारदा देवी मंदिर का निर्माण शुरू हो गया है और भविष्य में यहां से असली शारदा पीठ तक गलियारे द्वारा जाने की अनुमति मिलने की सम्भावना हैं।

आदि शंकराचार्य, ने अपना काफी समय यहां साधना, और विद्वानों के साथ धार्मिक और दार्शनिक मुद्दों पर कई वाद-विवादों और चर्चाओं में बिताया।

साल 2005 के भूकम्प ने मंदिर को काफी नुक्सान पहुँचाया। विभाजन के बाद से नियंत्रण रेखा पर होने के कारण न तो पूजा हो

रही है और न ही इसके रख रखाव का कोई कार्य हो पाया। दो देशो की लड़ाई या आपसी सम्बन्ध एक तरफ पर ऐतिहासिक धरोहर को संजोना संभालना इस सबसे बहुत ऊपर हैं। एक समय में यह स्थान सब तरफ ज्ञान की रोशनी बिखेर रहा था, और अब यहां का समृद्ध इतिहास धीरे-धीरे अंधकार की तरफ जा रहा है। यह केवल धार्मिक ही नहीं अपितु ऐतिहासिक हानि हैं।

मंदिर के आखिरी लेखों में वर्णित मूर्ति का निर्माण स्वाभाविक रूप से उत्पन्न होने वाले पत्थर द्वारा हुआ है, जिसकी लंबाई लगभग छह फीट और चौड़ाई सात फीट है। मंदिर में जल से भरा जलाशय था जिसके जल से किसी भी बीमारी को ठीक किया जा सकता था, अब वह भी सूख गया है।

मंदिर की वर्तमान स्थिति उपेक्षा की दृष्टि दर्शाती है। हमारी पहचान और सांस्कृतिक विरासत जिससे हम भावनात्मक रूप से जुड़े हैं, उसका यो जर्जर स्वरुप देख मन वेदना से भर जाता हैं। शारदा पीठ को चाहे धार्मिक भक्ति, सांस्कृतिक महत्त्व या सामूहिक चेतना किसी भी पहलु से देखे, इसकी हानि अमान्य है। हमारी देवियाँ हमारे जीवन का अभिन्न हिस्सा हैं। हमारे मंदिर हमारे जीवन का आधार हैं, इन्हें केवल इतिहास के पन्ने न समझे। कश्मीर की देवी को हम अब भी किस्सों और गानों के माध्यम से याद कर सकते है, लेकिन देवी के साक्षात दर्शन और उनकी ऊर्जा अब हम महसूस नहीं कर सकते।

श्रृंखला देवी (उदर / पेट)

स्थान पांडुआ (जिला हुगली)

राज्य पश्चिम बंगाल

पाण्डुआ, भारतीय उपमहाद्वीप का एक ऐतिहासिक शहर है। 114 वर्षों के दौरान, नौ राजाओं ने पाण्डुआ से बंगाल का शासन किया, और उनमें से केवल राजा गणेश को छोड़कर बाकि सभी इलियास

शाही वंश के थे। यह 114 वर्षों तक (1339 - 1453) बंगाल राज्य की राजधानी रही। पाण्डुआ, कोलकाता से लगभग 70 किलोमीटर और हुगली से 25 किलोमीटर की दूरी पर स्थित है। लगभग दो सदी तक, यहां की मुख्य हुगली नदी के किनारे चालीस किलोमीटर के लंबाई के इस छोटे से क्षेत्र में, कई यूरोपीय समुदायों के व्यापारिक स्थान रहे और इसे एक छोटे से यूरोप के रूप में संदर्भित करना कोई अतिश्योक्ति नहीं होगा।

यहां मंदिर की उपस्थिति को लेकर स्थानीय लोगो और इन्टरनेट पर भी भ्रम की स्थिति हैं। वही कुछ लोगो का मानना है शृंखला देवी का मंदिर इसी स्थान पर हैं। वर्तमान में यहां मंदिर के स्थान पर एक इस्लामी मीनार खड़ी हैं। यह बारी मस्जिद है जिसका निर्माण मुग़ल आक्रमणकारियों ने करवाया था। अभी यह स्थान भारतीय पुरातत्व सोसाइटी के अंतर्गत आता हैं। बाहरी दीवार पर लगे दरवाज़ा पर ताला लगा है और अन्दर जाने की मनाही हैं। अन्दर की दीवारों और स्तंभों को देखर साफ़ लगता है की प्राचीन समय में यह मंदिर स्थल था। लोगो का मानना है जब आक्रमणकारियों ने इस स्थान का विनाश किया तब उस समय के पुजारी ने देवी की प्रतिमा को नदी में छुपा दिया ताकि उनकी पवित्रता भंग ना हो। हर साल फ़रवरी के महीने में, मीनार के परिसर में मेला ताला नामक एक त्योहार मनाया जाता है, जो लगभग 30 दिनों तक चलता है, जिसमें मुस्लिम और हिंदू समुदाय के 1 लाख लोग भाग लेते हैं।

शृंखला देवी मंदिर उस क्षेत्र पर बना हैं, जहां ऐसा माना जाता है कि सती का पेट गिरा था। इस मंदिर का निर्माण शृंखला देवी के एक महान भक्त ऋषि ऋष्यशृंग ने करवाया था। ऋष्यशृंग की देखभाल उनके पिता ने बहुत लाड प्यार से की थी। वह अपने पिता के अलावा कभी भी बाहरी दुनिया से नहीं जुड़े इस कारण उनका हृदय शुद्ध और एक शिशु समान था। उन्हें सांसारिक ज्ञान नहीं मिला था।

शृंखला देवी एक महिला की प्रसवोत्तर अवस्था को दर्शाती है जो अपने नवजात शिशु के प्रति प्रेम से बंधी हुई है। ऋष्यशृंग का हृदय

शुद्ध सोने जैसा था और उनको समय के साथ शृंखला देवी में बहुत आस्था हो गयी। एक दिन देवी से आदेश पाकर ऋषि कर्नाटक के श्रृंगेरी में दर्शन करने गये। शृंखला देवी स्वयं ऋषि के साथ गयी और श्रृंगेरी, कर्नाटक में रह गयी। तथ्यों के अनुसार शृंखला देवी का अस्तित्व पश्चिम बंगाल के हुगली में रहा होगा। लेकिन, एक कहानी के अनुसार, एक ऋषि ऋष्य श्रृंगला देवी को कर्नाटक के श्रृंगेरी में लाए थे। बहुत ज्यादा भ्रम पैदा हो गया और हर जगह अलग अलग बातें सुनने को मिली। जितना मैंने शोध किया उतनी ज्यादा अलग अलग बातें सामने आई।

एक और कहानी के अनुसार, जब रुक्मिणी का कृष्ण से विवाह हो गया और वह दोनों द्वारका की तरफ प्रस्थान कर गए थे। उस दौरान महर्षि दुर्वासा जो अपने जल्दबाज स्वभाव, गुस्से और श्राप के लिए जाने जाते थे, उन्होंने रुक्मिणी और कृष्ण की धर्म के विषय में परीक्षा लेने की सोची। उन दोनों को महर्षि ने गाड़ी से बाँध दिया और गाड़ी खींचने का आदेश दिया। ऐसा करते समय गर्मी और थकान से रुक्मिणी को प्यास लगी और उन्होंने भगवान कृष्ण की ओर देखा। कृष्ण ने जब अपनी पत्नी को थका और प्यासा देखा तो उन्हें पानी पिला दिया। इस पर महर्षि क्रोधित हो गए क्योंकि उन दोनों ने ऐसा करने के लिए महर्षि से अनुमति नहीं ली थी। भगवान कृष्ण पर क्रोधित होकर, उन्होंने दोनों को अगले 12 वर्षों तक अलग रहने का आदेश दिया और रुक्मिणी को द्वारका में प्रवेश ना करने की सजा सुनाई। रुक्मिणी ने आदेश का पालन किया और अगले 12 वर्षों तक द्वारका के बाहर रहीं।

कुछ समय पश्चात रुक्मिणी ने एक पुत्र को जन्म दिया जिसका नाम प्रद्युम्नम रखा गया। प्रद्युम्नम के जन्म के तुरंत बाद ही उसे एक राक्षस ने चुरा लिया। इस पौराणिक प्रसंग में भी रुक्मिणी प्रसवोत्तर स्त्री के रूप में हैं। यहां उनकी स्थिति महर्षि दुर्वासा को दिए अपने वादे से बंधी हुई है। जब उनका पुत्र चोरी हुआ, तब वह प्रसवोत्तर अवस्था में थीं। यह शक्ति पीठ, प्रद्युम्नम शृंखला देवी के नाम से भी जाना जाता हैं।

शृंखला को सरल भाषा में हैंडकफ, बाँधने की जंजीर, या धागे से समझ सकते हैं। श्रृंखला उस नाल को भी कहते है जिससे एक नाबालिग शिशु गर्भ में अपनी माँ से जुड़ा होता है। जब एक महिला पोस्ट-नेटल स्थिति में अपने नवजात शिशु के प्रेम से बंधी होती है, उस स्थिति में बच्चे का प्यार माँ के लिए एक शृंखला का काम करता हैं।

देवी के लिए विश्व का हर जीव उसके बच्चे समान हैं। भक्त अपनी भक्ति में देवी को माँ की तरह देखता और पूजता है, और अपने आपको सम्पूर्ण माँ को अर्पित कर देता हैं। देवी, जो पुरे ब्रह्माण्ड की माँ हैं, वो शक्ति है जिस कारण यह ब्रह्माण्ड चलायमान स्थिति में हैं। वह अत्यंत दयालु हैं और जानती हैं कैसे अपनी सृष्टि को पोषित करना है। एक माँ की प्रकृति जितनी कोमल होती है, उसकी स्वाभाविक शक्ति उतनी ही बलशाली होती है।

एक माँ अपने बच्चे की आवश्यकताओं को बिना कहे समझ जाती हैं। उसे पता होता है कब ममता से और कब अनुशासन से बच्चे को संभालना हैं। माँ न केवल अपनी भावनाएं व्यक्त करने में सक्षम है, बल्कि उन्हें नियंत्रित करने का भी तरीका जानती है। उनका बच्चे के साथ एक स्नेहित बंधन होता है, जिसे हम प्रेम कहते हैं, लेकिन यह प्रेम कभी भी उसके बच्चे को बाधित नहीं करता। माँ अपने बच्चे से बिना किसी शर्त या उम्मीद के प्यार करती हैं। अपने बच्चे से प्यार करना माँ को न केवल खुशी प्रदान करता है बल्कि उसके जीवन का सहारा होता हैं, और यही मातृ प्रेम एक निःस्वार्थ प्रेम है।

अष्टादश
शंकरी देवी (जांघ)

स्थान त्रिंकोमाली

देश श्री लंका

मंदिर एक छोटी सी पहाड़ी त्रिंकोमाली, कोलॉंबो एअरपोर्ट से 240 किलोमीटर की दूरी पर स्थित हैं। भैरव या शिव मंदिर हर शक्ति पीठ के साथ होते हैं, यहां भैरव त्रिकोनेश्वर स्वामी और शक्ति शंकरी देवी के नाम से जानी जाती हैं। मैंने एक बात देखी ज्यादातर देवी के मंदिर पहाड़ी के शिखर पर स्थित होते हैं। यहां सती की जांघ गिरी थी। इस मंदिर को लेकर भी थोड़ा मतभेद है, कुछ का मानना है सती के पायल के घुँघरू गिरे थे।

पूर्व में श्रीलंका द्वीप पर कई मंदिरों पर हमले हुए, जिनसे इस मंदिर को भी कई हमलो का सामना करना पड़ा। **इतिहास के पन्नो में वर्णित 17वीं शताब्दी में पुर्तगालियों ने द्वीप पर आक्रमण किया और जहाज से तोप के गोले दाग, देवी के मंदिर को ध्वस्त कर दिया।** और कुछ पुर्तगाली सैनिक पुजारी के वेश में मंदिर में घुस गये और मंदिर में लूटपाट को अंजाम दिया। पुर्तगालियों ने मंदिर को नष्ट कर इसकी सामग्री का उपयोग पास एक किले के निर्माण में किया। **हालाँकि, मंदिर के पुजारी और भक्तो ने देवी माँ और त्रिकोनेश्वर की मूर्ति को हमलावरों के नापाक हाथो से सुरक्षित छुपा दिया।** ध्वस्त मंदिर की कुछ कलाकृतियाँ लिस्बन संग्रहालय में आज भी रखी हैं।

स्थानीय लोगों के मुताबिक, दक्षिण भारत के चोल साम्राज्य के राजा कुलाकोट्टन ने मंदिर का जीर्णोद्धार कराया। श्रीलंका की आज़ादी के कुछ समय बाद त्रिंकोमाली में खुदाई के समय प्राचीन मूर्तियों की खोज हुई। 1952 में देवी और स्वामी के विग्रह को वापिस मंदिर में स्थापित किया गया। श्रीलंकाई तमिल हिन्दुओ ने मंदिर के वर्तमान स्वरुप में लाने में महतवपूर्ण योगदान दिया।

मंदिर 2500 साल से भी पुराना माना जाता हैं। प्राचीन समय के मंदिरों में इसका वैभव देखते बनता था। यह 1000 स्तंभ और छोटे मंडप सहित एक विशाल संरचना थी। त्रिंकोमाली सिस्मिक रीजन है, जिस कारण भूकंपीय और ज्वालामुखीय गतिविधि होती रहती है।

त्रेता युग में पार्वती ने बहुत भव्य और विशाल महल का सपना देखा जिसमे वह शिव और अपने बच्चो के साथ हँसी ख़ुशी रह रही हैं। शिव के सामने पार्वती ने अपनी इच्छा प्रकट की। शिव ने पार्वती को समझाया कि वह एक योगी है, जिसने अपनी इंद्रियों पर सर्वोच्च नियंत्रण हासिल कर रखा है, और उनको विलासितापूर्ण जीवन कोई ख़ुशी नहीं देगा। परन्तु पार्वती अपनी बात पर अडिग रही, वह किसी भी कीमत पर अपने परिवार के लिए आलिशान और वैभवशाली महल की कामना रखे रही।

शिव ने आखिर हार मान कर पार्वती को अपनी सहमति दे दी। शिव ने विश्वकर्मा से भव्य और विशाल महल बनाने का आग्रह किया। विश्वकर्मा देवलोक के वास्तुकार है, और अपने उत्कृष्ट काम में माहिर हैं। विश्वकर्मा ने दिव्य जोड़े को प्रणाम किया और उनके निर्देशों का पालन किया। विश्वकर्मा दक्षिण की ओर चल पड़े और लंका द्वीप पर एक सुंदर स्थान महल के लिए पसंद कर लिया। वहां उन्होंने एक शानदार महल खड़ा किया जो सोने और रत्नों से जगमगाने लगा, ठन्डे पानी के फव्वारों और बगीचे में दिव्य फूलों व पक्षी चहचाहने लगे, एक ऐसा महल जो तीनों लोकों की माँ का निवास स्थान बनने के योग्य था।

पार्वती महल को देख बेहद प्रसन्न हुईं और सर्वश्रेष्ठ ब्राह्मणों के मंत्रोचार के साथ दिव्य महल में गृह प्रवेश करना चाहती थीं। शिव और शक्ति गृहप्रवेश के लिए एक उपयुक्त ब्राह्मण की तलाश में लंका आए तभी उन्हें «ओम नमः शिवाय» का जाप करते एक शक्तिशाली और बड़ी कद काठी का व्यक्ति दिखा, जो शिव का आह्वान करते हुए कठोर तपस्या कर रहा था।

यह जानकर कि रावण महान ऋषि विश्रवा और असुर माता कैकशी का पुत्र, जिसमे ब्राह्मण और असुर दोनों के गुण शामिल हैं। शिव पार्वती को ज्ञात हुआ कि रावण को सभी चार वेद कंठस्थ याद हैं, तो यकीन हो चला की गृह प्रवेश की पूजा के लिए रावण से अच्छा ब्राह्मण कोई नहीं हो सकता। रावण ने सहर्ष निमंत्रण स्वीकार कर लिया और महल में शुभ प्रवेश के लिए एक तिथि निर्धारित कर ली गयी। रावण को ज्योतिष ज्ञान में भी महारत हासिल थी; उसने ज्योतिष पर रावण संहिता नामक एक पुस्तक भी लिखी थी।

निर्धारित तिथि पर, रावण ने विधि विधान से गृह प्रवेश की पूजा संपन्न की। शिव और पार्वती ने महल में प्रवेश कर उसे पवित्र बना दिया। पार्वती पूजा अनुष्ठान से अति प्रसन्न हुई और रावन से दक्षिणा के रूप में कोई भी वरदान मांगने को कहा। शिव ने पार्वती

को समझाया कि यजमान दक्षिणा में जो देना चाहे प्रसन्नता से दे देवे किन्तु यह उचित नहीं की ब्राह्मण कुछ भी मांग ले।

रावण ने जब से महल देखा उसके मन में उसे पाने का लालच आ गया था। उसे मौका मिल गया और उसने दक्षिणा में महल मांग लिया। पार्वती मुस्कुराईं और वरदान स्वरुप महल रावण को दे दिया। रावण रोमांचित हो गया साथ ही साथ उसका मन ग्लानि से भर गया। उसे इस तरह महल हासिल करने का अपराधबोध सताने लगा। उसने देवी से क्षमा याचना की और उनसे यही रहने की विनती करी।

पार्वती ने सहर्ष रावण का आमंत्रण स्वीकार कर लिया। पार्वती ने कहा "मेरी शक्ति सदैव इस स्थान पर व्याप्त रहेगी, लेकिन जिस क्षण तुम मेरी किसी भी आज्ञा का उल्लंघन करोगे, मैं यहां से चली जाउंगी।"

रावण ने देवी शंकरी देवी को समर्पित एक विशाल मंदिर बनवाया जो चारों ओर से सुंदर उद्यान से घिरा था। देवी ने अपना आशीर्वाद लंका पर सदैव बना कर रखा।

जब रावण ने सीता का अपहरण कर लिया और उसे लंका ले आया, तब रावण की इस निंदनीय हरकत से शंकरी देवी क्रोधित हो गईं। उन्होंने रावण से सीता को राम को लौटाने का आदेश दिया। लेकिन रावण अहंकार से वशीभूत देवी की बात नहीं मानी। अत्यधिक निराश होकर, शंकरी देवी ने द्वीप देश छोड़ दिया और उनके साथ राज्य की सारी शांति और समृद्धि भी चली गयी।

आखिर में राम-रावण युद्ध में रावण की हार हुई और विभीषण को राम ने लंका का राज सौंप दिया। विभीषण ने शंकरी देवी की तपस्या कर उन्हें प्रसन्न किया और लंका में निवास करने का आग्रह किया। शंकरी देवी ने उनकी प्रार्थना स्वीकार कर ली और लंका को एक बार फिर गौरव दिलाते हुए अपने मंदिर में पुनः प्रवेश किया।

सोमनाथ ज्योतिर्लिंग

स्थान वेरावल (जिला सोमनाथ)

राज्य गुजरात

सोमनाथ, एक अत्यंत प्राचीन व ऐतिहासिक शिव मंदिर हैं जो ज्योतिर्लिंग में सर्वप्रथम माना जाता हैं। देश के पश्चिमी छोर पर गुजरात के सौराष्ट्र क्षेत्र में मंदिर स्थित है, जिसका निर्माण स्वयं चन्द्रमा ने करवाया और उल्लेख ऋग्वेद में मिलता हैं। वही चन्द्रमा जिसे शिव अपने मस्तक पर धारण करते हैं। चन्द्रमा को सोम भी कहते हैं।

सोमनाथ मंदिर हर सनातनी की आस्था और गर्व का प्रतीक है। इतिहास की माने तो अनगिनत बार विदेशी आक्रमणकारियों ने इसे बर्बाद और लूटने का कार्य किया। लेकिन आज भी सनातन का

गर्व सोमनाथ अपने शाश्वत दिव्य आभा के साथ शान से खड़ा है। आक्रमणकारी आए और गए, इसे नष्ट किया, खंडित किया, अपने नापाक हाथो से लुटा, लेकिन हर बार मंदिर भव्य और विशाल तरीके से खड़ा हो गया। सोमनाथ एक शाश्वत सच है, जिसे मिटाया नहीं जा सकता।

शिव पुराण के अनुसार चन्द्रमा ने प्रजापति दक्ष की 27 कन्याओं से विवाह किया था। चन्द्रमा को अपनी 27 पत्नियों में सबसे ज्यादा स्नेह रोहिणी नामक अपनी पत्नी से था। वह सबसे ज्यादा रोहिणी को प्यार व सम्मान देते और बाकि 26 पत्नियाँ इस व्यवहार से बहुत आहत रहने लगी और एक दिन अपने पिता दक्ष को इस अन्याय के बारे में बताया। दक्ष ने चन्द्रमा से बात कर उसे समझाने का प्रयत्न किया। दक्ष ने सोचा की शायद चन्द्रमा अब सभी पत्नियों से एक तरह का व्यवहार करेंगे। लेकिनं समय गुजरता गया पर चन्द्रमा बाकि 26 पत्नियों से उपेक्षित ही रहे। तब क्रोध में आकर दक्ष ने चन्द्रमा को शाप दिया जिसके फलस्वरूप अब हर दिन चन्द्रमा का तेज यानि चमक क्षीण होने लगी। शाप से विचलित चन्द्रमा ने इसी मंदिर वाले स्थान पर शिवलिंग बना तपस्या करने लगे। अन्ततः शिव प्रसन्न हुए और दर्शन दिया। शिव ने चन्द्रमा का कष्ट सुन, बोले की वह सारा श्राप तो समाप्त नहीं कर सकते परन्तु चन्द्रमा का तेज पंद्रह दिन तक धीरे-धीरे क्षीण होगा और एक रात गायब हो जाएगा जिसे अमावस्या कहा जाता है, और फिर धीरे-धीरे तेज वापिस आकर चन्द्रमा पूर्ण रूप से पूर्णिमा को दिखेगा। और चन्द्रमा के आग्रह पर शिव स्वयं यहां ज्योतिर्लिंग के रूप में स्थापित हो गए।

सुनने में यह एक कहानी जैसी प्रतीत होती हैं, लेकिन यह एक खगोलीय घटना हैं। हमारे प्राचीन ऋषियों और मुनियों ने इस खगोलीय घटना को ध्यान से देखा और एक कथा के माध्यम से समझाया ताकि एक सामान्य व्यक्ति भी इसे समझ सके। यह कहानी खगोलशास्त्रीय ज्ञान को समझाने में सहायक हैं। यहां इस कहानी में 27 पत्नियाँ वाकई में 27 नक्षत्रों हैं, और चंद्रमा प्रतिरात्रि

विभिन्न नक्षत्रों में एक विशिष्ट स्थान पर होता है। चंद्रमा रोहिणी नक्षत्र में सबसे ज्यादा समय बिताता है और इसलिए कहानी में कहा गया है कि उसे रोहिणी से सबसे ज्यादा प्यार था।

मंदिर का शिखर 150 फुट ऊँचा जिस पर एक स्वर्ण कलश है, व 27 फुट ऊँची ध्वजा शान से लहरा रही हैं। मंदिर परिसर तीन भागो में विभाजित है; जिसमे गर्भ गृह, सभा मंडप और नृत्य मंडप बना हैं। इतिहास के पन्नो में सोमनाथ वैभव और समृद्धि का प्रतीक रहा है, जहां सोने, चांदी, हीरे जवाहरात का भण्डार हमेशा भरा रहता था। और इसी वैभव को लूटने के लिए मंदिर पर अनगिनत हमले बार-बार हुए।

इस मंदिर का इतना धन लूटा गया जिसकी गिनती करना नामुमकिन है, पर हर बार यह मंदिर दुबारा खड़ा हुआ और पहले से भी ज्यादा वैभव और शान के साथ। यह केवल सनातन धर्म के गर्व ही नहीं बल्कि शक्ति का भी प्रतीक हैं।

सोमनाथ में शिवलिंग चुम्बक की शक्ति से हवा में झूलता था। यह वास्तुकला का एक उत्कृष्ट नमूना था। मंदिर की नींव और शीर्ष पर लगा चुम्बक इतना शक्तिशाली था, की शिवलिंग हवा में रहता था, जिसे बाद में मुगलों द्वारा खंडित कर दिया गया। शीर्ष पर लगे शक्तिशाली चुम्बक के कारण जहाज अपना रास्ता बदल यहां के बंदरगाह पर आ जाते थे। अरब यात्री अल-बरुनी ने जब अपनी यात्रा का विवरण लिखा तो महमूद ग़ज़नवी को लालच पैदा हो गया और उसने 1025 में सोमनाथ मन्दिर पर हमला किया और लूट खसोट मचाई। इसके बाद गुजरात के राजा भीम और मालवा के राजा भोज ने इसका पुनर्निर्माण कराया। सन 1297 में अलाउदीन खिलजी ने मंदिर को ध्वस्त कर सारी धन सम्पदा लूट कर ले गया। मंदिर को फिर से हिन्दू राजाओ ने बनवाया। उसके बाद बार बार अलग-अलग मुग़ल शासको द्वारा यहां लूट पाट की गयी। मुस्लिम क्रूर बादशाह औरंगजेब ने इसे पुनः 1706 में लूटा और ध्वस्त किया। 1783 में अहिल्या बाई ने मंदिर का पुनर्निर्माण करवाया। इस समय

जो विशाल, समृद्ध मंदिर खड़ा है, उसे भारत के पहले गृह मन्त्री सरदार वल्लभ भाई पटेल ने बनवाया और राष्ट्र को समर्पित किया। इतिहासकारो की माने तो सत्रह बार मंदिर की धन सम्पदा लूटी गयी और गौरवशाली इतिहास को तार तार किया गया।

हमने मन्दिर प्रांगण में रात साढ़े सात एक घण्टे का साउण्ड एण्ड लाइट शो देखा जिसमें सोमनाथ मन्दिर के पूर्व से लेकर वर्तमान तक का सफ़र दिखाया गया। मंदिर प्रांगण के दक्षिण में मैंने बाण स्तंभ देखा, जिसमे स्तम्भ पर एक बाण समुन्द्र की तरफ एक दिशा को दर्शा रहा हैं। इस स्तंभ पर लिखा है: 'आसमुद्रांत दक्षिण ध्रुव, पर्यंत अबाधित ज्योर्तिमार्ग'। यहां इसका अनुवाद भी लिखा हैं, जिसके अनुसार समुद्र के इस बिंदु से दक्षिण ध्रुव तक सीधी रेखा में एक भी अवरोध या बाधा कोई पहाड़ कुछ नहीं है। लगभग छठी शताब्दी से 'बाण स्तंभ' का उल्लेख इतिहास में मिलता है। इसको देख कर अपने ऋषि मुनियों पर गर्व होता हैं। प्राचीन समय में जब ऐसा मानते थे की किसी को विज्ञान, भूगोल की समझ नहीं थी पर हमारे ऋषि दक्षिणी, उत्तरी ध्रुव के बारे में जानते थे। उन्हें पता था धरती गोल है और समुन्द्र के आगे क्या हैं जबकि अंग्रेजो का मानना है की हिन्दू सभ्यता का विकास ही तब हुआ जब उन्होंने हमे गुलाम बनाया। जबकि हमारी सभ्यता तो त्रेता युग से विज्ञान, खगोलशास्त्र, आयुर्वेद में बहुत तरक्की कर चुकी थी।

नागेश्वर ज्योतिर्लिंग

स्थान द्वारका (जिला देवभूमि द्वारका)

राज्य गुजरात

बेल-पत्र या बिल्व-पत्र, इसमें तीन पत्तियां एक साथ जुड़ी होती हैं, जिसे तीनो गुण तमस, रजस और सत्व का प्रतीक माना गया हैं। शिव का इन तीनो गुणों पर आधिपत्य हैं। बेल के वृक्ष पर कठोर खोल का अन्दर से थोडा चिपचिपा फल लगता है। पुराण और वेद में इस वृक्ष को औषधीय गुणों वाला बताया गया हैं। ऋषि चरक और ऋषि सुश्रुत दोनों ने ही बेल फल में उपस्थित खनिज को जानते हुए इसे समर्थ औषधि माना।

बेल पत्र ठंडक प्रदान करता हैं; जब समुन्द्र मंथन के बाद शिव ने पूरी सृष्टि को बचाने के लिए विष अपने कंठ में धारण कर लिया तो उसके प्रभाव से उनका कंठ नीला पड़ गया और पूरा शरीर अत्यधिक गरम हो गया। चूँकि बेल पत्र ठंडक प्रदान करता है, सभी देवताओ ने बेल पत्र शिव को अर्पित कर उन्हें ठंडक देने का प्रयास किया। इस कारण शिव को गर्मी से राहत मिली और तभी शिवलिंग पर बेल पत्र चढ़ाया जाता हैं।

हम जल्दी सुबह की फ्लाइट से राजकोट (गुजरात) पहुँचे, और आगे टैक्सी द्वारा द्वारका की ओर चल दिए। राजकोट से द्वारका की दूरी 225 किलोमीटर की है जिसमे हम बीच में रुकते हुए पांच घंटे में पहुँच गए। द्वारका के रास्तें में ही नागेश्वर ज्योतिलिंग आता है, जो द्वारका से लगभग 20 किलोमीटर पहले हैं। इस क्षेत्र को दारुकावन कहते है जो गुजरात राज्य के गोमती द्वारका और बैट द्वारका के मध्य स्थित हैं।

मंदिर मे प्रवेश करते ही एक बड़ा हॉल हैं, और इस हॉल में छोटे विक्रेता पूजा का सामान बेचते दिख जाते हैं। गर्भ गृह पांच से छ: सीढ़ी नीचे हैं, नीचे तभी जाने देते है अगर पूजा करवानी हो नहीं तो ऊपर से ही दर्शन हो पाते हैं। मेरी मम्मी चांदी के नाग नागिन का जोड़ा बनवा कर लाई थी और हमने अभिषेक पूजा कर शिव को अर्पित किया।

शिव पुराण के अनुसार, राक्षस दारुक अपनी पत्नी दारुका के साथ जहरीले सापों से भरे घने जंगल में रहा करते थे। राक्षसी दारुका, माता पार्वती की अनन्य भक्त थी। पार्वती अपनी भक्त दारुका से बहुत प्रसन्न रहती थी, और उसे एक वरदान भी दे रखा था। उस वरदान के फलस्वरूप दारुकावन पर राक्षसी का आधिपत्य था और वह इसे जहां चाहे ले जा सकती थी। और इस वन का नाम भी राक्षसी के नाम पर दारुकावन रख दिया था। अब जहां दारुका चाहती वह अपने साथ इस वन को ले जाती। दोनों पति पत्नी को अपने पर बड़ा अहंकार हो गया और वह मासूम लोगो को कष्ट देने लगे। सभी लोग परेशान हो ऋषि और्वकी के पास मदद के लिए गए। ऋषि

और्वकी ने राक्षस और राक्षसी को श्राप दे कहा अगर अब वह निर्दोष लोगो को परेशान करेंगे या युद्ध करेंगे तो अपनी ज़िन्दगी से हाथ धो बैठेंगे। जब देवताओ को पता चला तो उन्होंने राक्षसों के साथ युद्ध छेड़ दिया। दारुक-दारुका को लगा अगर वह युद्ध करते है तो मारे जायेंगे और नहीं करते तो देवता उन्हें मार देंगे। अपने आप को बचाने की खातिर दारुका ने अपने वरदान के बल से दारुकावन को समुन्द्र के अन्दर ले जाकर छुपा दिया। अब उन्होंने समुन्द्र के अन्दर रह रहे जीव् जन्तुओ को परेशान करना शुरू कर दिया और आते जाते जहाज को पकड़ कर भोले भाले लोगो को मार कर खाने लगे। एक बार एक जहाज को पकड़ा जिसमे, सुप्रिय नामक एक बड़ा धर्मात्मा और सदाचारी वैश्य था। वह भगवान् शिव का अनन्य भक्त था। दारुक ने सुप्रिय समेत सभी को एक जेल में बंद कर दिया। सुप्रिय जेल में रह कर भी शिव की भक्ति और पूजा करता रहा। अन्य बंदी यात्रियों को भी वह शिव भक्ति की प्रेरणा देने लगा। दारुक ने जब यह समाचार सुना तब वह अत्यन्त क्रुद्ध होकर कारागर में आ पहुँचा। सुप्रिय उस समय शिव में ध्यान लगाए हुए दोनों आँखें बंद किए बैठा था। अब तो वह दारुक राक्षस क्रोध से एकदम पागल हो उठा। उसने तत्काल सुप्रिय तथा अन्य सभी बंदियों को मार डालने का आदेश दे दिया। सुप्रिय उसके इस आदेश से जरा भी विचलित और भयभीत नहीं हुआ।

वह एकाग्र मन से अपनी और अन्य बंदियों की मुक्ति के लिए शिव से प्रार्थना करता रहा। जैसे ही राक्षस उसे मारने आये तभी शिव प्रकट हुए। और शिव ने राक्षसों का वध कर वन को वापिस पृथ्वी पर स्थापित किया। सुप्रिय के आग्रह पर शिव इसी स्थान पर नागेश लिंगम के रूप में निवास करने लगे। यहां माता पार्वती नागेश्वरी के रूप में पूजी जाती हैं।

भगवान नागेश्वर, नागों के देवता है। नाग का नाम लेते ही मन में जहर का विचार आता है और यहां दर्शन करने से मनुष्य ईर्ष्या, लालच, क्रोध, धोखाधड़ी जैसे जहर भरे विचारो से मुक्ति पाता हैं।

क्रूर शासक औरंगजेब ने इस मंदिर को भी नष्ट किया, मंदिर के वर्तमान स्वरुप का पुननिर्माण अहिल्याबाई होल्कर द्वारा किया गया था।

नागेश्वर ज्योतिर्लिंग कहाँ स्थित है, इसको लेकर काफी मतभेद हैं। तीन जगह होने के दावें किये जाते हैं जिसमे पहला दारूकावन क्षेत्र, दूसरा आंध्रप्रदेश के अवढा गांव में माना जाता है। तीसरा उत्तराखंड राज्य में अल्मोड़ा से सत्रह मील दूर जोगेश्वर नामक तीर्थ बताया जाता है।

शिव पुराण में गुजरात राज्य के भीतर ही दारूकावन क्षेत्र में स्थित ज्योतिर्लिंग को ही नागेश्वर ज्योतिर्लिंग कहा जाता है। द्वादश ज्योतिर्लिंग स्तुति में भी नागेश्वर ज्योतिर्लिंग को दारूकावन क्षेत्र में ही वर्णित किया गया है।

एकाविंशति:
बैद्यनाथ ज्योतिर्लिंग

स्थान देवघर (जिला देवघर)

राज्य झारखण्ड

हिन्दू विवाह में गठबंधन का बहुत महत्व हैं। विवाह के समय वर-वधु के गठबंधन होने के बाद ही वह सात फेरे और सात वचन लेते हैं। दुल्हे की बहन गठबंधन कर दुल्हन को अपने परिवार में सम्मिलित होने का न्योता देती हैं। दूल्हे का दुपट्टे और दुल्हन की चुनरी को एक साथ ले उसमे सिक्का, फुल, हल्दी, घास व अक्षत रख कर गाँठ बाँधी जाती हैं। सिक्का लेने के पीछे का कारण हैं कि आर्थिक स्थिति

यानि संपत्ति या कमाई पर दोनों का समान अधिकार होगा। फूलों की तरह दांपत्य जीवन में खुशहाली बनी रहे। हल्दी का मतलब दोनों हमेशा सेहतमंद रहें। घास हमेशा पति पत्नी के रिश्ते में सामंजस्य बना कर रखे जैसे घास के सूख जाने के बाद भी थोड़ा सा पानी डालने में दोबारा हरी हो जाती है। इसी तरह सुख-दुख में एक साथ खड़े रहें। अक्षत यानी साबुत चावल का मतलब घर में कभी भी अन्न की कमी न हो।

बाबा बैद्यनाथ स्थानीय लोगो में बाबा बैजनाथ नाम से भी प्रचलित हैं। देवघर, झारखण्ड का एक छोटा सा शहर, इसी मंदिर के कारण प्रसिद्ध हैं। भक्तगण प्रतिदिन देश विदेश के कोने से यहां दर्शन के लिए आते हैं। साल 2022 में ही इस शहर को एअरपोर्ट की सौगात मिली और तब से दर्शनार्थियों के लिए काफी सुविधा हो गयी। मैंने मेरी मम्मी के साथ सीधी फ्लाइट होने की सुविधा का लाभ उठाते हुए प्रोग्राम बना लिया।

झारखण्ड राज्य मेरे लिए काफी अनजान है। अभी कुछ चुनिन्दा फ्लाइट्स ही चालू है, और दिल्ली से आने जाने की फ्लाइट का समय अलग होने के कारण हम एक ही दिन में वापिस नहीं आ सकते थे, इस कारण हमे वहां एक रात का कार्यक्रम बनाना पड़ा।

इन्टरनेट से जुटाई जानकारी के हिसाब से मंदिर में बहुत ज्यादा अव्यवस्थित भीड़ रहती हैं, और अगर महिना सावन को हो तो स्थिति का अंदाज़ा हम लगा सकते हैं। मुझे थोड़ी चिंता अपनी मम्मी को लेकर थी, क्योंकी कुछ समय पहले ही उनकी शल्य चिकित्सा हुई और इतनी अव्यवस्थित भीड़ में उन्हें गर्भ गृह ले जाने का सोच कर ही मुझे घबराहट होने लगी।

मेरा ऑफिस सहकर्मी राम, मंदिर परिसर में स्थित संध्या मंदिर के मुख्य पुजारी को जानता था। उसने मेरी पुजारी से फ़ोन पर बात करवा दी। देवघर जाने से पहले ही मैंने पुजारी को अपने आने की तारीख और समय बता दिया। यहां मंदिर में अगर जल अभिषेक पूजा करनी होती है तो नियमानुसार तब तक उपवास करना होता हैं।

दोपहर के करीब दो बजे पुजारी द्वारा बताएं मंदिर के पूर्वी दरवाज़े से हमने प्रवेश कर लिया। पूर्वी दरवाज़े से प्रवेश करना आसान हैं। पुजारी ने पहले से ही VIP टिकट ले रखी थी। इस मंदिर में पूरा दिन शिवलिंग पर जल चढ़ाया जा सकता हैं। भक्तजन शिवलिंग पर चढाने के लिए बोतल और बड़े कनस्तर में भर कर जल लाते हैं, और इस कारण मंदिर परिसर पानी से भीगा और फर्श भी काफी चिकना रहता हैं। काफी संभाल कर चलना पड़ता हैं, नहीं तो गिरना निश्चित हैं। पुजारी की मदद से हमने बहुत अच्छे दर्शन किये। यहां लोग जल के साथ फूल, बेल पत्र, प्रसाद इत्यादि शिवलिंग पर ऐसे चढाते हैं की सब पैरों में आता हैं। मैंने अपने आप को असहज महसूस किया जब पैरों में फूल इत्यादि आये। मेरे हिसाब से अपने इष्ट को कभी फल, फूल, जल फेक कर नहीं चढ़ाना चाहिए, ईश्वर तो भक्त के प्रेम का भूखा है, ऐसे फेकना तो शायद उसे भी पसंद नहीं आएगा।

मंदिर परिसर में ही गर्भगृह के ठीक सामने शक्ति पीठ है, जहां सती का हृदय गिरा था, इसलिए इस स्थान को हरदापीठ भी कहा जाता है। यह शक्ति पीठ अष्ट दशा में नहीं आता हैं। शिव और शक्ति एक दुसरे के बिना अधूरे हैं और हर शक्ति पीठ के साथ शिव, रूद्र या भैरव के रूप में मौजूद रहते हैं। जब हम देवी के दर्शन के लिए गर्भ गृह में आये तो मैंने देखा लोग भक्ति में इतने डूबे हैं कि देवी को भी जल चढा रहे हैं, और विग्रह व मंदिर सब गिला कर रखा हैं। यहां सती को जया दुर्गा के रूप में और शिव को बैद्यनाथ के रूप में पूजा जाता है।

यहां मंदिर परिसर में शिव और शक्ति की खुले स्थान पर आरती करने का नयापन देखने को मिला। एक लम्बे हत्थे की चम्मच में कपूर और अन्य सामग्री से अग्नि प्रज्वलित कर शिव पार्वती की आरती भक्तो को करते देखा।

दोनों मंदिर सफ़ेद पत्थर के बने हैं। जबकि गर्भ गृह अन्दर से काले पत्थर का बना हैं। यहां शिवलिंग का आकर सामन्य से काफी छोटा हैं।

इस परिसर में शिव मंदिर के शिखर से, मां पार्वती मंदिर के शिखर तक गठबंधन की एक अनोखी परंपरा है, पुजारी ने हमसे पूछा और हमने तुरंत हामी भर दी। गठबंधन एक लाल रिबन जैसे डोरे से होता हैं। इस गठबंधन को प्राचीनकाल से एक ही परिवार के लोग करते आ रहे हैं। मंदिर के शिखर पर जाने के लिए एक मोटी जंजीर लगी है जिसके सहारे दोनों मंदिर पर चढ़ा जाता है। पहले शिव मंदिर के शिखर पर लाल रिबन बांधा गया फिर नीचे हम रिबन को पकड़ कर पार्वती मंदिर के पास तक चले और उसके बाद उसे पार्वती मंदिर के शिखर पर ले जा कर बाँध दिया। इस प्रक्रिया में ऐसी भावना आयी जैसे हम शिव और पार्वती का सच में गठबंधन कर रहे हो।

देवघर का पेढा बहुत मशहूर है और यहां बिलकुल गरमा गरम ताजा मिलता हैं। यहां मंदिर के पास बहुत दुकाने है साथ ही साथ यहां मैंने देखा कांच की चूड़ियाँ भी काफी ज्यादा मिल रही हैं।

पौराणिक कथा के अनुसार, एक बार रावण, शिव को प्रसन्न करने के लिए हिमालय क्षेत्र में तपस्या कर रहा था। किन्तु बहुत कठिन और लम्बी तपस्या के बाद भी शिव ने दर्शन नहीं दिए। वह काफी विचलित हो गया कि ऐसी क्या कमी रह गयी की शिव उसे दर्शन नहीं दे रहे। उसने एक-एक कर अपने नौ सिर शिव को अर्पित कर दिये। जैसे ही वह अपना दसवां सिर अर्पित करने लगा, शिव उसके सामने प्रकट हुए और उससे वरदान मांगने को कहा। रावण ने शिव को कैलाश से लंका ले जाने की इच्छा व्यक्त की। शिव सहमत हो गए लेकिन उन्होंने कहा कि यदि लिंगम को रास्ते में कही भी रख दिया, तो वही उनका स्थायी निवास बन जाएगा।

यह सुनकर कि शिव अब कैलाश पर निवास नहीं करेंगे सभी देवता चिंतित हो गए। उन्होंने विष्णु से समाधान मांगा। विष्णु ने वरुण देव को समझा दिया की क्या करना हैं। रावण शिवलिंग को लेकर चल पड़ा। कुछ समय पश्चात वरुण देव के कारण रावण को मूत्र जाने की आवश्यकता महसूस हुई। तभी उसने वह बैजू चरवाहे को देखा और उसे अनुरोध किया की वह थोड़ी देर के लिए शिवलिंग पकड़ ले।

बैजू ने कहा अगर वह समय से नहीं लौटा तो शिवलिंग को ज़मीन पर रख देगा। वरुण देव की उपस्थिति के कारण, रावण को खुद को राहत देने में बहुत लंबा समय लगा। काफी देर तक रावण की प्रतीक्षा करने पर बैजू ने लिंगम को जमीन पर रख दिया और चला गया। वापस लौटने पर, रावण ने लिंगम को उठाने का प्रयास किया, लेकिन अपने प्रयास में असफल रहा। रावण परेशान होकर खाली हाथ लंका लौट आया। अब बैजू रोज़ बिना खाना खाए नियम से शिव लिंग की पूजा करने लगा। कितनी भी आंधी तूफ़ान या कोई भी समस्या आ जाए वो लिंगम की पूजा किया बिना भोजन ग्रहण नहीं करता। शिव, बैजू की भक्ति से प्रसन्न हुए और वरदान स्वरुप यही ज्योतिर्लिंग के रूप में बस गए और स्थान का नाम बैजू के नाम पर रख दिया जो अब बाबा बैजनाथ धाम कहलाता हैं।

पुजारी ने हमे वासुकिनाथ मंदिर जाने की सलाह दी, और बताया वह जाने से यात्रा पूरी होती हैं। अगली सुबह हम कार से वासुकिनाथ जिसे बासुकीनाथ भी कहते है के लिए रवाना हो गए। यह देवघर से करीब 45 किलोमीटर की दूरी पर हैं। मंदिर की वास्तुकला हुबहू बैजनाथ मंदिर जैसी हैं। वासुकी एक जहरीले नाग का नाम है जिसे शिव अपने गले पर धारण करते हैं।

वासुकी ऋषि कश्यप और माता कद्रू की संतान हैं। ऋषि कश्यप की बहुत सारी पत्नियाँ थी जिसमे अदिति, दिति, दनु और कद्रू का नाम भी लिया जाता हैं। अदिति के 12 पुत्र हुए जो आदित्य कहलाये। दिति के पुत्र दैत्य और दनु के पुत्र दानव कहलाये। कद्रू जहरीले नागों की माता थी।

झारखण्ड एक गरम प्रदेश हैं जहां गर्मी काफी तेज पड़ती हैं। यहां काफी श्रद्धालु दंडवत करते हुए सड़क के रास्तें मंदिर जाते दिख रहे थे। मैंने देखा दंडवत करते समय वह हाथ से कुछ वस्तु निशानी के तौर पर रख देते हैं फिर वहां से अगला दंडवत करते है, और इस तरफ आगे बढ़ते जाते हैं। हमारे ड्राईवर ने बताया कि यह लोग सुल्तानगंज से ऐसे ही दंडवत करते आ रहे हैं। सुल्तानगंज से

बासुकीनाथ के दूरी 120 किलोमीटर हैं और इस तरह से उन्हें पहुचने में तकरीबन तीन से चार महीने लग जाते हैं। महिला और पुरुष दोनों ही की इस भक्ति के आगे मैं नत मस्तक हो गयी। और मेरे मन के भाव यह थे की भगवान आप पहले अपने इन भक्तो की सुन ले।

श्रद्धालु सुल्तानगंज से गंगाजल लेकर पहले बाबा बैद्यनाथ को जल चढाते है फिर वासुकिनाथ को चढा कर अपनी यात्रा पूरी करते हैं। देवताओ और असुरो ने अमृत पाने के लिए समुन्द्र मंथन किया। रस्सी की जगह नाग वासुकी को मेरु पर्वत पर बांधकर समुद्र मंथन किया गया था।

समय पर मंदिर पहुँच कर यहां हमने शिवलिंग पर जल अभिषेक किया और माँ शक्ति के भी दर्शन किये। यहाँ भी शिव लिंग के ठीक सामने माँ शक्ति का मंदिर हैं। हर सुबह जब दोनों मंदिर के द्वार खुलते है सबसे पहले शिव और पार्वती एक दुसरे के दर्शन करते है और उसके बाद ही पुजारी मंदिर में प्रवेश कर सकता हैं।

देवघर एअरपोर्ट लौटते समय, एक दिलचस्प घटना देखने को मिली। झारखंड विभिन्न जनजातियों का घर है, और प्रत्येक अपनी विशेष सांस्कृतिक परंपराओं और धार्मिक विश्वासों में समृद्ध हैं। हम जब बासुकीनाथ से निकल राजमार्ग पर थे, एक जनजाति समूह ने हमारा रास्ता रोक दिया। उस समूह के सभी लोगो पारंपरिक वेशभूषा में थे, कुछ लोगो के हाथ में संगीत यंत्र व कुछ ने मोर पंख ले रखे थे। वह सब मोहक और तालमय नृत्य अपनी सांस्कृतिक विरासत और प्रतिभाओं की झलक दिखाते हुए करने लगे। हमारे चालक के लिए यह रोज़ का दृश्य था और वह जानता था की क्या करना हैं। चालक ने मुझे 10 या 20 रुपये का योगदान समूह को देने का सुझाव दिया। उन्होंने हमारे योगदान को आभारपूर्वक स्वीकार कर लिया, और रास्ता खाली कर हमें हमारी यात्रा जारी रखने की अनुमति दे दी। मुझे इस क्षेत्र के लोगों काफी सीधे सादे व सरल व्यक्तित्व के लगे।

त्रिम्बकेश्वर ज्योतिर्लिंग

स्थान त्रिम्बक (जिला नाशिक)

राज्य महाराष्ट्र

"सह्याद्रिशीर्षे विमले वसन्तं गोदावरितीरपवित्रदेशे। यद्दर्शनात्पातकमाशु
नाशं प्रयाति तं त्र्यम्बकमीशमीडे।।"

बिना किसी योजना के अचानक से मुंबई का प्रोग्राम बन गया ऐसा
लगा जैसे दिव्य ऊर्जा स्वयं मेरी मदद कर रही है, और मेरी आगे
से आगे यात्रा निर्धारित हो रही हैं। एक ही दिन में फ्लाइट टिकट,

होटल से लेकर यात्रा के सारे प्रबंध कर मैंने मुंबई का सफ़र शुरू कर दिया। वैसे तो अब नाशिक में भी एअरपोर्ट हैं परन्तु फ्लाइट्स का विकल्प कम होने के कारण मैंने मुंबई जाने का सोचा और वहां से कार द्वारा नाशिक जाना तय किया।

मुंबई के ट्रैफिक को पार करने में ही काफी समय लग गया, मुंबई दुनिया के सबसे घने शहरो में एक है जहां कारों, बसों, ऑटो, टैक्सियों, दोपहिया वाहनों, पैदल चलने वालों के लिए समाधान प्रदान करने की आवश्यकता हैं। हमे नाशिक पहुँचने में करीब 5 घंटे लग गए।

अगली सुबह 9 बजे हम तैयार हो ज्योतिलिंग दर्शन के लिए निकल गए। नाशिक से करीब 25 से 30 मिनट की दुरी पर त्रिम्बक गाँव में मंदिर स्थित हैं। अक्टूबर के महीने में सुबह के समय मौसम काफी अच्छा और हलकी ठंडी मंद हवा चल रही थी। मंदिर के काफी पास कार ने हमे उतार दिया और अब यहां से मंदिर तक पैदल ही जाना था। मंदिर के आस पास काफी सफाई दिख रही थी। हमें सुबह समय पर पहुचने का यह फायदा हुआ की भीड़ ज्यादा नहीं थी। पहली ज्योतिलिंग की यात्रा, मैं अपने पति के साथ कर रही थी, और साथ में दर्शन करना और जल चढाने का सौभाग्य मिलने के कारण काफी खुशी महसूस हो रही थी। यहां मैंने देखा कि प्रसाद की दुकाने नहीं है और सुखा प्रसाद ही पूजा की टोकरी के साथ मिलता हैं।

मंदिर के नज़दीक पहुँचने पर देखा ज्यादा भीड़ नहीं है और हम साधारण कतार में लग सकते है, लेकिन फिर हमने सोचा और हम VIP दर्शन की कतार में लग गए जिसका शुल्क 200/- का था।

यहां के स्थानीय लोग ज्यादा उतावलें और जल्दबाज न होकर शांति से कतार में अपनी प्रतीक्षा का इंतज़ार करते दिख रहे थे। जैसे ही हमने मंदिर के विशाल व समृद्ध प्रांगण में प्रवेश किया, अत्यधिक शांति, सकारात्मकता, और पवित्रता ने अपने आगोश में ले लिया। मंदिर काले पत्थर से बना एक उत्कृष्ट और जटिल नक्काशियों की संरचना हैं। पत्थर पर बारीक नक्काशी को देख प्राचीन काल के कारीगरों की

कड़ी मेहनत का अंदाजा लगा गर्व महसूस होता है; जबकि वर्तमान में कोई भी इमारत बनाने में वैज्ञानिक उपकरण की मदद मिल जाती हैं। मंदिर में उपयोग हुआ काला पत्थर नाशिक और उसके पड़ोसी क्षेत्रों से प्राप्त किया गया था, शिखर पर सोने का ध्वज और तीन सोने के कलश हैं। जैसे ही हम गर्भ गृह के निकट पहुंचे हमको साधारण कतार के साथ मिला दिया गया। जब VIP कतार साधारण कतार में मिली लोगो ने धैर्य के साथ एक दूसरे को आगे बढ़ने का मौका दिया और कोई अफरा-तफरी नहीं थी। गर्भ गृह के ठीक सामने नंदी की एक बड़ी सफेद संगमरमर की मूर्ति विराजमान हैं।

अभी तक जितने ज्योतिर्लिंग के मैंने दर्शन किये है सब जगह शिव के साथ माता पार्वती गर्भ गृह में विराजमान हैं। लेकिन यहां त्रिमूर्ति ब्रह्मा, विष्णु और शिव एक साथ अंगूठे के आकार के लिंग के रूप में उपस्थित हैं। शिवलिंग हमेशा ज़मीन से ऊपर होता हैं, यहां त्रिमूर्ति लिंग के रूप में एक छोटे से गोल ज़मीन के अन्दर गोलाकार गढ़े में विद्यमान हैं। गढ़े के अन्दर से गोदावरी नदी का पानी आकर जल अभिषेक करता रहता हैं। यह एक दिव्य चमत्कार हैं की कहाँ से, कैसे और कब से यह होता आ रहा हैं।

गर्भ गृह में एक काफी बड़ा आईना इस तरह लगा है की दूर से गड्ढे में विराजित तीनो लिंग के दर्शन हो जाते हैं। आईने के ऊपर देवी पार्वती की मूर्ति हैं। गर्भ गृह के दरवाज़े के पास एक तरफ गणेश और दूसरी तरफ कार्तिकेय की मूर्ति हैं। सभी मूर्तियाँ काले पत्थर की हैं। यहां की एक अच्छी बात यह है, कि पुजारी या सुरक्षा कर्मी दर्शनार्थियों को बिलकुल धक्का नहीं मारते। दो से तीन मिनट के अंतर पर एक पुजारी त्रिमूर्ति लिंग के गड्ढे में एकत्रित पानी को हाथ की अंजुली में भर बाहर की तरफ निकाल रहे थे। और यह पानी एक नाली द्वारा बाहर की तरफ जा रहा है, जहां से भक्त लोग उसे प्रसाद की तरह ग्रहण कर रहे हैं।

गर्भ गृह से बाहर आकर काफी देर मंदिर परिसर में बैठ यहां की ऊर्जा ग्रहण की। वातावरण बहुत शुद्ध और सकारात्मक होने के साथ

मन को बहुत शांति और अंदरूनी ख़ुशी प्रदान कर रहा था। बाहर प्रांगण में अन्दर जैसे हुबहू त्रिमूर्ति के लिंग स्थापित हैं। श्रद्धालु अपने दायें हाथ का अंगूठा, और दो उँगलियों को एक साथ तीनो लिंग पर रख अपनी और अपने परिवार की खुशहाली की मनोकामना करते दिख रहे हैं।

बाहर बैठे मेरे मन में ख्याल आया की जितने प्राचीन मंदिर है सभी का परिसर काफी बड़ा होता हैं। प्राचीन काल में मंदिर, पूजा स्थल के साथ शिक्षण स्थल भी हुआ करता था, जहां गुरु अपने शिष्यों को शिक्षा प्रदान करते थे, और साथ ही ध्यान और साधना भी किया करते थे। हमारे सनातन धर्म में गुरु-शिष्य परंपरा रही है, जहां शिष्य अपने गुरुकुल में शिक्षा दीक्षा ग्रहण करते थे।

मंदिर में सुबह की आरती ब्रह्मा, दोपहर की शिव और शाम की विष्णु की होती हैं। श्रृंगार के बाद लिंग को हीरे और बहुमूल्य रत्नों से जडित मुकुट पहनाया जाता हैं। माना यह जाता हैं यह मुकुट पांडवो ने चढ़ाया था।

शिव पुराण के अनुसार, ऋषि गौतम अपनी पत्नी अहिल्या के साथ तपोवन में रहते थे। एक बार कुछ ब्राह्मणों ने नाराज हो कर ऋषि गौतम पर गौ हत्या का इल्जाम लगा उनकी भर्त्सना करने लगे। ऋषि गौतम को आत्मग्लानि कचोटने लगी और उन्हें विश्वास हो गया कि उनसे गौ हत्या का पाप हो गया हैं। सारे ब्राह्मणों के कहे अनुसार उन्हें यह आश्रम छोड़कर अन्यत्र दूर चले जाना पड़ा। विवश होकर ऋषि गौतम अपनी पत्नी अहिल्या के साथ वहां से एक कोस दूर जाकर रहने लगे। किंतु उन ब्राह्मणों ने वहां भी उनका रहना दूभर कर दिया। अत्यंत अनुनय भाव से ऋषि गौतम ने उन ब्राह्मणों से प्रार्थना की कि आप लोग मेरे प्रायश्चित और उद्धार का कोई उपाय बताएँ।

ब्राह्मणों के कहे अनुसार ऋषि गौतम अपनी पत्नी संग भगवान शिव की आराधना करने लगे। इससे प्रसन्न हो भगवान शिव ने प्रकट होकर उनसे वर माँगने को कहा। गौतम ऋषि ने गौ हत्या के पाप

से मुक्त करने को कहा। शिव ने कहा- "तुम सर्वथा निष्पाप हो। गो-हत्या का अपराध तुम पर छल पूर्वक लगाया गया था।"

शिव ने ब्राह्मणों को दंड देने का विचार गौतम को बताया। गौतम बहुत सच्चे और सरल हृदय के धनी थे। उन्होंने कहा प्रभु, उन्हीं ब्राह्मणों के निमित्त मुझे आपके दर्शन प्राप्त हुए है। आप अपना क्रोध शांत करे और उन्हें क्षमा कर दे। और ऋषि गौतम ने शिव को इसी स्थान पर ब्रह्मा और विष्णु के साथ निवास करने का आग्रह किया। गौतम द्वारा लाई गई गंगा भी यही गोदावरी नाम से प्रवाहित होने लगीं।

मुग़ल शासक औरंगजेब ने 1690 में मंदिर को काफी क्षति पहुंचाई और बर्बरता का प्रदर्शन किया। जब औरंगजेब को यहां मौजूद धन सम्पदा का पता चला, तो उसने न केवल धन लूटा बल्कि देवी देवताओं को भी बहुत अपमानित किया। उसने न केवल मूर्तियाँ खंडित कि बल्कि कई स्थानों पर सीढ़ियों और ऐसी जगह लगाई जहां वह अपमानित हो सके। मंदिर को नुकसान पंहुचाने के अलावा मंदिर के ऊपर मस्जिद का गुंबद भी बना दिया गया था। मुगलों ने सनातन धर्म को तार तार करने में खुद को गौरवान्वित महसूस किया।

इस प्राचीन मंदिर का पुनर्निर्माण तीसरे पेशवा बालाजी अर्थात नाना साहब पेशवा ने करवाया था। इस मंदिर का जीर्णोद्धार 1755 में शुरू हुआ था और तीन दशको के लंबे समय के बाद 1786 में जाकर पूरा हुआ।

घृष्णेश्वर ज्योतिर्लिंग

स्थान वेरुल (जिला औरंगाबाद)

राज्य महाराष्ट्र

हर एक व्यक्ति में दो शक्तिशाली और भिन्न ऊर्जाओं का मेल हैं, जिसे शिव और शक्ति कहते हैं। शिव स्थिर ऊर्जा और वही शक्ति गतिशील ऊर्जा हैं। शक्ति जब अनियंत्रित हो जाती है, तो शिव को स्थिरता देने आना पड़ता हैं, और जब स्थिरता ज्यादा हो जाती है शक्ति की मदद से गति प्रदान की जाती हैं। शिव

शक्ति एक दुसरे के उत्प्रेरक (कैटेलिस्ट) हैं - शिव की गति को ही शक्ति कहते हैं, और शक्ति की चेतना को शिव कहते हैं। शक्ति को पाने का मार्ग शिव है, और शिव को पा लिया तो शक्ति अपने आप आ जाती हैं।

जब शक्ति, काली रूप में ऊर्जा बन राक्षस का संहार कर रही थी, तो वह अनियंत्रित हो गयी और नियंत्रण लाने के लिए शिव को आना पड़ा और काली के रास्तें में लेट शक्ति को चेतना प्रदान कर इस स्थिति से अवगत कराया।

हम नाशिक से औरंगाबाद कार द्वारा आये, और सुबह 9 बजे तैयार हो कार से मंदिर के लिए रवाना हो गए। मंदिर औरंगाबाद शहर से 40 से 45 मिनट की दूरी पर हैं। औरंगाबाद शहर आधुनिकता के साथ ऐतिहासिक महत्व भी रखता हैं, जहां की साफ सुथरी सड़के और शानदार होटल विकल्पों की विविधता के साथ स्वागत करते हैं। आधिकारिक रूप से शहर का नाम अब छत्रपति संभाजी नगर हो गया है, जो एक महान मराठा योद्धा और शासक थे। यह शहर ऐतिहासिक अजंता और एलोरा गुफाएं तक पहुँचने के लिए एक लोकप्रिय द्वार है। दोनों गुफाएं एक दुसरे से काफी दूर है, और यूनेस्को द्वारा घोषित विश्व धरोहर स्थल हैं, जो विश्वभर से इतिहास और सांस्कृतिक प्रेमीयों का आकर्षण का केंद्रबिंदु हैं।

मैंने जब इतिहास के पन्ने पलटे तो पता चला इस शहर को प्राचीन समय में खडकी नाम से जानते थे। 14वी शताब्दी तक इस क्षेत्र पर महान सम्राट कृष्ण देव राय और उनके वंशज का राज था। औरंगजेब ने अपना आखिरी समय यही बिताया और इसी कारण इसका नाम औरंगाबाद हुआ।

मंदिर जाते समय रास्तें में दौलताबाद किला देखा जो की लगभग 200 मीटर ऊंची एक शंकाकार पहाड़ी पर खड़ा है। माना जाता है कि भगवान शिव इस पहाड़ी पर रहे थे और इसीलिए यह स्थान देवगिरि के नाम से जाना जाता है, जिसका अर्थ "भगवान की पहाड़ियाँ" था।

पहाड़ी पर काफी हरियाली होने से पक्षियों की चहचाहट कानों को बहुत मधुर लग रही थी।

रास्तें में छोटे बड़े फल विक्रेता खड़े दिखते है, जिनके पास मौसम के बड़े ताज़े फल देख मन ललचा गया परन्तु फिर दर्शन की इच्छा प्रबल हो चली और सोचा लौटते समय जरूर रुक कर खरीदेंगे। यहां का सीताफल और अमरुद काफी प्रसिद्ध हैं।

स्थानीय ड्राइवर होने के कारण यहां की घुमावदार सड़कों को बहुत अच्छे से जानता हैं, और हमें समय पर बिना परेशानी मंदिर के पास छोड़ दिया। जहां हम उतरे वहां से मंदिर थोडा ऊंचाई पर है लेकिन सहज चढ़ाई होने से कोई दिक्कत नहीं आयी। यहां कुछ छोटे बच्चे और वयस्क माथे पर गीले चंदन का तिलक लगा रहे थे। मुझे तिलक लगवाना अच्छा लगता है, और मैंने हर ज्योतिर्लिंग में अपने माथे पर लगवाया। हमारे माथे पर दोनों भोहो के बीच में आज्ञा चक्र होता है, जिसे ऊर्जा केंद्र भी कहते है। चन्दन का तिलक लगाने से ऊर्जा केंद्र नियंत्रित और शांत रहता है।

थोडा आगे जाते ही मंदिर परिसर का मुख्य द्वार आ गया, और आगे अब मोबाइल, बड़े बैग नहीं ले जा सकते परन्तु पर्स ले जा सकते हैं। दरवाज़े पर ही एक दुकान पर मोबाइल जमा करने का प्रबंध था। हमने एक पूजा की टोकरी ले ली जिसमे रंग बिरंगे फूल, धतूरा और एक गंगाजल की शीशी थी।

गर्भ गृह तक का रास्ता टिन शेड का बना था जिस कारण गर्मियों में भक्तो को काफी सुविधा रहती होगी। मंदिर बहुत सादगी और सरलता से भरा प्रतीत हो रहा था। भीड़ ज्यादा न होने के कारण लग रहा था 10 से 15 मिनट में नंबर आ जाएगा।

इस मंदिर को घृष्णेश्वर या घुमेश्वर दोनों नामो से जाना जाता हैं। शिव पुराण में भी मंदिर का खूबसूरत वर्णन मिलता हैं। मंदिर की संरचना दक्षिण भारतीय स्थापत्य शैली में लाल रंग के पत्थर से बनी जिसकी बाहरी दीवारों पर बहुत सारी मूर्तियां बनी हुई हैं। यहां

पर भी मुगलों ने विनाश होली खेली और 13 वी से 14 वी शताब्दी में मंदिर को बहुत क्षति पहुंचाई। रानी अहिल्याबाई होल्कर ने इस मंदिर समेत देश के बहुत मंदिरों में जीर्णोद्धार का कार्य करवाया। अहिल्याबाई ने मंदिरों के रख रखाव और जीर्णोद्धार के कार्य में दिल खोल कर खर्च किया।

गर्भ गृह के ठीक बाहर एक सुरक्षा कर्मी बैठा था, उसने सभी आदमियों से अपनी कमीज़, टीशर्ट, बेल्ट उतारने को कहा। यहां आदमियों को शरीर के उपरी हिस्से में कुछ भी पहनने की मनाही हैं।

गर्भ गृह सामान्य से काफी बड़ा है और अन्दर का वातावरण AC की ठंडक की वजह से बहुत अच्छा लग रहा था। एक तरफ पुजारी बैठा था, और जैसा मैंने त्रिम्बकेश्वर में भी देखा यहां धक्का नहीं मारते और श्रद्धालु आराम से लाया पूजा का सामान भगवान को अर्पित कर सकते हैं। शिवलिंग के दूसरी तरफ कुछ पंडित जल अभिषेक, रूद्र अभिषेक की पूजा करवा रहे थे। यहां भक्तो को पूजा गर्भ गृह में बैठा कर मुख्य शिवलिंग पर ही करवाई जाती हैं, जो की काफी बड़ी बात हैं। अद्वितीय, शांतिपूर्ण और आध्यात्मिकता से परिपूर्ण दर्शन से मन बहुत प्रसन्न हो गया। अपने पति के साथ, मुझे शिवलिंग को गंगा जल अर्पित करने का अवसर मिला जिसने मेरे हृदय को आनंद और संतोष से भर दिया।

गर्भ गृह के ठीक बाहर नंदी की एक बड़ी मूर्ती अपने स्थान पर शिवलिंग के ठीक सामने विराजमान हैं। अपने दाहिने हाथ के अंगूठे और तर्जनी ऊँगली को नंदी के दोनों सींगों पर रखकर त्रिकोणीय फ्रेम के माध्यम से जिसे श्रृंगदर्शन मुद्रा कहते हैं, शिवलिंग के दर्शन करने चाहिए और इसे श्रृंगदर्शन कहा जाता है। श्रृंगदर्शन मुद्रा से दैवीय ऊर्जा का कंपन शरीर में प्रतीत होता हैं।

नंदी शिव के मंदिर के बाहर तैनात रह यह सुनिश्चित करते है कि भगवान की तपस्या कभी बाधित न हो। इसलिए नंदी के कानों में अपना मनोकामना कहनी चाहिए जिसे नंदी भगवान शिव तक पहुंचा देते हैं। ऐसा कहा जाता है कि इस प्रथा का पालन सबसे पहले किसी

और ने नहीं बल्कि गणेश ने किया था, जब शिव अपने ध्यान में बैठे थे और उन्होंने नंदी को एक जरूरी सुचना शिव तक पहुंचाने का कार्य दिया था।

दिव्य दर्शन, शांतिपूर्ण व् पवित्र वातावरण को आत्मसात कर मन सकारात्मक ऊर्जा से भर उठा। नंदी के पास बैठे पुजारी ने मुझे पवित्र पञ्च-मुखी रुद्राक्ष की माला दी। रुद्राक्ष प्राप्त करना और वह भी ज्योतिर्लिंग से; अप्रत्याशित उपहार ने मुझे आध्यात्मिक बल दिया, भगवान के आशीर्वाद और दिव्य कृपा ने मुझे स्पर्शित कर दिया।

रुद्राक्ष, वैज्ञानिक रूप से एलियोकार्पस गैनिट्रस नाम से जाना जाता हैं, दो शब्दों के संयोजन से बना नाम: "रुद्र" शिव का रूप, और "अक्ष" यानि नेत्र। शिवपुराण में इसके लाभकारी गुणों का वर्णन किया गया है। रुद्राक्ष के मनके एक फल का बीज हैं, आमतौर पर पहाड़ी इलाकों में एक खास ऊंचाई पर, खासकर हिमालय में पाए जाते हैं। मनको का रंग, आकृति, आकार, और उनकी मुखी की संख्या भिन्न होती हैं। मनके में एक मुख से लेकर 21 मुख तक हो सकते हैं और हर मुखी विशिष्ट आध्यात्मिक व चिकित्सात्मक गुणों से युक्त होता है।

शिव पुराण के अनुसार, यह स्थल घुश्मा नाम की शिव भक्त महिला से जुड़ा हैं। देवगिरि पर्वत के निकट सुधर्मा नामक एक अत्यंत तेजस्वी ब्राह्मण रहता था। वह अपनी पत्नी सुदेहा के साथ हंसी ख़ुशी अपना जीवन व्यतीत कर रहा था। लेकिन उन्हें कोई संतान नहीं थी।

सुधर्मा को ज्योतिष शास्त्र का बहुत अच्छा ज्ञान था, उसे दोनों की जन्मपत्री की गणना से पता चला कि सुदेहा के गर्भ से संतानोत्पत्ति नहीं हो सकती हैं। सुदेहा संतान की इच्छा से बैचेन अपने पति से अपनी छोटी बहन सुधर्मा का विवाह कराने का विचार बना बैठी।

सुधर्मा ने अपनी पत्नी की बात नहीं मानी लेकिन अंत में उन्हें पत्नी की जिद के आगे झुकना पड़ा और घुश्मा से ब्याह कर लिया। घुश्मा

अत्यंत शांत, धैर्यशील और अच्छे आचरण वाली स्त्री थी। घुश्मा भगवान् शिव की अनन्य भक्ता और प्रतिदिन एक सौ एक पार्थिव शिवलिंग बना सच्ची निष्ठा के साथ उनका पूजन करती थी।

कुछ समय उपरांत घुश्मा ने अत्यंत सुंदर और स्वस्थ बालक को जन्म दिया। बच्चे के जन्म से सुदेहा के आनंद की सीमा नहीं रही। कुछ समय पश्चात सुदेहा के मन में एक कुविचार ने जन्म ले लिया। उसे मन में पीड़ा होने लगी कि इस घर में सब घुश्मा का है। सुदेहा के मन का कुविचार ने एक विशाल वृक्ष का जन्म ले लिया। इधर घुश्मा का वह बालक भी बड़ा हो रहा था। धीरे-धीरे वह जवान हो गया। उसका विवाह भी हो गया।

अंततः एक दिन सुदेहा ने घुश्मा के युवा पुत्र की रात में सोते समय हत्या कर उसके शव को उसी तालाब में फेंक दिया जिसमें घुश्मा प्रतिदिन पार्थिव शिवलिंगों को विसर्जित करती थी। सुबह होते ही जब सबको पता लगा पूरे घर में कुहराम मच गया। सुधर्मा और उसकी पुत्रवधू अत्यंत दुखी हो रोने लगे। घुश्मा बिना परेशान हुए नित्य की भाँति भगवान् शिव की आराधना में तल्लीन रही। पूजा समाप्त करने के बाद वह पार्थिव शिवलिंगों को तालाब में विसर्जित करने गयी तभी उसे तालाब से अपना पुत्र आता दिखा।

तभी भगवान् शिव वहां प्रकट हुए और घुश्मा से वर माँगने को कहा। शिव सुदेहा से अत्यंत क्रुद्ध थे, और उसे दंड स्वरुप मृत्यु देने को उत्सुक थे। घुश्मा ने हाथ जोड़कर शिव से अपनी बहन के लिया क्षमा मांगी और उसे इस जघन्य पाप से मुक्त करने की विनती की। और शिव से इसी स्थान पर निवास करने का आग्रह किया। शिव अपनी भक्त की भावना से खुश हो गए और दोनों वरदान पर अपनी स्वीकृति दे दी। शिवभक्त घुश्मा के आराध्य होने के कारण वे यहां घुश्मेश्वर महादेव के नाम से विख्यात हुए।

मंदिर के पास ही, कार से दो तीन मिनट की दूरी पर, तालाब जहां घुश्मा शिवलिंग विसर्जित करती थी शिवालय तीर्थ के नाम से स्थित हैं। तालाब के चारो और 8 शिवलिंग बने हैं।

हमारा अगला पड़ाव, 500 मीटर की दूरी पर स्थित एल्लोरा की गुफाएं था। यह एक अत्यंत विशाल परिसर हैं, जिसमे करीब 100 गुफाएं है परन्तु लोग केवल 34 गुफाएं ही देख सकते हैं। एक दिन में 34 गुफाएं देखा एक बहुत कठिन कार्य हैं। इन्टरनेट से एकत्रित जानकारी के अनुसार मैंने कुछ गुफाओं का चयन कर लिया जिसमे गुफा संख्या 16, 15, और 10 और उसके बाद जितनी हिम्मत रहेगी उस हिसाब से देखने का मन बना लिया। प्रवेश द्वार के सामने ही गुफा 16 हैं, जिसमे कैलाश मंदिर बना हैं।

गुफा संख्या 16 वास्तव में एक अद्वितीय चमत्कार है; चट्टान को काटकर बनाये मंदिरों में सबसे विशाल और प्राचीन संरचना है। कैलाश मंदिर अपनी ऊर्ध्वाधर खुदाई के लिए प्रसिद्ध है - यानि मूल चट्टान के शीर्ष से काटकर नीचे की ओर खुदाई की गई और मंदिर का आकार दिया गया। यह संरचना एक ही पहाड़ को ऊपर से नीचे काटकर बनाया गया जो वास्तुकला का एक बेजोड़ नमूना हैं। मंदिर की वास्तुकला में पल्लव और चालुक्य शैलियों की झलक दिखती हैं। भारतीय 20 रुपये के मुद्रास्वीकृत बैंक नोट में इस मंदिर का दृश्य है।

गुफा संख्या 15, दशावतार गुफा के नाम से जानी जाती हैं। यहां शिव और विष्णु के अलग अलग अवतार में दिव्य मूर्तियाँ देखने को मिलती हैं। गुफा में गणेश, सूर्य, शिव, पार्वती और अर्धनारीश्वर की भी मूर्तियाँ देखने को मिलती हैं। दशावतार गुफा की ज्यादातर मूर्तियां बहु-सशस्त्र लिए गतिशील मुद्रा में चित्रित हैं। यह दो मंजिला ऊंची गुफा भी एक ही चट्टान से बनी है। ऊपरी मंजिल में विष्णु के दस अवतार की मूर्तियों है, इसीलिए गुफा को दशावतार नाम मिला। विष्णु के दस अवतार इस तरह हैं -

मत्स्य

कूर्म

वराह

नरसिम्ह

वामन

परशुराम

राम

कृष्ण

बुद्ध

कल्कि

कल्कि, विष्णु का आखिरी और दसवां अवतार है, और वह कलियुग के अंत में पृथ्वी पर अवतरित होगा। कल्कि अधर्म का विनाश और धर्म की स्थापना कर सतयुग की शुरुआत करेंगे।

हमने बीच की कुछ गुफाएँ छोड़ने का निर्णय किया और सीधा गुफा संख्या 10 जिसे विश्वकर्मा गुफा कहते है उसकी तरफ बढ़ गए। थकान और गर्मी से थोडा परेशान होने के कारण मन होते हुए भी हम कुछ ही गुफाएं देख पाये हालांकि हमारी इच्छा यह थी कि हम हर गुफा को देखें। गुफा संख्या 10 बहुत ख़ास हैं इस कारण हम इसे देखने चल पड़े। गुफा में प्रवेश करते ही इसकी सुन्दरता से अभिभूत हो गए। हमने गुफा में चट्टान को काटकर बनाए गए एक द्वार से प्रवेश किया, और एक आंगन में आ गए, जिसके दोनों ओर दो मंजिला संरचना हैं। प्रांगण से होते हुए भगवान बुद्ध के मंदिर तक पहुँच गए। यहां विशाल बुद्ध ध्यान मुद्रा में बैठे हैं। पीछे की ओर एक बड़ा बोधि वृक्ष बना हुआ है। हॉल में एक गुंबददार छत है जिसमें लकड़ी के बीम की नकल करते हुए चट्टान में पसलियों के आकार में उकेरा गया है। इस स्थान में "ॐ" बोलने से अत्यंत शक्तिशाली ध्वनि उत्पन्न होती है।

एलोरा गुफाओं से निकलकर, हम वापिस अपने होटल की तरफ लौट गए इस आशा में की एक बार और यहां आयेंगे और इस सांस्कृतिक विरासत को अच्छे से देखेंगे। मन गर्व से भर जाता है की हमारा देश विविधता से भरा एक खजाना है जिसमे अनगिनत अद्वितीयताओं

के हीरे मोती हैं और जितना देखो मन भरता ही नहीं है। इस धार्मिक और अध्यात्मिक यात्रा ने मुझे भारत के विभिन्न हिस्सों में जाने का मौका दिया, जिससे मुझे इस असाधारण देश की सांस्कृतिक और परंपराओं में डूबने का अवसर मिला।

हम अजंता गुफाएं नहीं देख पाएं क्योंकि अगले दिन सोमवार की फ्लाइट है। सोमवार को अजंता गुफाएं बंद रहती हैं इसलिए हमने सोमवार को ही लौटना तय किया इस वादे के साथ की हम दुबारा यहां आयेंगे और महान भारत के समृद्ध संस्कृति के साथ समय बिताएंगे।

चतुर्विंशति:
भीमाशंकर ज्योतिर्लिंग

स्थान भीमाशंकर (जिला पुणे)

राज्य महाराष्ट्र

जैसे एक भक्त को भगवान चाहिए वैसे ही भगवान को भी भक्त की जरूरत होती हैं। भक्ति की यात्रा एक अविश्वसनीय अनूठा अनुभव है, जहां भक्त और भगवान एक-दूसरे की खोज में रहते हैं। भगवान को भक्त चाहिए, क्योंकि उसके माध्यम से भगवान धरती पर सुख, दुःख, असफलता और सफलता पर प्रभाव डालते है।

भगवान, भक्त के माध्यम से आशा, विश्वास और प्रेम को दिखाते और समझाते हैं।

भक्त को ईश्वर की हर कदम आवश्यकता रहती हैं, ईश्वर में समर्पण से भक्त हर स्थिति का सामना शक्ति, आत्मविश्वास और साहस से कर जाता है। भक्त और भगवान का अद्वितीय संबंध ही एकमात्र संबंध हैं, जो पूरे ब्रह्मांड में सबसे सच्चा और एक-दूसरे के पूरक है। ईश्वर के प्रति निस्वार्थ प्रेम ही सच्ची भक्ति है और जो मन में स्वीकार भाव पैदा करता हैं।

ईश्वर सृष्टि को उत्पन्न करनेवाला निर्गुण, निराकार, अनंत, अजन्मा, अव्यक्त, अविनाशी और सर्वव्यापक हैं। उन्हें पांच ज्ञानेंद्रियों आंख, कान, नाक, जिह्वा और त्वचा से अनुभव नहीं किया जा सकता है। ईश्वर सम्पूर्ण है फिर भी उन्हें ईश्वर एक भक्त बनता हैं। भक्त शांति और आनंद की खोज में भगवान को तलाशता है और इसीलिए ईश्वर का अस्तित्व इस संसार में हैं।

मंदिर एक छोटी पहाड़ी सह्याद्री पर स्थित हैं। यह स्थान पुणे से सड़क मार्ग द्वारा 110 किलोमीटर की दूरी पर हैं। सड़क काफी संकरी, उबड़ खाबड़ और जंगल के रास्तें होते हुए पहाड़ी व घुमावदार रास्ता हैं। पुणे से मंदिर पहुँचने में हमे बिना रुके करीब 3.5 घंटे का समय लगा। यह स्थान भीमाशंकर वन क्षेत्र के रूप में जाना जाता है जिसमें दुर्लभ आयुर्वेदिक पेड़ पौधे और जानवरों व रेंगनेवाले जीव जंतु की प्रजातियाँ हैं। रास्ता काफी सुनसान और मोबाइल नेटवर्क भी बहुत कमजोर है। सड़क पर पर्याप्त संकेत-पट नहीं होने से मंदिर पहुंचना काफी मुश्किल हो जाता है, परन्तु हमने पुणे से पूरे दिन के लिए स्थानीय कैब किराए पर ली इसलिए परेशानी नहीं हुई।

शिवलिंग आकार में काफी मोटा होने के कारण मोटेश्वर महादेव भी कहलाये जाते हैं। मंदिर की विरासत अतिप्राचीन हैं। मूलतः नागर शैली की वास्तुकला से बनी संरचना में वर्तमान वास्तुकला का भी मिश्रण देखने को मिलता हैं। मंदिर का शिखर नाना फड़नवीस द्वारा

18वीं सदी में बनाया गया था। महान मराठा शासक शिवाजी की भी मंदिर में बहुत आस्था थी।

मंदिर को अगर शीर्ष से देखा जाएँ तो इसकी संरचना रथ जैसी दिखती है इसीलिये इसका नाम रथ-चल भी पड गया।

वर्तमान समय में बहुत भीड़ रहने लग गयी है और स्थानीय प्रशासन मंदिर से 3 किलोमीटर पहले ही वाहनों को रोक देता है और यहां से फिर पैदल या स्थानीय बस, जीप द्वारा जाना पड़ता हैं। मंदिर ज़मीन से काफी नीचे, 240 सीढियाँ नीचे उतर कर जाना पड़ता हैं। सीढियाँ काफी चौड़ी और आरामदायक हैं।

सीढियाँ के दोनों तरफ खाने पीने के, फल, फूल और पूजा के सामान के विक्रेता बैठे मिल जाते हैं। यहां दुकानों पर पीला और सफ़ेद चन्दन काफी दिख रहा था और मैंने लौटते समय लेने का विचार बनाया।

अत्यधिक भीड़ के कारण अगर हम सामान्य कतार में लगते तो हमे दर्शन में काफी समय लग जाता, इस कारण हमने VIP दर्शन की टिकट ले ली। VIP टिकट 500 रूपए एक आदमी के हिसाब से हमे मिल गयी। हम करीब 2 बजे मंदिर पहुँच गए और तब तक दर्शन का समय समाप्त हो गया था। दर्शन 3:30 बजे से चालू होंगे और तब तक हम लाइन में खड़े रहे। मंदिर खुलते ही लाइन धीरे धीरे आगे बढ़ने लगी।

गर्भगृह के ठीक बाहर मेरे बाये तरफ गणेश और दायें तरफ काल भैरव की मूर्ती हैं। गर्भ गृह का दरवाज़ा चांदी का और अन्दर ठीक सामने माँ पार्वती की मूर्ती विराजमान हैं। नंदी की मूर्ती ठीक शिव के सामने विराजित हैं, नंदी के कान में सभी अपनी मनोकामना बोल रहे हैं। सुरक्षा कर्मी लोगो को धक्का मार कर हटा रहे थे और शायद हम बस पलक झपके इतनी देर ही दर्शन कर पाएं। मेरा मानना है सुरक्षा कर्मी की भी गलती नहीं है, इतनी भीड़ और सभी को दर्शन कराने का ज़िम्मा उन्ही पर है, परन्तु भक्त भी इतनी दूर से इस

चाह में आता है की कुछ क्षण भगवान को निहार सके पर इसका मौका ही नहीं मिल पाता।

गर्भगृह से निकल हम सामने के हाल में आ गए, यहां कुछ पुजारी बैठे हैं जिनसे जल अभिषेक और पूजा की टिकट प्राप्त की जा सकती हैं। हॉल में एक पत्थर का कछुवा है जो गर्भगृह के सामने विराजमान हैं, कछुआ भगवान कुबेर का प्रतीक होता हैं।

मुख्य हॉल के बाहर एक छोटा शनि मंदिर भी हैं। यहां परिसर में प्राचीन विशाल पुर्तगाली घंटा है, जिसे चिमाजी अप्पा ने पुर्तगालियों को हराने के बाद स्मृति चिन्ह के रूप में वसई से लाये थे। वह युद्ध जीतने के बाद पांच घंटे लाये जिसमे से एक यहां लगा हुआ हैं।

यहां एक मोक्षकुंड तीर्थ है, पुराण के अनुसार महामुनि कौशिक ने यहां पर कठोर तपस्या कर इस पवित्र कुंड का निर्माण किया। श्राधालुगण पहले कुंड में स्नान कर फिर दर्शन के लिए जाते हैं। प्रसाद में यहां ताज़ा बना हुआ कलाकंद मिलता हैं, वैसे तो कोई भी खाद्य वस्तु प्रसाद बनते ही अपने आप स्वादिष्ट हो जाती हैं, परन्तु यहां के कलाकंद का स्वाद वाकई बहुत अच्छा था।

शिव पुराण में इस ज्योतिर्लिंग का वर्णन मिलता हैं। त्रेता युग में लंकापति रावण के मंझले भाई कुंभकर्ण का भीम नाम का एक पुत्र था। भीम भी एक शक्तिशाली राक्षस था और उसके जन्म से ठीक पहले उसके पिता कुम्भकर्ण की मृत्यु हो गयी थी। जब वह बड़ा हुआ उसे अपनी माता द्वारा मिली जानकारी से पता चला कैसे भगवान राम के हाथों उसके पिता का वध हुआ। उसने भगवान राम का वध करने के उद्देश्य से अनेक वर्षों तक कठोर तपस्या कर ब्रह्मा को प्रसन्न किया और विजयी होने का वरदान माँगा। वरदान पाने के बाद भीम राक्षस निरंकुश हो गया। वह मनुष्यों के साथ साथ देवी-देवताओ को भी परेशान करने लगा। युद्ध में उसने देवताओं को भी परास्त करना प्रारंभ कर दिया। उसने सभी तरह के पूजा पाठ बंद करवा दिए। अत्यंत परेशान होने के बाद सभी देव शिव की शरण में गए। शिव ने सभी को आश्वासन दिलाया और तानाशाह भीम से

युद्ध किया। युद्ध में शिव ने दुष्ट राक्षस को राख कर दिया और सभी देवताओ के आग्रह पर इसी स्थान पर शिवलिंग रूप में विराजित हो गए।

इस स्थान को लेकर एक और कहानी प्रचलित है जिसके अनुसार त्रिपुरासुर नामक असुर ने कठोर तपस्या कर ब्रह्मा को प्रसन्न कर वरदान प्राप्त किया। त्रिपुर ने वरदान में सभी लोकों में सदेव विजयी होने का वरदान माँगा और अब वह चाहे देवता, दानव, यक्ष, या गन्धर्व किसी से भी युद्ध करता हमेशा विजय प्राप्त करने लगा। उसकी लालसा बढती गयी और उसने तीनो लोकों पर विजय प्राप्त कर अपना आधिपत्य स्थापित करने के विचार से युद्ध शुरू कर दिया। इन्द्रलोक के देवता इंद्र भी उसके सामने टिक नहीं पाएं और हार गए।

इन्द्र को बहुत शर्म का सामना करना पड़ा और उसने शिव की कठोर तपस्या प्रारंभ कर दी। शिव ने खुश हो त्रिपुर के विनाश का वचन दिया। शिव ने अर्धनारीश्वर का रूप लिया जिसमे शिव और शक्ति दोनों की ऊर्जा सम्माहित थी, और त्रिपुरासुर का वध कर दिया। युद्ध के दौरान शिव का पसीना धरती पर गिरा जिससे भीमारथी नदी उत्पन्न हो गयी। मंदिर भीमा नदी जिसे चंद्रभागा भी कहते है, के उद्गम स्थल पर बना है।

ओम्कारेश्वर ज्योतिर्लिंग

स्थान मन्धाता (जिला खांडवा)

राज्य मध्य प्रदेश

ओंकारेश्वर, मन्धाता द्वीप में बसा, एक आसाधारण और अनोखा मंदिर हैं। इंदौर हवाई अड्डे से इस पवित्र स्थल तक की यात्रा, जो करीब 85 किलोमीटर है, मध्य प्रदेश राज्य के देहाती इलाको और विभिन्न यातायात के कारण लगभग 3 घंटे का सफर बना देता है। यह द्वीप, नर्मदा नदी के हृदय में एक पवित्र रत्न के समान, "ॐ" (ऑम) के दिव्य आकार में बना है। द्वीप सभी ओर से नर्मदा के

स्वच्छ जल से घिरा, पवित्र व महत्वपूर्ण स्थल है, जहां नर्मदा और कावेरी नदियों का संगम होता है।

स्थानीय लोग इसे शिवपुरी के नाम से पुकारते हैं जहां मंदिर पांच मंजिला संरचना हैं। श्रद्धालु, द्वीप की परिधि के चारों ओर 7 किलोमीटर लम्बी परिक्रमा कर ओंकारेश्वर के आलिंगन में निवास करने वाली आत्मिक ऊर्जाओं को ग्रहण करते है।

मंदिर 5000 साल से अस्तित्व में हैं, और सभी ज्योतिर्लिंगों में चौथा स्थान रखता हैं। वेदों के अनुसार स्वयं नर्मदा नदी, शिव की दिव्य पुत्री हैं।

इस पवित्र क्षेत्र में, शिव दो विभिन्न रूपों में प्रकट हुए - नर्मदा के उत्तरी किनारें पर स्वयंभू स्वरूप और दक्षिणी किनारें पर ममलेश्वर स्वरूप में। ये दोहरे प्रतिबिंब बहती नदी की धाराओं के दोनों तरफ स्थापित है और एक पुल द्वारा जुड़े हुए भी है। कहा जाता है कि, एक दिव्य क्षण में, शिवलिंग दो भागों में विभाजित हो गया, जिससे पवित्र ओंकारेश्वर और ममलेश्वर के अस्तित्व में आये।

ओंकारेश्वर मंदिर की वास्तुकला शानदार पेशवा शैली को प्रतिबिंबित करती है, जो जटिल नक्काशियों और भव्य शिखरों से सजीव प्राचीन शिल्पकला का प्रमाण हैं। वहीं, ममलेश्वर द्रविड़ वास्तुकला की शान को दर्शाता है, जो अपनी विशिष्ट शैली और मोहकता के साथ एक अलग काल को दोहराता है।

मान्यता है, पार्वती और शिव यहां रात में आराम करने आते हैं, और उसी दौरान चौसर भी खेलते हैं। चौसर एक बोर्ड गेम है जो लगभग लूडो की तरह ही खेला जाता है। हर शाम, शयन आरती के बाद गर्भगृह में चौसर का खेल सजा दिया जाता है, और जब सुबह द्वार खुलते हैं, तो ऐसा लगता है जैसा रात को इस खेला गया।

नर्मदा, वृहद् व काफी चौड़े पाट वाली तेज बहती नदी हैं। नर्मदा के हर कंकर में शंकर बसते हैं, यह मैंने सुना था और जब यहां आये तो देखने को भी मिला। हालांकि, नदी का बहांव बहुत तेज होने से

किनारे स्थित पत्थर काफी ज्यादा चिकने हैं, जिसके कारण हम बहुत करीब नहीं गए। जल धारा को नियंत्रित करने के लिए एक बड़ा बांध बनाया गया है, लेकिन उसके बावजूद नदी का बहाव अभी भी बहुत तेज है। इसे देख मुझे हमारे प्राचीन ऋषियों की अद्भुत बुद्धिमत्ता की बात समझ आई; हमारे शास्त्रों में उल्लिखित है कैसे शिव ने गंगा के प्रवाह को अपनी जटाओ से नियंत्रित किया अन्यथा अगर गंगा सीधा आ जाती तो धरती का विनाश निश्चित था। मेरे समझ के अनुसार, ऋषियों ने शिव की जटाओ को बाँध के स्थान पर समझाया और जब जटाओ रुपी बाँध ने गंगा के वेग को संभाल लिया फिर धीरे धीरे गंगा की धाराओ को छोड़ा गया। प्राचीन समय के ऋषि मुनि हर बात को एक आम आदमी तक पहुचाने के लिए एक साधारण सी समझाने वाली कहानी के माध्यम से बताया करते थे।

इस स्थान का एक और महत्व है; आदि शंकराचार्य ने अपने पूज्य गुरु गोविंद भगवत्पाद, से यही स्थित एक गुफा में मूल्यवान शिक्षा प्राप्त की थी। शंकराचार्य, जिनका जन्म वर्तमान के केरल राज्य में हुआ, और युवावस्था में ही संन्यास ले पुरे भारत का भ्रमण किया और तभी ओंकारेश्वर भी आयें। जहां उन्होंने अपने गुरु से शिक्षा प्राप्त कि वह गुफा अभी भी यहां मौजूद हैं, और यहां शंकराचार्य की बहुत ऊँची मूर्ति भी देखने को मिलती हैं। विभिन्न धातुओं के मिश्रण से बनी मूर्ति को एकता की मूर्ति के रूप में जाना जाता है।

पौराणिक कथाओ में इस पवित्र स्थल से दो मोहक कहानियों का संबंध है। ईक्ष्वाकु वंशज, भगवान राम के वंश से, राजा मंधाता, शिव के अद्वितीय भक्त थे। उनकी तपस्या से शिव प्रसन्न हो इस स्थान पर एक ज्योतिर्लिंग के रूप में हमेशा के लिए विराजमान हो गए। तभी से इस क्षेत्र को राजा मंधाता का नाम दिया गया।

मम्लेश्वर की अपनी एक कहानी है, देवताओं और दानवों के बीच एक बड़ा युद्ध हुआ, जहां देवताओ को भयंकर पराजय का सामना करना पड़ा और उन्होंने शिव से मदद मांगी, शिव देवताओ की भक्ति

से प्रभावित हो ममलेश्वर के रूप में प्रकट हुए और दानवो से उनकी रक्षा की।

हम मंदिर 11:30 बजे पहुँच गए और शिवपुरी द्वीप को जोड़ने वालें झूला पुल द्वारा मंदिर तक आ गए। हालांकि नाव भी एक विकल्प था, पर हमने पुल द्वारा आने का विचार बनाया। नर्मदा नदी के ऊपर बना पुल, स्थानीय विक्रेताओं द्वारा घिरा और नदी के विशाल रूप का दर्शन करता हैं।

एक पुजारी हमे मध्यम भीड़ के बीच से वीआईपी दर्शन की कतार में ले गया। मैंने पुजारी के हाथ में जल से भरा एक पात्र देखा जो पूछने पर बताया की यह हमारे लिए शिवलिंग पर जल अर्पित करने के लिए था। गर्भ गृह काफी छोटा है और यहां शिवलिंग को कांच की दीवार से बंद किया गया है। अन्दर की तरफ पुजारी खड़े रहते है और बाहर की तरफ सुरक्षा कर्मी जो भक्तो को बस पलक झपके इतनी ही देर खड़े रहने देते हैं। हमारे पुजारी ने जल पात्र हमे दे दिया और वह एक नाली द्वारा हम पानी डाल सकते है जो सीधा पाइप से अन्दर शिवलिंग पर पहुँच जाता हैं। यहां अन्दर दीवारों प्राचीन संरचना को दर्शा रही थी और शिवलिंग आकार में काफी छोटा था। गर्भ गृह छोटा होने के कारण अत्यधिक भीड़ का अहसास करा रहा था। कांच के इनक्लोजर के पास तैनात सुरक्षा गार्ड लगातार एक शोरदार सीटी बजा कर चिल्ला रहा था, और भीड़ को कठोरता से नियंत्रित कर रहा था।

दर्शन के बाद जब हम एक हाल में आये तो देखा गर्भ गृह के लिए साधारण कतार छोटी है, मन में एक बार फिर दर्शन की इच्छा प्रबल हो गयी और मैं अपनी सखियों संग दुबारा कतार में लग गयी। मंदिर का वातावरण बहुत स्वच्छ और शांतिपूर्ण था, और भीड़ भी कम होने से हमने कुछ ही मिनटों में दुबारा दर्शन कर लिए। मंदिर में अन्दर लगे स्तम्भो पर काफी सुन्दर कारीगरी हो रखी थी और देख कर लग रहा है की जीर्णोधार का काम काफी तेजी से चल रहा हैं।

दर्शन कर हम बाहर आ गए और पुल द्वारा दूसरी तरफ स्थित ममलेश्वर की तरफ बढ़ गए। स्थानीय लोगों का मानना है ओम्कारेश्वर के दर्शन ममलेश्वर के दर्शन के साथ ही पुरे होते हैं। पुजारी हमारे साथ ममलेश्वर की तरफ चल पड़ा और हमे बताया यहां नाग नागिन का जोड़ा अर्पित करने की प्रथा हैं। हमने एक दूकान से चांदी का नाग नागिन का जोड़ा जिसके साथ उसने हमे चांदी का बेल पत्र भी दिया और पुजारी ने बताया पूजा के बाद हम बेल पत्र वापिस अपने घर ले जा घर के मंदिर में रख सकते हैं। मंदिर में काफी कम लोग थे इस कारण हमने अच्छे से जल चढ़ाया और पूजा की। यहां एक अलग ही ताजगी की अनुभूति हुई। मंदिर की वास्तुकला पर अहिल्या बाई होलकर की छाप बहुत साफ़ दिखाई देती हैं।

अब हमारा अगला पड़ाव माँ नर्मदा में नाव से सवारी था। नाव वाला हमे संगम तक ले गया थोडा समय व्यतीत कर हम कार से महेश्वर की तरफ बढ़ चले। रास्तें में मुझे यहां सब तरफ काफी हरियाली दिखाई दे रही थी, यहां की मिट्टी उपजाऊ और काले रंग की है। महेश्वर, नर्मदा नदी के किनारे बसा महान देवी अहिल्याबाई होल्कर की राजधानी रह चुका हैं। यहां के मंदिर अत्यंत कलात्मक हैं, इस शहर को महिष्मती नाम से भी जाना जाता था। यहां के सुन्दर घाट व मंदिर का प्रतिबिंब नदी में बहुत खूबसूरत दिखाई देता है।

18वीं सदी में मराठा साम्राज्य की रानी आहिल्याबाई होलकर ने अपने पति के निधन के बाद महेश्वर को होलकर राजवंश की सीट के रूप में स्थापित किया। उन्होंने होलकर राजवंश के साम्राज्य को अपने कुशल हाथों में ले मालवा राज्य को अतिक्रमणकारियों से बचाने और लड़ाईयों में सेनाओं का नेतृत्व करके असाधारण नेतृत्व का प्रदर्शन किया।

अपनी दूरदर्शी सूझ बुझ व अटल विश्वास के लिए प्रसिद्, वह शिव की अनन्य भक्त थीं। वह प्रतिदिन 1100 शिवलिंगों को बना उनकी पूजा करती और फिर उन्हें नर्मदा में विसर्जित किया करती थी। वह हर शिवलिंग में अनाज का दाना रखती जो नदी के गहराई में रहने

वाले जीव जन्तुओ के खाने का स्रोत बनते, जो आज भी महेश्वर के मंदिर में एक स्थायी परंपरा के रूप में जारी है।

आहिल्याबाई ने अपने व्यक्तिगत धन से भारत में कई मंदिरों का जीर्णोधार करवाया उनमें से प्रमुख हैं केदारनाथ, रामेश्वरम, सोमनाथ, जो उनके धार्मिक और सांस्कृतिक संरक्षण के लिए गहरी प्रतिबद्धता का एक स्थायी साक्षी हैं।

यहां का किला देखने योग्य हैं, जिसके मंदिर में बड़ी संख्या में छोटे बड़े शिवलिंग रखे गए हैं। मराठा शैली की वास्तुकला, दीप-ज्योति स्तम्भ, श्री राजराजेश्वर मंदिर और यहां जलती ग्यारह अखंड ज्योति यात्रा को यादगार और बना देती हैं।

रामेश्वरम ज्योतिर्लिंग

स्थान रामेश्वरम (जिला रामनाथपुरम)

राज्य तमिलनाडु

मदुरै यात्रा के दौरान, मैंने अपने माता-पिता के साथ रामेश्वरम के पावन मंदिर के दर्शन किये। यह रामनाथपुरम जिले में स्थित मदुरै से मात्र 176 किलोमीटर की दूरी पर, और कार से लगभग 3 घंटे का समय लग जाता हैं। हमने सुबह जल्दी यात्रा शुरू कर दी ताकि उसी दिन वापस मदुरै लौट आयें, सड़कें काफी अच्छी होने से यात्रा काफी सुगम रही। मंदिर शंख के आकार वाले द्वीप पर स्थित है, और यह बंगाल की खाड़ी और हिंद महासागर से घिरा हुआ है।

लोगो का मानना है काशी विश्वनाथ के दर्शन, रामेश्वरम के दर्शन से ही सफल होते हैं। और इसी कारण यह दक्षिण की काशी के नाम से

भी प्रचलित हैं। प्रथा के अनुसार यहां भक्तगण पवित्र नदी गंगा का जल साथ लाते है और जल अभिषेक कर अपनी यात्रा पूरी करते हैं। सनातन धर्म के चार धाम में यह एक धाम माना जाता हैं।

मंदिर द्रविड़ निर्माण-कला और शिल्पकला का अद्भुत नज़ारा है जिसमे स्थापत्य वैभव, इतिहास, सांस्कृतिक और धार्मिक झलक देखने को मिलती है। मंदिर के अंदर विशाल स्तम्भ खड़े है, जो देखने में एक-जैसे लगते है; परंतु जब मैंने पास जाकर देखा तो हर स्तम्भ पर जटिल नक्काशी द्वारा पौराणिक कहानियों के साथ-साथ जटिल पुष्प और ज्यामितीय पैटर्न को उकेरा गया था। मंदिर बहुत बड़े क्षेत्र में फैला हुआ और जिसमें विश्व के सबसे लम्बे गलियारे हैं। यहां 22 गोपुरम हैं, जिनमें विभिन्न हिंदू देवताओं और पौराणिक कहानियों की आकृतियां को पत्थर पर नक्काशी द्वारा गढ़ा गया हैं। प्रवेश द्वार का गोपुरम भव्य और जटिल कारीगरी से सुसज्जित 130 फीट ऊँचा हैं। हैरानी की बात यह है कि मंदिर में इस्तेमाल हुआ कई लाख टन पत्थर आस पास के क्षेत्रो से नहीं अपितु नाव द्वारा लंका से लाया गया था। यह पत्थर स्थानीय नहीं है और शोध द्वारा पता लगाया की लंका में ऐसा पत्थर बहुतायत में हैं। यह मंदिर अपने असंख्य सुंदर नक्काशीदार स्तंभों के लिए प्रसिद्ध है।

मंदिर कब और किस शताब्दी में बना इसे लेकर अस्पष्टता हैं, लेकिन कुछ शिलालेखो के अनुसार मूल संरचना 12 वीं शताब्दी में पंड्या राजवंश द्वारा बनाई गई और विभिन्न राजवंशों ने आगे इसमें अपना योगदान दिया।

इसका उल्लेख त्रेता युग के रामायण काल से मिलता हैं, जब भगवान राम अपनी पत्नी सीता और छोटे भाई लक्ष्मण के साथ वनवास के आखिरी वर्ष पंचवटी जो अब नाशिक में आता है, व्यतीत कर रहे थे। लंकापति रावण ने सीता का यहां से अपहरण कर लंका ले गया था। तब भगवान राम ने सीता को बचाने के लिए अपनी सेना तैयार की ताकि वह शक्तिशाली रावण को युद्ध में पराजित कर सके। राम ने हनुमान, जामवंत और अनेको वानर के साथ एक विशाल सेना तैयार

की। रामेश्वरम से आगे अंतिम छोर धनुषकोडी हैं, फिर उसके बाद समुन्द्र शुरू हो जाता हैं। भारत के धनुषकोडी से श्रीलंका के मन्नार टापू तक 35 किलोमीटर लम्बा, 3.5 किलोमीटर चौड़ा और 6 फीट गहरा एक पुल तैयार करा गया। पुल को तैयार करने में वानर सेना ने हर पत्थर पर राम लिख कर समुन्द्र में फेक दिया और दिव्य ऊर्जा से पत्थर पानी पर तैरने लगा और इस तरह राम सेतु नाम के पुल का निर्माण हुआ। वर्तमान में भी राम सेतु के अवशेष समुन्द्र में दिखाई देते हैं।

लंकापति रावण के वध के उपरांत भगवान राम खुद को ब्रह्महत्या (रावण ब्राह्मण कुल से था) के पाप से मुक्त करना चाहते थे। उन्हें ऋषि अगस्त्य ने रामेश्वरम में शिवलिंग बना कर प्रार्थना करने का सुझाव दिया। राम ने हनुमान से मदद मांगी और कैलाश पर्वत से शिवलिंग लाने को कहा। परन्तु विलम्ब होते देख राम और सीता ने रेत से लिंगम बनाया और क्षमा मांगने के लिए पूजा शुरू कर दी। शिव ने राम को हत्या के पाप से मुक्त कर स्वयं यहां ज्योतिर्लिंग के रूप में विराजित हो गए। जब हनुमान शिवलिंग के साथ पहुंचे और देखा पूजा हो गयी तो वह काफी व्यथित हो गए। भगवान राम ने हनुमान का मान रखते हुए उनके द्वारा लाये लिंगम को भी यही पास में स्थापित कर दिया। मैंने दोनों लिंगम के दर्शन करे, राम द्वारा बनाये लिंगम को राम लिंगम व हनुमान द्वारा लाये हुए को विश्व लिंगम कहा जाने लगा। राम की आज्ञा अनुसार आज भी पहले पूजा विश्व लिंगम की होती है और उसके बाद राम लिंगम की।

हमने भी सभी की तरह पहले बंगाल की खाड़ी में स्नान किया जिसे अग्नितीर्थम कहा जाता हैं, स्थानीय लोगो ने बताया पहले अग्नितीर्थम कुंड दिखता था परन्तु समय के साथ अब समुन्द्र की लहरों के नीचे दब गया हैं।

मुख्य मंदिर, अग्नितीर्थम से लगभग 500 मीटर की दूरी पर व्यस्त बाजार की गलियों से होता हुआ स्थित हैं। सभी जन भीगे कपड़ों में, मंदिर परिसर के तरफ जाते दिख रहे है, फिर मंदिर

में 22 कुंडों के पवित्र जल में स्नान करना होता हैं, जिन्हें तीर्थम कहा जाता हैं।

माना जाता है, ये 22 कुंड भगवान राम के दिव्य तीरों द्वारा बनाए गए थे। मैंने देखा प्रत्येक कुंड से अगले कुंड की ओर जाने की दिशा चिह्नित की गई हैं। जब तीर्थम का जल डाल रहे थे तो मैंने हर कुंड का अलग-अलग स्वाद अनुभव किया, वैज्ञानिक का कहना है कि इन कुंडो में अलग-अलग धातुएं मिली हुई है, इस कारण उनमें नहाने से शरीर के रोग दूर हो जाते है और नई ताकत आ जाती है। करीब एक घंटे के अन्दर सभी तीर्थम का स्नान हो जाता हैं। मैंने देखा काफी जन तीर्थम का जल बोतल में भर अपने घर भी ले जा रहे थे।

सभी तीर्थम में स्नान कर पहले कपडे बदलने पड़ते है और उसके लिए स्थान निर्धारित किया गया हैं। गीले कपड़ो में गर्भ गृह जाने की अनुमति नहीं हैं। पूर्वी दरवाज़े से मंदिर आना सुविधाजनक है, यहां मोबाइल और सामान जमा करवाने का स्थान मंदिर प्रशासन द्वारा किया गया हैं। जिन्हें सीधे गर्भ गृह जाना है बिना तीर्थम में स्नान किये वह भी पूर्वी या पश्चिमी दरवाज़े से सीधा प्रवेश कर सकते हैं।

मंदिर परिसर में, रामनाथस्वामी और उनकी पूज्य जीवन साथिनी, देवी पार्वती को समर्पित मंदिर एक हॉल के आमने सामने स्थित है। शयन-आरती के पश्चात, शिव की मूर्ति को पार्वती के मंदिर में ले जाया जाता है, और मंदिर के कपाट बंद कर दिए जाते हैं।

यह मंदिर अद्भुत है, यहां विभिन्न तत्वों से बने शिव लिंग की पूजा होती हैं – रेत, नमक, पत्थर, अद्वितीय स्पटिक, जिसे उसकी अलौकिक सुंदरता के लिए जाना जाता है। स्पटिक शिवलिंग दिखने में पारदर्शी और निर्गुण निराकार शिव का प्रतीक हैं। स्पटिक शिवलिंग क्रिस्टल क्वार्ट्ज या क्वार्ट्ज से सैकड़ों वर्षों तक धरती माता की गोद में बना और प्रकृति की दिव्यता को अपने अंदर समेटे हुए है।

स्पटिक, का ज्योतिष विज्ञानं में बहुत महत्व माना जाता हैं, इसमें उपचारी गुणों और सकारात्मक ऊर्जाओं को बढ़ाने की क्षमता शामिल है। ज्योतिष शास्त्र में, स्पटिक मनियों को शुक्र ग्रह से जोड़ा गया है, जो प्रेम, समानता, और सौंदर्य का प्रतीक हैं। अलौकिक स्पटिक दर्शन प्रात: काल 5 से 6 बजे के बीच होते हैं, और इसके लिए 4 बजे तक पहुंचना पड़ता हैं।

केदारनाथ ज्योतिर्लिंग

स्थान हिमालय श्रृंखला (जिला रुद्रप्रयाग)

राज्य उत्तराखंड

कैलाश पर्वत पृथ्वी का केंद्रबिंदु, जहां ब्रह्मांड की ऊर्जाएँ समाहित होती हैं। पृथ्वी का एक सिरा उत्तरी तो दूसरा दक्षिणी ध्रुव जिसके केंद्र में हिमालय पर्वतमाला स्थित हैं, और हिमालय का केंद्र बिंदु कैलाश पर्वत। इस केंद्र बिंदु को एक्सिस मुंडी कहा जाता है, जिसको सरल भाषा में हम आकाश और पृथ्वी के बीच सम्बन्ध बिंदु कह

सकते हैं। वैज्ञानिको ने माना है कि एक्सिस मुंडी पर अलौकिक शक्तियों का प्रवाह होता हैं। ब्रह्मांड, अपनी विशालता और जटिलता के साथ हमारी कल्पना से परे है, इसके अंत या आरंभ तक नहीं पंहुचा जा सकता क्योंकि सब कुछ अनंत है। ब्रह्माण्ड एक रचना है; और इसके रचियता शिव-शक्ति जो स्वयं अनंत ऊर्जा को स्त्रोत हैं।

मेरी यात्रा जॉली ग्रांट हवाई अड्डे से प्रारंभ हुई, जो उत्तराखंड में देहरादून और ऋषिकेश के मध्य स्थित है। कार द्वारा पैंतीस से चालिस मिनट में हम ऋषिकेश पहुँच गए, जिसे "हिमालय का द्वार" भी कहा जाता है और संस्कृत में इसका अर्थ है 'इंद्रियों का स्वामी'। पवित्र गंगा नदी के किनारे स्थित, ऋषिकेश आध्यात्मिक महत्व और योग नगरी के रूप में जानी जाती है।

मेरे पर यहां की शांत-स्वच्छ हवा, सुंदर प्रकृति, अद्भुत परिवेश, पर्वत श्रृंखला और माँ गंगा के निर्मल जल का तेज प्रवाह ने जैसे जादू कर दिया। यह शहर योग और ध्यान की प्राचीन परंपराओं और विरासत से समृद्ध, जहां गंगा और चंद्रभागा नदी का संगम होता है। हर तरफ से आती गंगा नदी के कल-कल की ध्वनि कानो को सुखद अहसास, और आत्मा को काफी सुकून दे जाती हैं। मैंने सूर्यास्त के साथ, शांत वातावरण में नदी किनारे बैठ अपने अन्दर दिव्य ऊर्जा का प्रवाह अनुभव किया। मेरी सहकर्मी अंशिका ने केदारनाथ यात्रा की योजना में काफी मदद की।

अगली सुबह हमने अपनी यात्रा देवप्रयाग के लिए शुरू कर दी। वैसे तो दूरी केवल 72 किलोमीटर कि हैं, परन्तु पहाड़ो की घुमावदार, संकरी सड़के और रास्ते में ट्रैफिक जाम होने के कारण गाड़ी धीरे ही चल पाती हैं। हमे करीब चार घंटे लग गए पहुँचने में। पहाड़ो पर अँधेरा भी जल्दी हो जाता है इसी कारण रात यही विश्राम किया।

अगला पड़ाव रुद्रप्रयाग यहां से 60 किलोमीटर की दूरी पर हैं, और पहाड़ी रास्तो से होते हुए हमें 4.5 घंटे में पहुँचने में लगे। रुद्रप्रयाग पहुँच हमने थोडा विश्राम किया और अगली यात्रा के लिए खुद को मानसिक और शारीरिक तौर पर तैयार किया।

अब हमे सोनप्रयाग तक जाना है, और ड्राईवर ने बताया रास्ता काफी लम्बा होने वाला हैं। पहाड़ी सड़के और खड़ी चढाई होने के कारण गाड़ी काफी धीरे चल रही थी। एक तरफ गहरी खायी और जब सामने कोई गाड़ी आती तो दिल डर के मारे जोर से धड़कने लगता और बस लग रहा था कैसे भी हम अपने गंतव्य पर पहुँच जाए। हिमालय पर्वत-श्रृंखला के मौसम का अंदाज़ा लगा पाना बड़ा मुश्किल हैं, यहां मौसम कभी भी करवट ले लेता हैं। लगातार हो रही बारिश ने हमें सोनप्रयाग में रुकने के लिए मजबूर कर दिया। हम आस लगाये आसमान के साफ होने और यातायात खुलने का इंतजार करने लगे।

जब मौसम ठीक हो गया हमे आगे बढ़ने की अनुमति मिल गयी और हम गौरीकुंड की ओर बढ़ चले, हमने यह दूरी एक घंटे में पूरी कर ली। गौरीकुंड की ओर जाने वाली सड़क काफी घुमावदार और कहने में अतिशयोक्ति नहीं की खतरनाक रास्ता के रूप में नज़र आई। रास्ते भर हमें सब तरफ घाटियों और लम्बे पेड़, हरियाली और जगह जगह झरने और मन लुभाने वाले दृश्यों का आनंद उठाया।

गौरीकुंड मोटर यात्रा का आखिरी पड़ाव है, अब यहां से आगे हमे चढ़ाई अपने विश्वसनीय साथी यानी पैरो पर चल पूरी करनी हैं। हमने पैदल ही यात्रा का विचार बनाया था, पर जो लोग पैरो द्वारा कठिन यात्रा नहीं कर सकते उनके लिए दुसरे विकल्प उपलब्ध हैं, जैसे घोड़े की सवारी, खच्चर, पालकी (जिसमें चार व्यक्तियों एक कुर्सीनुमा व्यवस्था पर ले जाते हैं), और पिट्ठू (एक व्यक्ति अपनी पीठ पर टोकरी में बिठा ले जाता है) या फिर हेलिकोप्टर द्वारा।

यहां संकेत पट्टी पर मंदिर की दूरी 19 किलोमीटर लिखी हैं, हालांकि जब हमने यात्रा शुरू की तब पता चला वास्तव में गौरीकुंड से मंदिर 22 किलोमीटर की दूरी पर हैं। केदारनाथ का ट्रैक केवल शारीरिक चुनौती नहीं अपितु हमारी इच्छाशक्ति, विश्वास और धैर्य की भी कठिन परीक्षा हैं। आने से पहले इक्कठी की जानकारी के हिसाब से शारीरिक तौर पर अपने आप को तैयार किया और ध्यानपूर्वक ट्रेकिंग के उपकरण भी लेकर आये थे, जिसमे सबसे ज्यादा महतवपूर्ण वस्तु

ट्रैकिंग स्टिक है और इसके बिना चढ़ाई बहुत मुश्किल साबित हो जाती।

लगभग सुबह 6 बजे हमने गौरीकुंड से चढ़ाई शुरू कर दी, और जैसे जैसे आग बढ़ रहे थे यात्रा की कठिनाई से हमारा सामना हो रहा था। मैंने वैसे काफी ट्रैकिंग पूर्व में की है और जब केदारनाथ का प्लान बन रहा था मैंने सोचा बहुत आसानी से हो जाएगा लेकिंग अब कठिन यात्रा का असली अर्थ समझ आ रहा था। रास्ता लंबा और चढ़ाई कठिन होती जा रही थी, ऐसा लगा जैसे अनंत की तरफ हम चले जा रहे हैं। लगभग 12 घंटे के रास्तें में मुझे न केवल देश बल्कि विदेश से आये भक्तों से मुलाकात हुई। अपने बोझ को हल्का करने और चढ़ाई को सुविधाजनक बनाने के लिए हमने अपने कंधे के बैग, जिसमे रास्तें के लिए महत्वपूर्ण वस्तुएँ थी, के लिए एक घोडा कर लिया।

हमारा हर कदम हमे क्षेत्र के अद्वितीय सौंदर्य का साक्षी बना रहा था। प्रकृति के नज़ारे ऐसा प्रतीत हो रहे, मानो स्वर्ग ऐसा ही होता होगा। केदारनाथ की यात्रा मेरे लिए सिर्फ आध्यात्मिक यात्रा ही नहीं बल्कि शारीरिक परीक्षा और रोमांच भरा गहन अन्वेषण जो आस्था, भक्ति, और हिमालय की मनभावन सुंदरता को एक साथ जोड रहा था। कठिन ऊँची नीची डगर, प्राचीन मंदिर, यहां से जुडी कहानी, और आध्यात्मिकता ने मेरे दिल और आत्मा पर अडिग छाप छोड़ दी। यह एक परिवर्तनात्मक अनुभव था, जिसे मैंने जिया पर शब्दों में लिखना अति कठिन साबित हो रहा हैं, पर हां जो मैंने देखा, महसूस किया वह अब हमेशा मैं अपनी यादों में संजो कर रखूंगी।

केदारनाथ की ऊंचाई लगभग 11, 800 फीट होने से यहां ऑक्सीजन कम रहता है और सांस लेने में काफी मेहनत करनी पड़ती हैं। जब शरीर को ऑक्सीजन कम मिलता है तो एक स्थान पर खड़े रहते भी मुश्किल होती हैं, और यहां तो हमे चलना ही नहीं बल्कि चढ़ाई भी करनी हैं। हमारे शरीर को जितनी ऑक्सीजन चाहिए उससे यहां का

वायुमंडलीय ऑक्सीजन स्तर 40 प्रतिशत कम है और इस कारणवश सांस लेना भी एक परीक्षा समान बन गया।

जैसे-जैसे हम ऊंचाई पर पहुँच रहे थे, ऑक्सीजन का स्तर गिरने से सांस फूलने लगी। हमने लोगो द्वारा बताये पारंपरिक उपाय का सहारा लिया, कपूर और लौंग भरी एक कपड़े की पोटली कलाई पर बाँध रखी थी और रास्ते भर इस सुगंधित मिश्रण को सूंघने से निरंतर चढ़ाई में मदद मिली।

यात्रा को अनियमित हिमालयी मौसम ने और भी जटिल बना दिया, एक क्षण सूर्य की किरणों में नहाता हुआ, दुसरे ही क्षण अप्रत्याशित बारिश की बौछारों से भिगा हुआ, यह ऐसा था कि आसमान खुद अपने मूड का निर्णय कर पाने में असमर्थ हो रहा था। घोड़ो, पालकियों और पिठूओं के साथ साझा किया जोखिमपूर्ण रास्ता, कई अनजान समस्याओं को जन्म दे रहा था। जानवर और पालकी वाले अनियमित रूप से चलने के कारण काफी बार हम पैदल चलने वालो को टक्कर लग रही थी। और दूसरी परेशानी का सबब बारिश के कारण चिकनी ज़मीन ऊपर से कई जगह ढलान एक अतिरिक्त चुनौती प्रस्तुत कर रही थी। बेचैनी, घबराहट, सांस की तकलीफ इस यात्रा का जैसे संगी-साथी बन गया। मैंने कई यात्रियों को घबरा कर लौटते भी देखा, लगा जैसे उनकी हिम्मत ने अब जवाब दे दिया। फिर भी, इन सभी परीक्षा को पार करते, हम जैसे काफी लोग सतत रूप से बने रहे, अडिग आस्था और दृढ इच्छाशक्ति के आगे सभी परेशानियों ने घुटने टेक दिए।

यहां आवश्यक वस्तुओं की लागत भी ज्यादा ली जाती है उदाहरण के लिए, जो एक लीटर पानी की बोतल 20 रुपये में मिलती है, जैसे ही हम ऊपर की ओर बढ़ते गए, कीमत उड़ान भरने लगी 40 रुपये, और मंदिर के परिसर तक पहुँचने तक 200 रुपये की हो गयी। लेकिन मुझे समझ आ रहा था, क्यों पहाड़ो पर मैदानी स्थानों से कीमत ज्यादा ली जाती हैं। ऊँचाई पर सामग्रियों को पहुँचाने की चुनौतियों, पहाड़ी क्षेत्रों में जीवन की कड़ी हकीकत, मूल्यों में वृद्धि को दर्शाती हैं।

पहाड़ो के लोग, मैदानों में निवास करने वालों से ज्यादा बड़ी चुनौतियों का सामना करते हैं। यहां सब कुछ, भोजन से लेकर आवास तक, महंगा होता जा रहा था। सभी आवश्यक व्यवस्थाएँ उपलब्ध थीं, लेकिन संलग्न मूल्य अच्छे से अधिक था। क्षेत्र के निवासी, जो अत्यधिक विपरीत मौसमी स्थितियों के कारण केवल छह महीने के लिए कमाई कर सकते है, उन्हें अपने पुरे एक वर्ष के जीवन-यापन के लिए धन संचय करना होता हैं।

हमने मंदिर के पास पूर्व निर्धारित आवास का आरक्षण कर रखा था, हम जल्दी से अपने ठहरने के स्थान पर पहुँचे, थोडा सा आराम किया और लगभग आधे घंटे के अंदर ही, हमें सूचना मिली कि शाम की आरती शुरू होने वाली है। उत्साह में तेज कदमो से मंदिर की ओर चले आए। मंदिर के बाहर सब तरफ लोगो का हुजूम था, जिस कारण मंदिर के पास पहुंचना कठिन ही नहीं नामुमकिन प्रतीत हो रहा था। हमने सोच समझ कर एक स्थान ले खड़े हो गए ताकि जब पुजारी आरती की थाली बाहर लाये तो हम देख सके।

माहौल में लोगो की भक्ति और जूनून से अलग ही वातावरण बन रहा था, हर तरफ लोग ऊँची ध्वनि में "हर हर महादेव" के नारे लगा रहे थे। भीड़ में खड़े रहने और धक्के लगने की चुनौतियों के बावजूद आत्मा को छू जाने वाली आरती और भक्तो की सामूहिक ऊर्जा ने सारी थकान को दूर कर दिया।

केदारनाथ, हिमालय श्रृंखला के संरक्षणात्मक आलिंगन में छिपा, प्राकृतिक सौंदर्य का भरपूर खजाना हैं। हिमालय की बर्फ से लदी सफ़ेद पहाड़िया और बीच- बीच में आकर्षक हरियाली एक स्वप्न सामान दुनिया लग रही थी, सब तरफ दिव्यता से परिपूर्ण वातावरण नज़र आ रहा था। भीड़-भाड़ के बीच अनेक साधू और आघोरियों देखने को मिले, जो सर्दी में भी वस्त्रहीन अवस्था में 'ॐ नमः शिवाय' के मंत्र का जाप करते नज़र आ रहे थे।

मंदिर के दर्शन रात 9 बजे बंद हो गए, अब अगली सुबह 3 बजे अभिषेक और पूजा के बाद द्वार फिर खुल जायेंगे। हम लगभग

आधी रात 2 बजे कतार में शामिल हो गए, जिससे कि हम 3 बजे द्वार खुलते ही मंदिर में प्रवेश कर जाएँ। गर्भगृह में अंदर जाना जैसे एक स्वपन सच होता प्रतीत लग रहा था, हमें जल अभिषेक करने का सौभाग्य भी मिल गया। यहां, लिंगम एक अनियमित आकार का है, जो सामान्य गुंबदाकार आकार से बिलकुल भिन्न हैं। दिखने में यह त्रिकोणीय आकार जैसा दिव्य आभा लिए प्रतीत होता है। गर्भ गृह में काफी अंधेरा था, और बाबा केदारनाथ के दर्शन दीपों की रोशनी से हो रहे थे, जो वातावरण को दिव्या ऊर्जा से भर रहा था।

शिवलिंग को दोपहर के 3 बजे के दर्शन के समय तक छू सकते है, और यहां लिंगम का घी से अभिषेक किया जाता है, जो कि इस मंदिर की अद्भुत परंपरा है। शाम 5 बजे के बाद दूर से ही दर्शन हो पाते हैं, क्योंकि शाम को बाबा केदारनाथ का राजसी श्रृंगार हो जाता हैं।

गर्भ गृह में एक अलग ही ऊर्जा का अनुभव होने लगा जो शरीर में सिहरन पैदा कर रहा था। मंदिर के अंदर की ऊर्जा प्रत्यक्ष है, जो दिल दिमाग की गहराई तक अपनी छाप छोड़ देती हैं। यह अनुभव भौतिकता से परे, दिव्य उपस्थिति से जुड़ता महसूस होता है। मंदिर के सामने, एक छोटा, स्तंभों वाला हॉल है, जिसमें पार्वती और पांच पांडवों की छवियाँ स्थान की पवित्रता और आध्यात्मिक वातावरण को दृढ़ बनाती हैं।

बाहर तो हड्डियों को कंपाने वाली ठण्ड थी ही, मंदिर के अंदर की ठण्ड और वह भी नंगे पैर होने से शरीर में प्रवेश करती सिहरन सहनशीलता का इम्तेहान ले रही थी। निरंतर चलती तेज हवाओं का शोर इतना ज्यादा था कि, मंदिर के अंदर ऐसा प्रतीत हो रहा था जैसे भारी तूफ़ान आ रहा है, बाहर आ कर देखा तेज हवा पूरी ताक़त से तीव्र ध्वनि के साथ चल रही थी।

वैसे तो अभी मई महिना चल रहा है, और स्थानीय लोगों के अनुसार मौसम बहुत सुहाना और मध्यम ठण्ड वाला हैं, लेकिन हमारे लिए तो यह बर्फीली ठण्ड जैसा था। दिन का तापमान लगभग 10°C के आसपास रह रहा था, लेकिन सुबह का तापमान बर्फ जमने के स्तर

का था। हालांकि हमने अपने आप को भारी ऊनी कपड़ों की परतों में लपेट रखा था, लेकिन काटती ठंडी हवाएं, हमें अपने बर्फीले आलिंगन में ले कंप-कंपाने को मजबूर करे जा रही थी।

केदारनाथ में मंदिर एक विशाल आयताकार पत्थर के प्लेटफार्म पर खड़ा है। शाम 5 बजते-बजते हिमपात शुरू हो गया, और ऐसा लगा जैसे धरती माँ ने बर्फ की सफ़ेद चादर ओढ़ ली, मेरी आँखें जिस सौन्दर्य को देख पा रही हैं उसका मेरी लेखनी द्वारा वर्णन नामुमकिन कार्य हैं।

मंदिर के पिछले भाग में भीम-शिला है, जो 2013 की विनाशकारी बाढ़ के समय ऊपर से नीचे आकर यहां स्थित हो गयी। 16 और 17 जून की आपदा ने विकराल रूप ले इस जगह एक भयानक घटना को अंजाम दिया। 16 जून की शाम मंदिर के पास जोर की गर्जना के साथ मूसलाधार बारिश शुरू हो गयी और फिर रात होते-होते बारिश ने विनाशकारी बाढ़ एवं भूस्खलन का स्थान ले लिया। 17 जून की सुबह होने तक केदारनाथ धाम के पास मौजूद चोराबारी ग्लेशियर के ऊपर बादल फटा जिस कारण एक पुरानी झील में इतना पानी भर गया कि उसकी दीवार टूट गई। ऊँची उठती लहरों के साथ कुछ ही मिनटों में पूरी झील खाली हो अपने साथ सबकुछ बहा ले जाने को बेताब थीं। रास्ते में जो कुछ आया सब रौंद दिया। लाखों टन पानी की धाराएं अपने साथ बड़े पत्थरों, मलबा ले सब कुछ खत्म करने पर अमादा थी। उसी में एक विशाल शिला, जिसे अब भीम-शिला के रूप में जाना जाता है, मंदिर के पीछे आ अटक गयी। भीमशिला के कारण पानी दोनों तरफ से निकल गया जिससे मंदिर और उसमे शरण लेने वालो को नुक्सान नहीं हुआ। ऐसा प्रतीत हुआ जैसे इस प्राकृतिक आपदा में भगवान स्वयं अपने मंदिर की रक्षा करने के लिए आयें। "भगवान का पत्थर" या "भीम शिला" ने मंदिर को बचाने में अपनी दिव्य सुरक्षा प्रदान की। शिला, मंदिर से मात्र 30 फ़ीट की दूरी पर आ थम गयी, जैसे कि दिव्य स्वरुप ने पत्थर का रूप लिया हो। रामबाड़ा नाम का क़स्बा इस आपदा में सम्पूर्ण गायब हो गया।

पवित्र केदारनाथ मंदिर से लगभग 1.5 किलोमीटर दूर, ऊंचाई पर काल भैरव का मंदिर स्थित है। काल भैरव, केदार घाटी के संरक्षक माने जाते है, खासकर जब मंदिर अत्यधिक बर्फ़बारी के कारण छ: महीने बंद रहता है, तब वह संरक्षक के रूप में बाबा केदारनाथ की सेवा में रहते हैं। यहां की यात्रा वास्तव में इच्छा शक्ति की कठिन परीक्षा है। अब इस समय तक थकान हावी होने लगी और काल भैरव के मंदिर की लिए चढ़ाई करने की शरीर में क्षमता नहीं बची। हमने यही से हाथ जोड़ काल भैरव से आशीर्वाद मांग लिया।

मौसम के हिसाब से मंदिर केवल मई (अक्षय तृतीया) से नवंबर (कार्तिक पूर्णिमा) के महीनों में ही दर्शन के लिए खुला रहता है। सर्दियों में, विग्रह को नीचे उखीमठ ले जाया जाता है और अगले छ: महीने यही पूजा होती हैं।

मंदिर की उत्पत्ति महाभारत काल के दौरान की मानी जाती हैं। प्राचीन कथा के अनुसार विनाशकारी कुरुक्षेत्र युद्ध के बाद, पांचो पाण्डव अपने परिवार वालो की हत्या के पाप से मुक्ति के लिए शिव की कृपा प्राप्त करने का प्रयास कर रहे थे। उन्हें गोत्र-हत्या यानि अपने कुल के सदस्यों की हत्या, ब्रह्म हत्या, और गुरु हत्या जैसे पाप से क्षमा चाहिए थी।

कृष्ण की सलाह से पांडवो ने अपने पोते को राज्य सौंप शिव की खोज में निकल पड़े। उन्होंने काशी से अपनी यात्रा की शुरुआत की, लेकिन शिव उनसे नाराज़ थे और मिलना नहीं चाहते थे। कुरुक्षेत्र युद्ध में हुए रक्तस्राव और कई शूरवीरो को धोखाधड़ी से मारने के कारण शिव, पांडवो से रुष्ट थे। परिणामस्वरूप, शिव पांचो पांडवो को क्षमा देने को इच्छुक नहीं थे, और उनसे छिप रहे थे। शिव बैल का रूप ले गरवाल क्षेत्र में छिप गए। एक दिन अचानक दुसरे नंबर के पांडव भीम ने गुप्तकाशी के पास एक बैल को चरते हुए देखा। शिव यहां छुपे हुए थे, इसी कारण यह स्थान गुप्तकाशी कहलाता हैं। भीम ने शिव को बैल के दिव्य रूप में पहचान लिया, और भाग कर पकड़ने की कोशिश करने लगे। भीम बैल की पूंछ और पिछवाड़े को पकड़ने

में कामयाब हो ही गए थे, परन्तु बैल अचानक से गायब हो गया। उसके पश्चात शिव रुपी बैल के शरीर के हिस्से पांच अलग अलग जगह नज़र आयें और आज उन स्थानों को पञ्च-केदार के नाम से जाना जाता है।

बैल की कूबड़ केदारनाथ में, आगे के पैर तुंगनाथ में, चेहरा रुद्रनाथ में, नाभि और पेट मध्यमहेश्वर में, और बाल कल्पेश्वर में दिखाई दिए। पाण्डवो ने शिव को इन सभी रूपों में पूजा और हर स्थान पर मंदिर का निर्माण करने का काम किया।

आदि शंकराचार्य ने केदारनाथ मंदिर के पुनरुत्थान में महत्वपूर्ण भूमिका निभाई, साथ ही उत्तराखंड के अन्य पवित्र स्थलों की भी पुनर्स्थापना करवाई, जिसमें बद्रीनाथ भी शामिल है। आदि शंकर का आध्यात्मिक सफ़र केदारनाथ में महासमाधि ले समाप्त हुआ। सदियों से प्राकृतिक आपदाओं जैसे भूकंप और हिमस्खलनों के प्रकोप से मंदिर को क्षति पहुँचती रही और हर बार मंदिर का पुनर्निर्माण और जीर्णोद्धार किया जाता रहा।

भीम-शिला की देवीय सुंदरता और महत्ता को समझते हुए, हमने नीचे उतरना प्रारंभ किया। मौसम ने फिर करवट बदल ली और हिमपात शुरू हो गया, हम तेजी से नीचे आने लगे। थोड़ी देर में हिमपात ने बारिश का रूप ले लिया। हमे करीब छह घंटे का समय लगा गौरीकुंड पहुचने में, और अब वहां से हम टैक्सी के जरिए सोनप्रयाग की ओर अग्रसर हो गए।

इसके साथ ही मैंने निश्चित किये सभी पवित्र स्थलों का सफ़र पूरा कर लिया; पिछले छह महीने का अनुभव मेरे लिए कभी ना भूलने वाली यादें बन हमेशा मेरे साथ रहेगा। इस दौरान, मुझे ऐसा लगा जैसे एक दिव्य ऊर्जा मेरा हाथ थामे मुझे मेरे आध्यात्मिक पथ पर चलने को प्रेरित कर रही हैं। इस यात्रा ने, इस संकल्प ने, न केवल मेरे व्यक्तित्व अपितु मेरे जीवन जीने के दृष्टिकोण पर भी सकारात्मक प्रभाव डाला। मैंने एक ऐसा कार्य करने का साहस किया, जिसे मैंने कभी अपने सपनो में संजोया तो था पर सोचा न था मैं

कभी कर पाऊँगी। पुस्तक लिखना मेरे लिए माउंट एवरेस्ट चढ़ने से भी ज्यादा कठिन कार्य हैं। मैंने अपनी ज़िन्दगी में पढाई की पुस्तकों के अलावा एक भी पुस्तक नहीं पढ़ी और सपना किताब लिखने का ले बैठी थी। मुझे लगता हैं, यह शक्ति और शिव का आशीर्वाद है, जो मैं इस यात्रा को बिना विलम्ब सहजता से पूरा कर पायी और समय पर किताब लिख कर आप सब के सामने ला पायी।

मैंने अपनी यात्रा और पुस्तक के संकलन के कार्य के दौरान भारत के विभिन्न हिस्सों को अच्छे से और गहराई से समझने का प्रयास किया, और देश के कोने में छिपी अनोखी संस्कृति और परंपराओं से भरा इतिहास को देखा और जीया। देश की विविध संस्कृति, खान पान, रीति रिवाज़, पहनावा, प्रत्येक स्थान के आध्यात्मिक महत्व को करीब से देखने से मेरी समझ का दायरा बहुत विस्तृत हो पाया। मुझे अवसर मिला की मैं उन गहन परंपराओं को देख और समझ सकू जिन्होंने विभिन्न क्षेत्रों की पहचान को आकार दिया। इस सफर ने मेरे आध्यात्मिक आयामों को बढ़ाया, और साथ ही साथ मुझे भारत के समृद्ध इतिहास से अवगत कराया। मुझे ऐसा लग रहा है जैसे मुझे अपने देश, संस्कृति और इसकी विरासत से दुबारा बहुत प्यार हो गया। अपनी किताब के माध्यम से इन अनुभवों को साझा करके, मैं आप सभी को हमारी संस्कृति, विरासत और इतिहास की सुंदरता को समझाना चाहती हूँ, ताकि हम सब इस पर गर्व कर सके और संजो सके। और साथ ही अपने पाठकों को प्रेरित कर सकू की वह अपनी खोज और अपना सफर स्वयं तय कर पाएं।